INTRODUCTION

GÉOMÉTRIE DU TROISIÈME ORDRE

F. DUMONT

PROFESSEUR DE MATHÉMATIQUES

ANNECY
IMPRIMERIE JOSEPH DEPOLLIER
1901

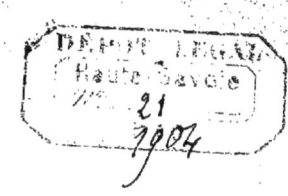

INTRODUCTION

A LA

GÉOMÉTRIE DU TROISIÈME ORDRE

PAR

F. DUMONT

PROFESSEUR AU LYCÉE D'ANNECY

ANNECY
IMPRIMERIE JOSEPH DÉPOLLIER & Cie

1904

A Monsieur

PAUL APPELL

Membre de l'Institut

Qui a bien voulu présenter ce travail

à l'Académie des Sciences

Hommage respectueux

et reconnaissant de l'Auteur.

ERRATA

Pages	Lignes	Au lieu de	Lire
IX,		Salmon	Hesse
4,	17 descendant	$C^2 - AD$	$C^2 - BD$
6,	6 remontant	des points	du point
7,	5 remontant	x_3, x_2	x^3, x^2
68,	ex. 4°	xy^3	xy^2
120,	énoncé th. 7	7 droites	6 droites
121,	2 remontant	des Qdp	du Qdp
122,	14 remontant	Qdp	Qtp
123,	th. 9		un Qtp_2
144,	24 descendant, ajouter après surface : l'élément ou le groupe non sécant.		
	1re remontant	n ordre	$n^{ième}$ ordre
167,	4 remontant	au point double	un point double
169,	12 descendant	$2Bxy$	$3Bxy$
	13 descendant	C, B, C	A, B, C
169 et suivantes, rectifier le faux titre.			
216,	18	cubiques planes	courbes planes
230,	26	$3 + 3 + 4$	$3 + 3 \times 4$
238,	1re remontant	1	z^2
234,	4° ex.	le dernier terme est : $2xy$	
257,	17 descendant	à droite	1 droite

AUTEURS CITÉS

Appell .... VII, 4, 115, 116.
Cayley .... VI, 84, 168, 170, 172, 173.
Carnot .... VIII, 26, 77, 79, 80.
Chasles .... V, 23, 27, 30, 34, 60, 91,
                                155, 172.
Clebsch .... 33, 56, 241.
Crémona .... VI, VII, 39, 84.
Darboux .... VII.
Descartes .... 85.
Diodes .... 36.
Duporcq .... 116.
Durège .... VII, 39, 84, 93.
Gino Loria .... VII.
Grassmann .... 30, 31, 33, 154.
Halphen .... 91.
Hamilton .... V.
Hart .... 94.
Hesse .... 45.
Humbert G .... VIII.
Jonquières (de) ... 30.
Laguerre .... 101.
Mallard .... V.
Maillard .... 91, 92, 93.
Mac Laurin ...... VIII, 23, 35, 51, 75, 79.
Ménélaus .... 26.
Möbius .... 223.
Newton .... VII, 36, 60, 79.
Lamé .... 221.

AUTEURS CITÉS.

Le Paige......	VII,	3,	4.			
Pascal......		23,	28,	29,	163.	
Painvin......		222.				
Poinsot......	V.					
Plücker......	V, VII,	60,	64,	65,	67,	173, 191, 258.
Reye......		116,	155.			
Salmon......	VI, VII,	39,	51,	94,	202,	203, 209, et 216.
Schlæfli......	VI.					
Schröter......		158,	161,	164.		
Steiner......	VI,	46,	147,	149,	151,	155, 157, 162, 165, 194, 200, 203, 208, 209, 211, 253.
Sturm R.......	VI, VII,	155,	157.			
Sylvester......	VI,	198.				

PRÉLIMINAIRES

Les innombrables travaux dont les surfaces du second ordre ont été l'objet, ne sont pas dus uniquement à l'intérêt propre qu'offre cette théorie des quadriques, mais, en grande partie au rôle considérable que jouent les quadriques dans les principales théories de la physique et de la mécanique.

Il suffit, pour s'en rendre compte, de penser à la théorie de l'ellipsoïde d'inertie, à l'attraction des ellipsoïdes, à la théorie de Poinsot sur le mouvement d'un corps solide, à la théorie de l'ellipsoïde d'élasticité, aux recherches de tant de grands géomètres : Chasles, Plücker, Hamilton, etc., qui avaient souvent en vue les applications à la mécanique et à la physique.

On peut dire que les plus importantes propriétés des quadriques ont été découvertes à l'occasion de recherches physiques.

L'ellipsoïde, en particulier, joue en physique un rôle fondamental un peu analogue à celui de l'indicatrice dans la théorie des surfaces. (V. Mallard, *Traité de Cristallographie*, préface du 2ᵉ volume).

Mais il n'est pas démontré que, les approximations devenant de plus en plus grandes, dans l'étude des phénomènes, les quadriques restent suffisantes pour en donner une représentation concrète.

L'introduction de la surface des ondes, par Fresnel, en optique, des surfaces équipotentielles, etc., montre assez que les surfaces d'ordres supérieurs ont déjà un rôle important à jouer dans toute la physique.

Quoi qu'il en soit, les surfaces du 3me ordre, en particulier, présentent par elles-mêmes un intérêt assez grand pour qu'il soit utile de leur consacrer des travaux d'ensemble.

Les premières recherches sur ce sujet sont dues aux géomètres anglais Cayley, Sylvester, Salmon, Schlœfli, ainsi qu'à Steiner, qui en ont découvert les propriétés fondamentales.

Les premières études d'ensemble ont été publiées par R. Sturm et Crémona, dont les livres ont partagé en 1866 le prix Steiner à Berlin.

Le livre magistral de R. Sturm, comme le mémoire admirable de Crémona ont seulement pour objet les propriétés projectives des surfaces cubiques. Il reste donc à désirer un traité embrassant le sujet dans son entier et l'on doit souhaiter qu'un géomètre français vienne à son tour donner sur les surfaces du 3me ordre un livre pouvant se placer à côté des traités à la fois clairs et profonds dont notre littérature est riche sur d'autres points des mathématiques, tels que la théorie des fonctions elliptiques, la théorie générale des fonctions, la théorie générale des surfaces, la géométrie cinématique.

Peut-être ce travail, qui exige un véritable géomètre, capable de disposer de toutes les ressources de la géométrie et de l'analyse est-il déjà quelque part sur le chantier et viendra-t-il bientôt combler cette immense lacune.

Quoi qu'il en soit, un résumé de notes sur les parties les plus élémentaires de la théorie des surfaces cubiques pourra peut-être rendre quelques services, en attendant. Cette considération a donné à l'auteur, encouragé qu'il était par une haute autorité en matière de géométrie, la hardiesse de le présenter, et donnera peut-être au lecteur l'indulgence nécessaire pour en tolérer les imperfections.

Si le grand édifice qui nous manque, n'est en construction nulle part et que la publication de cet essai donne à l'un de nos Chasles actuels, l'idée de laisser pendant quelques années les régions peu accessibles et à l'air trop raréfié de la théorie des fonctions, et de consacrer sa vigueur à l'exploration de ce domaine géométrique si intéressant, qui s'étend de la plus basse plaine aux sommets les plus élevés et dans lequel se trouvent encore tant de belles vallées ignorées, l'auteur de ce travail (travail d'étudiant, car il n'est pas le fruit d'un enseignement) n'aura pas perdu son temps.

La partie principale est la théorie des surfaces du 3me ordre, mais afin que les faits importants relatifs au 3me ordre dans l'espace euclidien soient groupés, une première partie a été consacrée à la géométrie sur une droite et dans un plan.

Les ouvrages consultés ont été principalement, pour la géométrie sur la droite :

Le Paige. — *Essai de géométrie supérieure du 3me ordre;*

R. Sturm. — *Die Gebilde ersten und zweiten grades der Liniengrometrie,* t. I.

P. Appell. — *Thèse ;*

Pour la géométrie plane :

Durège. — *Die ebenen Curven dritter Ordnung;*
Newton. — *Enumeratio linearum tertii ordinis.*
Plücker. — *System der Analytische Geometrie ;*
Salmon. — *Géométrie analytique ; courbes planes* (traduction Chemin);

Et pour les surfaces du 3me ordre et les cubiques gauches :

Salmon. — *Géométrie analytique à trois dimensions;*

R. Sturm. — *Synthetische Untersuchungen über Flachen dritter Ordnung;*

Crémona. — *Mémoire de Géométrie pure sur les surfaces du 3me ordre;*

Darboux. — *Sur une classe remarquable de courbes et de surfaces algébriques;*

G. Humbert. — *Sur un complexe remarquable des coniques et sur les surfaces du 3me ordre.*

Afin d'éviter des longueurs, quelques théorèmes géréraux, théorème de Newton, de Mac Lauwin, de Carnot, non spéciaux au 3me ordre, ont été supposés connus.

Il a semblé inutile de transcrire ici une liste bibliographique; l'auteur n'ayant à peu près eu à sa disposition que les ouvrages précédemment cités, renvoie, pour la bibliographie complète à l'ouvrage de Gino Loria : *Il passato ed il presente delle principale teorie geometriche*, édité à Turin, chez Carlo Clausen, et suffisamment répandu.

Quelques-uns des résultats donnés par l'auteur dans les *Nouvelles Annales de mathématiques* [1] et dans le *Bulletin de la Société mathématique de France* [2], se trouvent dans la seconde partie de ce travail.

Plusieurs théorèmes sur les polygones formés par les droites de la surface générale du 3me ordre qu'il a publiés dans un précédent travail, avaient déjà été donnés par M. Rudolf Sturm; il l'a appris par une lettre que cet éminent géomètre a bien voulu lui écrire. Il espère que le même

---

[1] *Nouv. Ann.*, 1896. Sur la représentation de la surface cubique sur un plan.
  Nouv. Ann., 1896. Sur la détermination d'une surface cubique par sa hessienne.
  Nouv. Ann., 1897. Sur la symétrie dans les surfaces algébriques.
  Nouv. Ann. 1898. Sur l'une des formes canoniques de l'équation des surfaces cubiques.

[2] *Bull. de la Soc. math. de Fr.*, 1897. Sur les surfaces cubiques polaires d'elles-mêmes par rapport à une quadrique.
  Bull. de la Soc. math. de Fr., 1897. Théorèmes sur les surfaces cubiques analogues au théorème de Chasles sur les cubiques planes.
  Bull. de la Soc. math. de Fr., 1898. Sur deux formes de l'équation réduite des surfaces cubiques.
  Bull. de la Soc. math. de Fr., 1900. Sur les surfaces cubiques ayant un axe de symétrie ternaire et sur les surfaces cubiques possédant des points à indicatrice du 3me ordre.

sort ne sera pas réservé au théorème sur les surfaces cubiques, analogue au théorème de Salmon sur les courbes planes (*Nouvelles Annales*, 1896), et aux théorèmes sur les surfaces cubiques analogues de celui de Chasles sur les mêmes cubiques planes. (*Bul. de la Soc. math. de Fr.*, 1897.)

Quoi qu'il en soit, il accueillera avec reconnaissance les communications qu'on voudra bien lui faire au sujet des erreurs inévitables qu'il aurait pu laisser échapper et des ignorances auxquelles son isolement relatif le condamne.

Annecy, le 18 mars 1904.

F. DUMONT.

PREMIERE PARTIE
GÉOMÉTRIE PLANE

CHAPITRE Ier

GÉOMÉTRIE DU 3me ORDRE

SUR UNE DROITE

Une équation du 3me ordre à une variable
(1) $$a_0x^3 + 3a_1x^2 + 3a_2x + a_3 \equiv F(x) = 0$$
(équation que l'on peut aussi supposer rendue homogène à l'aide d'une seconde variable y), représente sur une droite trois points, dont un au moins est réel.

L'équation
(p) $$P_1(x) \equiv x_1 F'_x + y_1 F'_y = 0$$
où x_1 est la coordonnée d'un point de la droite (et y_1 la coordonnée d'homogénéité) représente le système de deux points dit **première polaire** de x_1.

L'équation
(p') $$P_2(x) \equiv x_1 P'_1 x + y_1 P'_1 y = 0$$
représente le point dit **seconde polaire** de x_1.

L'équation (p') se change en (p) par la permutation de x et x_1, donc, si x est l'un des points formant la première polaire de x_1, x_1 sera la seconde polaire de x.

L'équation (1) représente des points dont deux sont confondus, si l'on a
(d) $$(a_0 a_3 - a_1 a_2)^2 - 4(a_1^2 - a_0 a_2)(a_2^2 - a_1 a_3) = 0$$

L'équation (p) représente deux points confondus si l'on a

(h) $\quad (a_1 x_1 + a_2)^2 - (a_0 x_1 + a_1)(a_2 x_1 + a_3) = 0$

ou

(h') $\quad (a_1^2 - a_0 a_2) x_1^2 + (a_1 a_2 - a_0 a_3) x_1 + a_2^2 - a_1 a_3 = 0$

Le système de deux points représenté par cette équation se nomme la **hessienne** du **terne** de points (1). On voit que, si l'on écrit que les coefficients de (h') sont proportionnels à des nombres donnés m, n, p, on n'a que deux équations de condition entre a_0, a_1, a_2, a_3, de telle sorte que l'équation (1) n'est pas entièrement déterminée par sa hessienne (et ce point est à retenir car on verra qu'il en est autrement pour le cas des courbes et pour celui des surfaces).

La hessienne peut être réelle ou imaginaire ; elle se compose de deux points confondus si la condition (d) est remplie, c'est-à-dire si l'équation (1) représente des points dont deux sont confondus ; elle se compose de points réels si le premier membre de (d) est positif, c'est-à-dire si deux des points (1) sont imaginaires et, au contraire de points imaginaires si le premier membre de (d) est négatif, c'est-à-dire si les trois points (1) sont réels.

Les deux points (p) sont réels ou imaginaires suivant que le premier membre de l'équation (h) est positif ou négatif.

Lorsque le point x_1 est sur la hessienne, le point x qui constitue sa première polaire (polaire dégénérée) est donné

par $\quad (a_0 x_1 + a_1) x + a_1 x_1 + a_2 = 0$

ou $\quad a_0 x_1 x + a_1 (x_1 + x) + a_2 = 0$.

On voit que x est alors le second point de la hessienne.

Ainsi, les deux points qui constituent la hessienne sont réciproques l'un de l'autre, c'est-à-dire que chacun d'eux est la polaire dégénérée de l'autre.

Si les coefficients de l'équation (1) sont fonctions d'un paramètre m, l'équation représente une infinité de ternes de points ; supposons qu'ils soient fonctions *linéaires* de m, l'équation est de la forme

(2) $\qquad\qquad F(x) + m F_1(x) = 0$

L'ensemble de ces ternes constitue une *involution*

cubique. On voit que la donnée de deux ternes de points $F = o$, $F_1 = o$, détermine cette involution qui est dite de *premier rang* et dont on retrouvera plus loin une autre définition.

Si les coefficients de (*1*) sont fonctions de deux paramètres m, p, l'équation représente une suite doublement infinie de ternes de points; supposons qu'ils soient fonctions linéaires de m et p, l'équation a la forme

(*3*) $\qquad F(x) + mF_1(x) + pF_2(x) = o$

Les ternes qu'elle représente constituent une *involution cubique de second rang*. (V. Le Paige, *Essai de Géométrie supérieure du 3me ordre*).

La donnée de trois ternes $F_1 = o$, $F_1 = o$ $F_2 = o$ détermine donc une telle involution.

Si l'on désigne par (x, x', x'') le terne qui correspond à un système donné de valeurs de m et p, on a

$-3(a_1 + ma_{11} + pa_{21}) = -(x + x' + x'')(a_0 + ma_{10} + pa_{20})$
$3(a_2 + ma_{12} + pa_{22}) = (x'x'' + x''x + xx')(a_0 + ma_{10} + pa_{20})$
$a_3 + ma_{13} + pa_{23} = -xx'x''(a_0 + ma_{10} + pa_{20})$

(les doubles indices se rapportant aux fonctions F_1 et F_2 analogues à F).

En éliminant m et p entre ces équations, on a une équation de la forme

(*3'*) $\quad Axx'x'' + B(x'x'' + x''x + xx') + C(x + x' + x'') + D = o$

qui peut définir cette involution et qui montre, comme la forme (*3*) que trois ternes de points sont nécessaires et suffisants pour déterminer l'involution.

Elle montre aussi, immédiatement, que l'involution possède trois points triples donnés par l'équation

(*4*) $\qquad Ax^3 + 3Bx^2 + 3Cx + D = o$

et, de plus, fait voir si on l'écrit

$[Ax'x'' + B(x' + x'') + C]x + Bx'x'' + C(x' + x'') + D = o$

que, si la donnée de deux points d'un terne détermine en

général le troisième, il y a exception pour les points satisfaisant aux conditions simultanées :

(n) $\quad Ax'x'' + B(x' + x'') + C = o \quad Bx'x'' + C(x' + x'') + D = o$

lesquels sont ainsi donnés par l'équation

(n') $\quad (B^2 - AC)x^2 + (BC - AD)x + (C^2 - BD) = o$

Ces points particuliers sont dits *points neutres* de l'involution. (V. Appell, *Ann. Ec. Norm.*, t. IV, et Le Paige.)

L'équation (3') écrite sous la forme

$$(Ax + B)x'x'' + (Bx + C)(x' + x'') + Cx + D = o$$

montre encore qu'à toute position donnée de l'un des points du terme, correspond une involution quadratique dont les points doubles sont donnés par

$$(Ax + B)X^2 + 2(Bx + C)X + Cx + D = o$$

et l'on voit que l'ensemble de ces points doubles constitue à son tour, lorsqu'on fait varier x, une involution quadratique qui peut du reste être aussi définie par l'équation

$$2(B^2 - AC)X'X'' + (BC - AD)(X' + X'') + 2(C^2 - AD) = o$$

X' et X'' étant les valeurs de X correspondant à une même valeur de x.

Les points doubles de cette dernière involution sont donnés par l'équation (n').

On a vu que la donnée de trois ternes détermine une involution de second rang; ces ternes peuvent être choisis d'une manière particulière. Les paramètres m et p de l'équation (3) peuvent être choisis de façon que les coefficients de x^3 et de x^2 disparaissent dans cette équation. On a alors un terne de points dont deux points sont confondus à l'infini. Supposons qu'on le choisisse pour F_2. Les paramètres m et p peuvent aussi être choisis de façon que les coefficients de x^3 et de x soient nuls et l'on a un terne dont un point est à l'infini et les autres symétriques par rapport à l'origine. Choisissons-le pour F_1. L'équation (3) prend alors la forme particulière

$$a_0x^3 + 3a_1x^2 + 3a_2x + a_3 + m(3x^2 - b) + p(3x - c) = o$$

ou

$(3)_1$ $\quad a_0x^3 + 3(a_1 + m)x^2 + 3(a_2 + p)x + a_3 - mb - pc = o$

On peut toujours, de la forme ($3'$) revenir à la forme (3), ou, ce qui revient au même, à cette dernière (3)$_1$.

Soit
$$v_1 x^3 + v_2 x^2 + v_3 x + v_4 \equiv T(x) = 0$$

l'équation du 3me degré ayant pour racine trois nombres particuliers satisfaisant à l'équation ($3'$). La condition ($3'$) pourra s'écrire :

$$Av_4 - Bv_3 + Cv_2 - Dv_1 = 0$$

En tirant, par exemple, v_4 de cette égalité, et portant dans l'équation $T(x) = 0$, celle-ci devient :

$$v_1 (Ax^3 + D) + v_2(Ax^2 - C) + v_3 (Ax + B) = 0$$

équation de la forme (3), dans laquelle les paramètres sont v_1, v_2, v_3 et pour laquelle le premier terne de points a deux points imaginaires.

La donnée de trois points triples équivaut à celle de trois ternes de points. On voit de suite que si t_1, t_2, t_3 sont les coordonnées de ces points triples, l'équation ($3'$) peut prendre la forme

(3)$_2$ $\quad 3xx'x'' - (t_1 + t_2 + t_3)(xx' + x'x + x''x)$
$\qquad + (t_1 t_2 + t_2 t_3 + t_3 t_1)(x + x' + x'') - 3 t_1 t_2 t_3 = 0$

Cette relation est analogue à la relation

$$2xx' - (x + x')(t_1 + t_2) - 2 t_1 t_2 = 0$$

exprimant que les deux points x, x' sont conjugués harmoniques de t_1 et t_2. A cause de cette analogie, on dit, de deux ternes de points liés par cette relation qu'ils sont *conjugués harmoniques du 3me ordre*. La relation précédente montre donc que *les trois points triples forment un terne conjugué harmonique du 3me ordre de l'un quelconque des ternes de l'involution*.

La réciproque est d'ailleurs exacte et, un ensemble de ternes conjugués harmoniques du 3me ordre par rapport à un terne donné, constitue une involution du 3me ordre dont ce terne contient les points triples.

La donnée des deux points neutres laisse au contraire un

paramètre indéterminé. Si n_1 et n_2 sont leurs coordonnées, on a $An_1n_2 + B(n_1+n_2) + C = 0$ et $Bn_1n_2 + C(n_1+n_2) + D = 0$ et l'équation de l'involution pourra s'écrire :

$$Axx'x'' + B(x'x''+x''x+xx') - [An_1n_2 + B(n_1+n_2)](x+x'+x'')$$
$$- Bn_1n_2 + An_1n_2(n_1+n_2) + B(n_1+n_2)^2 = 0$$

ou

$$0 = xx'x'' - n_1n_2(x+x'+x'') + (n_1+n_2)n_1n_2$$
$$+ s[x'x''+x''x+xx' - (n_1+n_2)(x+x'+x'') + n_1n_2 + (n_1+n_2)^2]$$

ou, si l'origine est supposée au milieu de la distance des points neutres.

(e) $\quad xx'x'' + n^2(x+x'+x'') + s[x'x''+x''x+xx'+n^2] = 0$

$2n$ étant la distance des points neutres supposés réels.

On voit de suite que deux des points triples sont imaginaires si n^2 est positif. Au contraire, les trois points triples sont réels si n^2 est remplacé par $-n^2$, c'est-à-dire si les points neutres sont imaginaires.

Si les points neutres sont confondus, l'équation se réduit à la forme

$$xx'x'' + k(x'x'' + x''x + xx') = 0$$

On peut, dans l'équation (e), supposer s positif, car le changement de signe de s équivaut au changement de sens des x positifs.

On voit que si $s > n$, l'unique point triple réel est situé entre $-n$ et $-\infty$, tandis que si $s < n$, il est entre $-n$ et 0.

Si l'un des points, x par exemple, coïncide avec l'un des points neutres, par exemple n, l'équation (e) devient :

$$(n+s)(x'+n)(x''+n) = 0$$

et l'on voit qu'un second point doit coïncider avec l'autre point neutre, le troisième pouvant être quelconque.

Etant donnée la forme (1) et la polaire (p) des points x_1, si l'on prend le point polaire de x_2 par rapport à (p), on a, pour le déterminer, l'équation :

$$(a_0x_1x_2 + a_1x_1 + a_1x_2 + a_2)x + (a_1x_1x_2 + a_2x_1 + a_2x_2 + a_3) = 0$$

qui peut s'écrire

$$a_0x_1x_2x + a_1(x_1x_2 + x_2x + x_1x) + a_2(x_1+x_2+x) + a_3 = 0$$

Le point x est dit *polaire mixte du couple* (x_1, x_2).

L'équation montre qu'il est aussi polaire mixte du couple (x_2, x_1) et que *chacun des trois points est polaire mixte du couple formé par les deux autres.*

On voit donc que, dans *toute involution du 3me ordre et du second rang, chaque point de chaque terne est polaire mixte du couple de deux autres par rapport au terne des points triples.*

La classification des involutions du second rang se fera aisément d'après la nature des points neutres.

Si $B^2 - AC = o$, l'un des points neutres est à l'infini.

Si $B^2 - AC \lesseqgtr o$, on peut prendre l'origine au milieu de la distance des points neutres, l'équation prend, comme on l'a vu, la forme

$$A[xx'x'' \pm n_2(x+x'+x'')] + B[x'x'' + x''x + xx' \pm n^2] = o$$

(le signe — correspondant au cas des points neutres imaginaires).

Si, de plus $n = o$, on a le cas des points neutres confondus car où deux des points triples viennent se confondre avec ce point neutre unique.

L'équation $(3)_2$ montre que les points triples $t_1\ t_2\ t_3$ constituent un terne de l'involution car si l'on y remplace x, x', x'' par t_1, t_2, t_3 on a une identité. On remarquera qu'au contraire le système des points doubles d'une involution quadrique n'est pas un couple de l'involution (de même dans une involution du 4me ordre, le système des points quadruples n'est pas un système de points de l'involution).

L'involution cubique de premier rang possède quatre points tels que les deux points qui correspondent à chacun d'eux sont confondus, c'est-à-dire *quatre points de ramification*. En effet, si dans l'équation

$$(a + ma_1)x_3 + 3(b + mb_1)x_2 + 3(c + mc_1)x + d + md_1 = o$$

on exprime qu'il y a une racine double, on trouve en éliminant x entre les deux dérivées (par rapport à x et à la variable d'homogénéité) une équation du 4me degré en m. A chaque valeur de m correspond une racine double et une racine simple correspondante. En éliminant au contraire m entre les mêmes équations, on a l'équation donnant les points doubles savoir :

$$(ab_1 - ba_1)x^4 + 2(ac_1 - ca_1)x^3 + (ad_1 - da_1 + 3bc_1 - 3cb_1)x^2 + 2(bd_1 - db_1) + cd_1 - dc_1 = 0$$

L'équation en m étant écrite

(m) $\qquad$ $M_0 m^4 + M_1 m^3 + M_2 m^2 + M_3 m + M_4 = 0$

à une valeur m_1, racine de cette équation, correspond un point double donné par

$$[(a + m_1 a_1)(d + m_1 d_1) - (b + m_1 b_1)(c + m_1 c_1)] x_1 + 2[(b + m_1 b_1)(d + m_1 d_1) - (c + m_1 c_1)^2] = 0$$

Or, le point simple x_0 associé à x_1 est alors donné, par exemple, en retranchant de la somme $-3\dfrac{b + m_1 b_1}{a + m_1 a_1}$ des racines le double de x_1, c'est-à-dire que l'on a

$$x_0 = -3\frac{b + m_1 b_1}{a + m_1 a_1} - 2x_1$$

Remplaçant x_1 par sa valeur tirée de l'équation précédente, on aura x_0 exprimé en m. A chaque valeur de m racine de l'équation (m) correspondra une valeur unique de x_0 et l'élimination de m donnera l'équation du 4e degré fournissant les points d'embranchement ou de ramification.

On a vu que la donnée de deux ternes de points détermine une involution de premier rang. Ces deux ternes peuvent ne pas être choisis quelconques. On peut, par exemple, choisir l'un d'eux tel que la somme des trois coordonnées soit nulle et l'autre tel que l'un des points soit à l'infini ; dans ce cas, l'équation de l'involution a la forme

$$x^3 + 3a_2 x - a_3 + m(3a'_1 x^2 + 3a'_2 x + a'_3) = 0$$

Une telle involution peut être définie comme l'ensemble des ternes communs à deux involutions de second rang.
Soient :

$A\, xx'x'' + B\,(x'x'' + x''x + xx') + C\,(x + x' + x'') + D = 0$
$A_1 xx'x'' + B_1(x'x'' + x''x + xx') + C_1(x + x' + x'') + D_1 = 0$

deux telles involutions.

Considérons un terne de points communs à ces deux involutions et soit :
$$u_1 x^3 + u_2 x^2 + u_3 x + u_4 = 0$$
l'équation donnant ces trois points. Les équations précédentes permettent d'exprimer, par exemple $\frac{u_3}{u_1}$ et $\frac{u_4}{u_1}$ en fonctions de $\frac{u_2}{u_1}$. En remplaçant $\frac{u_2}{u_1}$ par s, on voit aisément que l'équation prend la forme
$$x^3 + 3a_2 x + a_3 + s(a_1' x^2 + 3a_2' x + a_3') $$
et représente, par suite, une involution de premier rang.

L'involution définie par l'équation
$$a_0 x^3 + a_1 x^2 + a_2 x + a_3 + m(b_0 x^3 + b_1 x^2 + b_2 x + b_3) = 0$$
et l'involution définie par
$$\begin{cases} a_0 xx'x'' + a_1(x'x'' + x''x + xx') + a_2(x + x' + x'') + a_3 = 0 \\ b_0 xx'x'' + b_1(x'x'' + x''x + xx') + b_2(x + x' + x'') + b_3 = 0 \end{cases}$$
ont les mêmes points doubles.

En effet, en représentant par s, q, p, les trois fonctions $x + x' + x''$, $x'x'' + x''x + xx'$ et $xx'x''$, on a, pour la première involution :
$$s = -\frac{a_1 + mb_1}{a_0 + mb_0}, \quad q = \frac{a_2 + mb_2}{a_0 + mb_0}, \quad p = -\frac{a_3 + mb_3}{a_0 + mb_0}$$
et, en éliminant m entre la première et la seconde égalité, puis entre la première et la troisième, on obtient :
$$(a_2 b_0 - a_0 b_2) s + (a_1 b_0 - a_0 b_1) q + a_2 b_1 - a_1 b_2 = 0$$
$$(a_0 b_3 - a_3 b_0) s + (a_1 b_0 - a_0 b_1) p + a_1 b_3 - a_3 b_1 = 0$$

Pour la seconde involution, on a, en éliminant successivement p et q, les relations
$$(a_1 b_0 - a_0 b_1) q + (a_2 b_0 - a_0 b_2) s + a_3 b_0 - a_0 b_3 = 0$$
$$(a_0 b_1 - a_1 b_0) p + (a_2 b_1 - a_1 b_2) s + a_3 b_1 - a_1 b_3 = 0$$

Ces deux couples d'équations s'écrivent avec des notations abrégés :
$$\begin{cases} (a_2 b_0)s + (a_1 b_0)q + (a_2 b_1) = 0 \\ (a_0 a_3)s + (a_1 b_0)p + (a_1 b_3) = 0 \end{cases} \text{ et } \begin{cases} (a_2 b_0)s + (a_1 b_0)q - (a_0 b_3) = 0 \\ (a_2 b_1)s - (a_1 b_0)p - (a_1 b_3) = 0 \end{cases}$$

En remplaçant respectivement s, q et p par $x + 2y$, $2xy + y^2$ et xy^2, puis, éliminant x, l'équation obtenue pour chaque groupe donne les points doubles de l'involution.

Or, pour chaque groupe, on trouve après simplication en remarquant que $(a_2 b_1)(a_0 b_3) - (a_2 b_0)(a_1 b_3)$ peut se remplacer par $(a_1 b_0)(a_3 b_2)$ l'équation unique

$$(a_1 b_0) y^4 + 2(a_2 b_0) y^3 + [(a_3 b_0) + 3(a_2 b_1)] y^2 + 2(a_3 b_1) y + (a_3 b_2) = 0$$

ce qui démontre la proposition et donne de plus les points doubles.

L'équation (*3'*) est un cas particulier de l'équation

(*h*) $\quad Axx'x'' + Bx'x'' + B'x''x + B''xx' + Cx + C'x' + C''x'' + D = 0$

à 7 paramètres, qui représente une *homographie du 3me ordre et de deuxième espèce*.

A chaque point de l'une des trois ponctuelles correspond dans l'ensemble des deux autres une homographie du 2me ordre mais, si l'on choisit deux points et que l'on désigne les ponctuelles auxquelles ils sont supposés appartenir, le point correspondant de la troisième est déterminé sans ambiguïté, sauf dans des cas particuliers. Ainsi x est indéterminé si x' et x'' sont choisis satisfaisant aux conditions.

(*k*) $\quad Ax'x'' + B''x' + B'x'' + C = 0, \quad Bx'x'' + C'x' + C''x'' + D = 0.$

De même x' est indéterminé si l'on a

(*k'*) $\quad Ax''x + Bx'' + B''x + C' = 0, \quad B'x''x + C''x + Cx + D = 0$

De même x'' est indéterminé si l'on a

(*k''*) $\quad Axx' + B'x + Bx' + C'' = 0, \quad B''xx' + Cx + C'x' + D = 0$

Si l'on élimine x'' entre les équations (*k*), on a

(*l'*) $\quad (AC' - BB'')x'^2 + (AD + B'C' - BC - B''C'')x' + DB' - CC'' = 0$

et si l'on élimine x' entre les mêmes équations, on a

(*l''*) $\quad (AC'' - BB')x''^2 + (AD + B''C'' - BC - B'C')x'' + DB'' - CC' = 0$

Si l'on élimine x'' entre les équations *k'*, on trouve

(*l*) $\quad AC - B'B'')x^2 + (AD + BC - B'C' - B''C'')x + DB - C'C'' = 0$

L'élimination de x entre ces mêmes équations donne

l'équation (l''), celle de x' entre les équations (k'') donne (l) et celle de x entre ces mêmes équations donne (l').

Il résulte de là que chaque ponctuelle ne possède que deux points neutres. Soient $N_1 N_2$ ceux de la première, $N'_1 N'_2$ ceux de la seconde, $N''_1 N''_2$ ceux de la troisième; à chaque point de l'un des deux couples correspond un point déterminé dans l'un des deux autres; supposons qu'à N_1 correspondent N'_1 et N''_1 et qu'à N_2 correspondent N'_2 et N''_2. Les six couples de points neutres sont $(N'_1 N''_1)$ et $(N'_2 N''_2)$, $(N''_1 N_1)$ et $(N''_2 N_2)$, $(N_1 N'_1)$ et $(N_2 N'_2)$. A chacun des deux premiers couples correspond un point indéterminé dans la première ponctuelle; à chacun des deux suivants un point indéterminé dans la seconde et à chacun des deux derniers un point indéterminé dans la troisième.

Si $B = B' = B''$, $C = C' = C''$, l'homographie devient une involution du second rang et les trois couples deviennent identiques.

Un cas intermédiaire est celui où $B = B' \gtreqless B$, $C' = C'' \lesseqgtr C$, les six couples se réduisent à quatre dont les équations se déduisent immédiatement des formules précédentes.

Dans le cas général, la condition de réalité des points neutres est, pour tous les couples :

$$A^2D^2 - 2(ABC + AB'C' + AB''C'' - 2BB'B'')D$$
$$+B^2C^2+B'^2C'^2+B''^2C''^2-2B'C'B''C''-2B''C''BC-2BCB'C'+4ACC'C'' \gtreqless 0$$

L'homographie considérée a trois points triples donnés par

$$Ax^3 + (B+B'+B'')x^2 + (C+C'+C'')x + D = 0$$

Si l'origine est choisie en l'un de ces points, l'on a $D = 0$, la condition de réalité des deux autres est

$$(B+B'+B'')^2 - 4A(C+C'+C'') \gtreqless 0$$

Quant à la condition de réalité des points neutres, elle se réduit alors à

$$B^2C^2+B'^2C'^2+B''^2C''^2-2B'C'B''C''-2B''C''BC-2BCB'C'+4ACC'C'' \gtreqless 0$$

Si l'on pose
$$\frac{(B+B'+B'')^2}{4(C+C'+C'')} = A_1$$
et
$$\frac{2B'C'B''C''+2B''C''BC+2BCB'C'-B^2C^2-B'^2C'^2-B''^2C''^2}{4CC'C''} = A_2$$

ces deux conditions peuvent s'écrire :

$$(C+C'+C'')(A_1-A) \gtreqless o \quad \text{et} \quad CC'C''(A-A_2) \gtreqless o$$

Si $C+C'+C''$ et $CC'C''$ sont de même signe, les deux conditions sont de sens contraires par rapport à A et, il suffit que, si par exemple $C+C'+C''$ et $CC'C''$ sont positifs, $A_1 > A > A_2$ et pour cela il faut que l'on ait $A_1 > A_2$. Si les deux fonctions sont de signes contraires, par exemple la première positive et la seconde négative, il suffit que A soit inférieur à la plus petite des quantités A_1 et A_2.

L'équation générale de l'homographie du 3me ordre et de deuxième espèce écrite sous la forme

$$(Ax+B)x'x'' + (B''x+C')x' + (B'x+C'')x'' + Cx + D = o$$

montre que, pour $x = -\frac{B}{A}$, l'homographie correspondante est de la forme $Ax' + bx'' + C = o$ et l'on peut, par suite, appeler le point $x = -\frac{B}{A}$ *un point de similitude*.

On voit, de même, que $x' = -\frac{B'}{A}$, $x'' = -\frac{B''}{A}$ sont les *points de similitude* de la seconde et de la troisième ponctuelles, c'est-à-dire les points auxquels correspondent des homographies qui se réduisent à des multiplications de segments par un nombre fixe, suivies de translations.

Définition. — L'ensemble des ternes de points communs à deux homographies du 3me ordre et de deuxième espèce, constitue une *homographie du 3e ordre et de la première espèce*.

Une telle homographie est donc définie par deux équations analogues à (h).

A chaque valeur attribuée à x correspondent deux involutions quadratiques :

$$(Ax+B)x'x'' + (B''x+C')x' + (B'x+C'')x'' + Cx + D = o$$
$$(A_1x+B_1)x'x'' + (B_1''x+C_1')x' + (B_1'x+C_1'')x'' + C_1x + D_1 = o$$

lesquelles ont en commun deux couples de points.

En éliminant x' ou x'' entre ces équations et formant le déterminant D de l'équation en x'' ou en x' ainsi obtenue, on trouve une condition $D \gtreqless 0$ du quatrième degré en x pour que ces couples soient réels. Les quatre points x donnés par l'équation $D = 0$ sont dits *points d'embranchement ou de ramification de la première ponctuelle*. A ces points correspondent quatre *points doubles* dans la seconde ponctuelle et quatre dans la troisième.

De même, la seconde et la troisième ponctuelle ont aussi chacune quatre points de ramification et à chacun de ces groupes correspondent dans les autres ponctuelles deux groupes de quatre points doubles.

Correspondances

Lorsque le paramètre m qui figure dans l'équation (*1*) est supposé représenté par un point de la droite contenant les ternes de points x, on a une *correspondance de points* qui est ici une *correspondance* (*1, 3*). Si le paramètre figure à un degré supérieur au premier, on a entre les ternes de points x une relation moins simple que l'involution cubique de premier rang et si le paramètre, que nous appellerons z, figure au degré n, on a une correspondance $(n, 3)$ dont l'équation a la forme

$(a_0 z^n + a_1 z^{n-1} + \ldots + a_n)x^3 + (b_0 z^n + b_1 z^{n-1} + \ldots + b_n)x^2$
$+ (c_0 z^n + c_1 z^{n-1} + \ldots + c_n)x + d_0 z^n + d_1 z^{n-1} + \ldots + b_n = 0$

A chaque point de la ponctuelle x en correspondent n de la ponctuelle z; à chaque point z correspondent trois points x

Il existe $n + 3$ points tels qu'un point z et un point x qui se correspondent y coïncident; ils sont donnés par l'équation (*équation des points de coïncidence*):

$a_0 y^{n+3} + (a_1 + b_0) y^{n+2} + (a_2 + b_1 + c_0)x^{n+1} + \ldots + d = 0$

On a là un cas particulier du *principe de correspondance de Chasles*.

Si l'on nomme *point d'embranchement* un point de l'une des ponctuelles, tel que deux des points qui lui correspondent dans l'autre coïncident, on voit de suite que la ponctuelle z a $4n$ points d'embranchement et que la ponctuelle x en a $6(n-1)$.

En particulier, si $n = 3$, *il y a dans chaque ponctuelle douze points d'embranchement et il y a sur la droite six points de coïncidence.*

L'équation (c) a, dans ce cas quinze paramètres, mais dans le cas plus particulier où tout point de la droite a les mêmes trois points correspondants, qu'on le considère comme appartenant à l'une ou à l'autre des ponctuelles, elle ne contient plus que neuf paramètres et a la forme :

$$(a_0 z^3 + a_1 z^2 + a_2 z + a_3) x^3 + (a_1 z^3 + b_1 z^2 + b_2 z + b_3) x^2$$
$$+ (a_2 z^3 + b_2 z^2 + c_2 z + c_3) x + (a_3 z^3 + b_3 z^2 + c_3 z + b_3) = 0$$

ou $a_0 z^3 x^3 + a_1 (z^2 x^3 + z^3 x^2) + a_2 (zx^3 + z^3 x) + a_3 (x^3 + z^3)$
$+ b_1 z^2 x^2 + b_2 (zx^2 + z^2 x) + b_3 (x^2 + z^2) + c_2 zx + c_3 (z + x) + d_3 = 0$

On a, dans ce cas une *correspondance involutive (3)*.

Toute correspondance (n, n_1) donne lieu à deux correspondances involutives, savoir une correspondance $[n(n_1-1)]$ et une correspondance $[n_1(n-1)]$. Considérons, par exemple une correspondance $(3, 3)$. A tout point x_1 de la première ponctuelle correspondent trois points $z_1\ z_2\ z_3$ de la seconde. A chacun de ces derniers correspondent trois points x dont l'un est toujours x_1. Donc, à tout point x_1 correspondent six autres points x et la relation est évidemment involutive.

Ainsi, pour représenter la relation entre les points x, il faudrait une équation entre deux variables x et x', du sixième degré par rapport à chaque variable mais symétrique par rapport à x et x'. (La relation la plus générale de cette espèce a vingt-huit paramètres, mais celle qui lierait x et x' ne contiendrait que les douze paramètres que contient l'équation (c) dans le cas de $n = 3$.

De même, les points z ont entre eux une correspondance involutive (6).

Si la correspondance $[n, n_1]$ considérée est telle que $n_1 = 1$, l'une des correspondances involutives qu'elle engendre disparaît, l'autre est d'ordre $(n-1)$. Dans cette correspondance, deux éléments correspondant à un même troisième se correspondent entre eux. La correspondance involutive se compose alors de groupes de n points tels que chacun d'eux a pour correspondants les $(n-1)$ autres. Elle se nomme *involution du $n^{ième}$ degré*. Ainsi nous retrouvons l'involution comme cas particulier des correspondances involutives, elles-mêmes déduites des correspondances $(n\ n_1)$.

On arrive à l'involution du 3me degré en partant de la correspondance

$$(a_0 z + a_1) x^3 + (b_0 z + b_1 (z^2 + (c_0 z + c_1) x + d_0 z + d_1 = o$$

On retrouve ainsi l'équation (3_1), (équivalente, comme on l'a vu à $(3')$.)

Rapport anharmonique du 3me ordre

On nomme *rapport anharmonique du 3me ordre* une fonction de la forme

$$\frac{(x_1-x_2)(x_3-x_4)(x_5-x_6)}{(x_1-x_4)(x_3-x_6)(x_5-x_2)}$$

$x_1\ x_2\ x_3\ x_4\ x_5\ x_6$ étant les coordonnées de six points d'une droite. On le représente d'une manière abrégée par

$$\frac{(1\ 2)\ (3\ 4)\ (5\ 6)}{(1\ 4)\ (3\ 6)\ (5\ 2)}$$

Six points donnent lieu à 120 rapports anharmoniques du 3me ordre. En effet, il existe quinze groupements distincts de la forme $(a\ b)\ (c\ d)\ (e\ f)$, en ne considérant pas comme distincts deux groupements ne différant que par l'ordre des lettres dans chaque parenthèse ou par l'ordre des parenthèses.

Or, deux groupements ayant une parenthèse commune ne donnent lieu qu'à un rapport anharmonique ordinaire, c'est-à-dire du second ordre. Il en résulte que chacun des quinze groupements ne peut être combiné qu'avec huit des quatorze autres et que, par conséquent, le nombre des

16   GÉOMÉTRIE DU 3me ORDRE SUR UNE DROITE.

rapports du 3me ordre distincts est $15 \times 8 = 120$. On voit de suite que ces rapports sont deux à deux inverses l'un de l'autre.

Considérons les quinze groupements :

$g_1 = 12.34.56$ $g_6 = 12.35.46$ $g_{11} = 12.36.45$
$g_2 = 13.25.46$ $g_7 = 13.26.45$ $g_{12} = 13.24.56$
$g_3 = 14.26.35$ $g_8 = 14.23.56$ $g_{13} = 14.25.36$
$g_4 = 15.24.36$ $g_9 = 15.26.34$ $g_{14} = 15.23.46$
$g_5 = 16.23.45$ $g_{10} = 16.24.35$ $g_{15} = 16.25.34$

Les huit rapports formés avec g_1 comme dénominateur sont

$$\frac{g_2}{g_1}, \frac{g_3}{g_1}, \frac{g_4}{g_1}, \frac{g_5}{g_1}, \frac{g_7}{g_1}, \frac{g_{10}}{g_1}, \frac{g_{13}}{g_1}, \frac{g_{14}}{g_1}$$

Or, on a $\frac{g_2}{g_1} = \frac{g_7}{g_1} = \frac{g_{13}}{g_1} = $ rapport anharmonique du deuxième ordre.

De même les différences

$$\frac{g_2}{g_1} - \frac{g_{13}}{g_1}, \frac{g_2}{g_1} - \frac{g_{14}}{g_1}, \frac{g_3}{g_1} - \frac{g_7}{g_1}, \frac{g_3}{g_1} - \frac{g_{10}}{g_1}, \frac{g_4}{g_1} - \frac{g_{10}}{g_1}$$

$$\frac{g_4}{g_1} - \frac{g_{13}}{g_1}, \frac{g_4}{g_1} - \frac{g_{14}}{g_1}, \frac{g_5}{g_1} - \frac{g_{10}}{g_1}, \frac{g_5}{g_1} - \frac{g_{14}}{g_1}$$

respectivement égales à

$$\frac{-g_{15}}{g_1}, \frac{g_6}{g_1}, \frac{g_9}{g_1}, \frac{g_6}{g_1}, \frac{g_{12}}{g_1}, \frac{g_{11}}{g_1}, \frac{g_9}{g_1}, \frac{-g_{15}}{g_1}, \frac{-g_8}{g_1}$$

se réduisent à des rapports du 2me ordre.

Ainsi, les 8 rapports ont entre eux 10 relations linéaires, les seconds membres des équations étant des rapports du 2me ordre.

Ces relations peuvent s'écrire, en représentant par R les rapports du 3me ordre et par r ceux du 2me ordre :

$R_2 - R_7 = r_{12},$ $R_2 - R_{13} = -r_{15},$ $R_2 - R_{14} = r_6,$ $R_3 - R_7 = r_9,$
$R_3 - R_4 = r_{10},$ $R_4 - R_{10} = r_{12},$ $R_4 - R_{13} = r_{11},$ $R_4 - R_{14} = r_9,$
$R_5 - R_{10} = -r_{15},$ $R_5 - R_{14} = -r_8.$

GÉOMÉTRIE DU 3me ORDRE SUR UNE DROITE.   17

Les rapports r_{11}, r_{12}, r_{15} peuvent du reste s'exprimer respectivement à l'aide de r_6, r_8, r_9 car

r_{11} et r_6 sont relatifs aux points x_3 x_4 x_5 x_6,
r_8 et r_{12} sont relatifs aux points x_1 x_2 x_3 x_4,
r_9 et r_{15} sont relatifs aux points x_1 x_2 x_5 x_6.

Or, si l'on élimine R_7, R_{10}, R_{13}, B_{14} entre ces 10 équations, les 6 relations obtenues se réduisent à 3. On peut prendre par exemple :

$$R_4 - R_5 = r_8 + r_9, \quad R_4 - R_3 = r_{12} - r_6 \quad R_4 - R_2 = r_9 - r_6$$

On a d'ailleurs $r_{12} = r_8 + 1$ et par suite :

$$R_4 - R_3 = r_8 + 1 - r_6$$

Les trois rapports r_6, r_8, r_9 sont d'ailleurs indépendants les uns des autres, comme on le voit aisément.

Or, si les quatre rapports du 3me ordre R_2, R_3, R_4, R_5 sont donnés, on peut déduire les valeurs de r_6, r_8, r_9 et calculer par suite tous les rapports du 3me ordre qui sont ainsi déjà ramenés à être fonctions de quatre d'entre eux. Mais ces quatre rapports ne sont pas même indépendants.

En effet, les équations

$$R_4 - R_5 = r_8 + r_9, \quad R_4 - R_3 = r_8 - r_6 + 1 \quad \text{et} \quad R_4 - R_2 = r_9 - r_6,$$

donnent par l'élimination de deux des rapports du 2me ordre par exemple r_6 et r_9 :

$$(I) \qquad R_4 + R_2 - R_3 - R_5 = 2 r_8 + 1$$

Or, on peut obtenir une seconde relation entre ces cinq rapports. Eliminons d'abord, entre les rapports R_2, R_3, R_4 et R_5 le point 6, nous avons les trois équations :

$$\overline{12}^2 23.34.R_2 = [12.13.34 R_5 - 12.23.34.R_2 + 12.13.23 - 12.23.42]25$$
$$14.12.32.34.R_2 - 13.12.34.42.R_3 - 13.14.42.32 =$$
$$[12.13.34.R_3 - 14.12.34.R_2 - 13.14.42]25$$
$$\overline{12}^2 24.34.R_3 - 12.14.24.32 = [12.14.34 R_4 - 12.24.34.R_3 + 14.24.32]25$$

en exprimant tous les binômes contenant le point 5 à l'aide du binôme 25.

18   GÉOMÉTRIE DU 3me ORDRE SUR UNE DROITE.

En éliminant le point 5 entre ces équations on peut obtenir deux équations distinctes. Or, l'une d'elles, obtenue en combinant la première et la troisième des précédentes, se réduit à

$$\frac{12.34}{13.24} R_2 R_4 - \frac{12.34}{14.23} R_3 R_3 - R_3 - R_5 - \frac{14.23}{12.34} = 0$$

mais $\quad \dfrac{14.23}{12.34} = r_8 \quad$ et $\quad \dfrac{13.24}{12.34} = r_8 + 1$

Cette équation peut donc s'écrire :

$$(II) \qquad \frac{R_2 R_3}{r_8+1} - \frac{R_3 R_5}{r_8} - R_3 - R_5 - r_8 = 0$$

Donc, en éliminant r_8 entre (I) et (II), on a, après transformation :

$$\sum R_i^3 - \sum R_i^2 R_j + 2 \sum R_i R_j R_k - \sum R_i^2$$
$$+ 2 \sum R_i R_j - \sum R_i + 1 = 0$$

où les indices i, j, k, ont les valeurs 2, 3, 4 et 5.

Ainsi, les 120 rapports anharmoniques du 3me ordre peuvent être considérés comme fonctions de trois d'entre eux.

Remarque. — Il est clair que les divers résultats obtenus dans ce qui précède sont applicables non seulement aux ponctuelles, mais avec des modifications évidentes dans les énoncés, aux faisceaux de droites dans un plan et aux faisceaux de plans dans l'espace.

EXERCICES

1. — Quels sont les points pour lesquels la première polaire par rapport au terne de points :

$$x^3 - 9x^2 + 23x - 15 = 0$$

est réelle, — est réduite à deux points confondus ?
— Même question pour le terne de points :

$$x^3 - 3x^2 + 7x - 5 = 0$$

2. — Une involution cubique de second rang a pour points triples $x = 1$, $x = 3$, $x = 5$, former son équation et calculer les coordonnées des points neutres.

3. — Une involution de second rang a pour points triples $x = 1 \; x = 2 \mp 5 \sqrt{-1}$, former son équation, calculer les coordonnées des points neutres.

4. — Former l'équation de tous les ternes de points dont la hessienne se compose de points $x = -1$, $x = +1$.
— Même question pour les ternes de points dont la hessienne se compose de points $x = \pm 3\sqrt{-1}$.

5. — Etant donnée l'homographie de 3me ordre et de deuxième espèce :

$$A xx'x'' + 3x'x'' + 2x''x + 4xx' + 9x + 2x' - 5x'' = 0$$

que doit être A : 1° pour que les points neutres soient réels ; 2° pour que les trois points triples soient réels et les points neutres imaginaires.

6. — On donne une droite $x'x$ et trois points A, B, C, soient M_1, M_2, deux points de $x'x'$ et I le point $(M_1 A, M_2 B)$ on tire IC, soit M_3 le point (IC, xx'), étudier l'homographie de 3me ordre et de deuxième espèce ainsi définie.

7. — Les trois groupes de quatre points de ramification d'une homographie de 3me ordre et de deuxième espèce ont le même rapport anharmonique.

8. — Démontrer que le rapport anharmonique du 3me ordre est projectif.

9. — Former l'équation de la correspondance involutive pour les x, qui résulte de la correspondance $(3, 3)$ suivante :

$$2x^3 + 3y^3 - 7x^2 - 4y = 0$$

10. — On donne deux coniques C et D et deux droites ox, oy tangentes à D. Par un point M_1 de ox, on mène une tangente t à C et du point (t, oy) une tangente à D, qui coupe ox à M_2 ; étudier la correspondance des points $M_1 M_2$.

11. — On donne une conique C et deux droites ox, oy. Par un point M_1 de ox, on mène une tangente t à C et du point (t, oy) une seconde tangente à C, qui coupe ox en M_2; étudier la correspondance des points $M_1 M_2$.

12. — On donne trois droites xx', l et l' et trois points A, B, C, soit M_1 un point de xx', P le point $(M_1 A, l)$, Q le point (PB, l') M_2, le point (PB, xx') et M_3 le point (QC, xx), étudier l'homographie de première espèce ainsi définie.

CHAPITRE II

PROPRIÉTÉS GÉNÉRALES DES CUBIQUES PLANES MODES DE GÉNÉRATION

Les cubiques planes sont caractérisées par l'égalité des nombres n^2 et $\dfrac{(n+3)\,n}{2}$. Deux cubiques ont un nombre de points d'intersection égal au nombre des points nécessaires pour la détermination de l'une d'elles. Donc :

THÉORÈME. — **Les équations de deux cubiques planes passant par 8 points donnés étant $c = o$ et $c' = o$, toute cubique passant par ces 8 points, passe par le neuvième des points $(c,\,c')$.**

En effet, une telle cubique est représentée par la formule $c + mc' = o$, m étant un paramètre arbitraire, puisque la donnée d'un neuvième point quelconque détermine sans ambiguïté la courbe. Or, toutes les cubiques comprises dans cette formule passent par les 9 points $(c,\,c')$.

COROLLAIRE 1. — *Si des 9 points d'intersection de deux cubiques, six sont sur une conique, les trois autres sont en ligne droite.*

La conique contenant les 6 premiers points et la droite contenant 2 des 3 autres constituent en effet une cubique dégénérée qui doit passer par le neuvième point.

COROLLAIRE 2. — *Réciproquement, si 3 des 9 points sont sur une droite, les six autres sont sur une conique.*

COROLLAIRE 3. — *Si 3 des 9 points sont sur une droite* a, *que 3 autres soient sur une droite* b, *les 3 derniers sont* aussi sur une droite d et, dans ce cas, si A A' A", B B' B", D D' D", sont les points situés sur les 3 droites et si A B et A' B' passent respectivement par D et D', la droite A" B" passera aussi par D".

On aura, dans ce cas, un faisceau particulier de cubiques dans lequel deux cubiques sont dégénérées en trois droites. L'équation d'un tel faisceau peut s'écrire :

$$abc - ma_1 b_1 c_1 = o$$

$ab \ldots \ldots c_1$ étant des fonctions linéaires.

COROLLAIRE 4. — *Les tangentes en 3 points situés en ligne droite coupent la courbe en 3 points en ligne droite.*

On le voit en supposant la conique (COROL. 1) réduite à 2 droites infiniment voisines.

La droite joignant ces 3 points d'intersection se nomme *droite satellite* de celle qui joint les points de contact ; les points d'intersection sont les *tangentiels* des points de contact.

Si la droite des points de contact est $a = o$ et la droite satellite $s = o$, l'équation de la courbe peut s'écrire sous la forme :

$$a^2 s - m a_1 b_1 c_1 = o$$

$a_1 = o$, $b_1 = o$, $c_1 = o$ sont alors les équations des trois tangentes.

Cette même équation représente aussi le faisceau de cubiques ayant pour base les trois points de contact et les trois tangentiels, les tangentes étant communes aux trois points de contact.

(Si s se confond avec a, on a la forme d'équation $a^3 - m a_1 b_1 c_1 = o$. On verra plus loin qu'elle est possible).

COROLLAIRE 5. — *Lorsque les 6 sommets d'un hexagone et 2 des points de concours des côtés opposés sont sur une cubique* C, *le troisième y est aussi.*

Si, en effet, a, b, c, d, e, f, sont les côtés, les cubiques (a, c, e), (b, d, f), auront en commun les 6 sommets et les 3 points de concours des côtés opposés ; la cubique C passant par 8 de ces points, passera par le neuvième. (Chasles, *Ap. Hist.* p. 150.

On a des conséquences particulières lorsque 2 ou 3 de ces points sont sur la droite de l'infini.

COROLLAIRE 6. — *Quand un quadrilatère a ses 4 sommets et les 2 points de concours des côtés opposés sur une même cubique, les tangentes en 2 sommets opposés se coupent aussi sur la cubique.* (Mac Laurin.)

(On passe de l'énoncé précédent à celui-ci en supposant que dans l'hexagone, 2 côtés opposés deviennent infiniment petits.)

COROLLAIRE 7. — *Quand un triangle est inscrit dans une cubique, si les tangentes en 2 sommets rencontrent les côtés opposés sur la courbe, il en est de même de la tangente au troisième sommet.*

On passe de l'énoncé 5 à celui-ci en supposant que 3 côtés non consécutifs de l'hexagone deviennent infiniment petits.

(Voir des cas particuliers aux exercices.)

COROLLAIRE 8. — *Soient* a b, a c, *deux tangentes menées de* a, *points d'une cubique* C, *à cette cubique,* d *un autre point de la courbe,* e, f, *les troisièmes points sur* d b *et* d c; *les droites* b f, c e *se coupent sur la cubique.* (16ᵉ Th. de Mac Laurin.)

En effet, les droites $b\,d$, $b\,f$, $a\,c$, constituent une cubique dégénérée, les droites $a\,b$, $c\,e$, $c\,d$ une seconde, passant par les 9 points a, b, b, d, c, c, e, f et $(b\,f, c\,e)$. Donc, si une cubique proprement dite passe par les huit premiers, elle contiendra aussi le neuvième.

COROLLAIRE 9. — *Le théorème de Pascal est aussi une conséquence du théorème précédent.*

Si a, b, c, d, e, f est un hexagone inscrit dans la conique C et g, h, les points de concours des couples $(a\,b, d\,e)$, $(b\,c, e\,f)$ de côtés opposés, les trois cubiques $(a\,b, c\,d, e\,f)$, $(b\,c, d\,e, f\,a)$ et $(C\,g\,h)$ qui ont en commun les 8 points a, b, c, d, e, f, g, h ont un neuvième point commun situé au $g\,h$.

THÉORÈME. — Si, de 3 points situés en ligne droite, 2 ont le même tangentiel t, le tangentiel du troisième est identique au tangentiel de t.

Résulte du corollaire 4 si l'on suppose deux des tangentiels infiniment voisins.

Cette proposition peut encore s'énoncer :

— Si d'un point A de la courbe on mène à la courbe deux tangentes ayant pour point de contact B et C, le tangentiel du troisième point de la courbe situé sur BC est identique au tangentiel de A.

THÉORÈME. — Si, 3 points situés en ligne droite ont le même tangentiel, ce tangentiel est un point d'inflexion.

Résulte du corollaire 4 si l'on suppose les 3 tangentiels infiniment voisins. (On verra plus loin que la réciproque de ce théorème est exacte : *Les tangentes menées d'un point d'inflexion ont leurs points de contact en ligne droite.*

THÉORÈME. — Si, par 4 points d'une cubique on fait passer un faisceau de coniques, les droites joignant les deux derniers points d'intersection, pour chaque conique, passent toutes par un même point de la cubique.

Soient A, B, C, D, les 4 points, E, F les troisièmes points d'intersection de AB et de CD avec la cubique, G le troisième point de la cubique sur EF. L'une quelconque des coniques forme avec EF une cubique coupant la proposée en 6 points situés sur 2 droites savoir ABE, CDF. Donc les 3 autres points, dont l'un est G sont en ligne droite ce qui démontre le théorème.

Le point G est appelé soit point *opposé*, soit point *corésiduel* du système (A, B, C, D).

THÉORÈME. — Le produit des distances d'un point d'une cubique à ses trois asymptotes est dans un rapport constant avec la distance de ce point à la droite satellite de la droite de l'infini.

Soit une cubique à 3 asymptotes ; celles-ci coupent la courbe en 3 points en ligne droite, d'après une proposition précédente : soit s cette droite contenant les 3 intersections c'est-à dire la droite satellite de la droite de l'infini et x, y, z les 3 asymptotes : on pourra mettre l'équation de la courbe sous la forme $x.y.z - ms = o$ qui met en évidence la proposition.

Remarque. — Il y a toujours, dans le plan d'une cubique, des droites qui la coupent en 3 points réels et d'autres en un seul. Il suffit pour le voir de considérer la tangente en un point A ; elle coupe la courbe en un autre point B réel. Faisons pivoter la tangente autour de B ; en tournant dans un sens, on aura une droite coupant la courbe en 3 points réels et en tournant dans l'autre sens une droite ne coupant qu'en un point. Il en résulte que l'on peut toujours projeter une cubique donnée suivant une cubique à 3 asymptotes réelles, ou à une seule asymptote réelle.

THÉORÈME. — **Toute cubique générale a 3 points d'inflexion réels.**

Projetons la cubique de façon qu'une sécante passant par un point d'inflexion réel et ne coupant pas la courbe en d'autres points réels, soit rejetée à l'infini. Nous obtenons ainsi une cubique ayant une asymptote a telle que les deux branches de la courbe soient tangentes d'un même côté ; si une parallèle p à a située de ce côté s'éloigne de a, comme la courbe n'a pas de point à l'infini ailleurs que sur a, il arrivera un moment où les deux points d'intersection de p avec la courbe se confondront. La droite sera alors une tangente ordinaire puisque par hypothèse la courbe n'a pas de point double. Soit P le point de contact ; que l'on s'éloigne dans un sens ou dans l'autre à partir de P, la convexité changera de sens, la courbe a donc 2 points d'inflexion à distance finie et, par suite, en a 3 en tout.

Or, les points d'inflexion se projettent coniquement suivant des points d'inflexion, la cubique primitive a donc elle-même trois points d'inflexion.

Quant à l'existence d'un premier point d'inflexion qui est supposée par la démonstration, elle résulte immédiatement de ce que l'on peut toujours choisir une tangente à une cubique de telle façon que son tangentiel soit sur le même arc de courbe et qu'alors entre le point de contact et le tangentiel se trouve nécessairement un point d'inflexion.

THÉORÈME. — **Toute droite joignant deux points d'inflexion réels coupe la courbe en un troisième point d'inflexion réel.**

En effet, la droite joignant les deux points d'inflexion coïncide dans ce cas avec sa droite satellite ; ainsi, la tangente au troisième point rencontre bien la courbe en trois points confondus.

THÉORÈME. — **Trois points d'inflexion réels d'une cubique sont en ligne droite.**

Soient A, B, C trois points d'inflexion réels, menons les tangentes a, b, c en ces points et soient A', B', C', les points (b, c), (c, a) et (a, b). Le théorème de Carnot appliqué à ce cas particulier donne

$$\overline{A'C}^3 \ \overline{B'A}^3 \ \overline{C'B}^3 = \overline{A'B}^3 \ \overline{B'C}^3 \ \overline{C'A}^3$$

Extrayant la racine cubique, on a une égalité qui montre, d'après la réciproque du théorème de Ménélaus que les trois points A, B, C sont en ligne droite.

COROLLAIRE. — *Une cubique plane ne peut avoir plus de 3 points d'inflexion réels.*

S'il y en avait plus de 3, la courbe aurait plus de 3 points sur une droite.

THÉORÈME. — **Si a, b, c, d sont 4 points quelconques d'une cubique et r leur corésiduel, et que a', b', c', d', r' soient les tangentiels de a, b, c, d, r, le point r' sera le corésiduel de $(a', b', c' d')$.**

Soient e, f, les troisièmes points sur ab et sur cd, les droites abe, cdf constituent une conique dégénérée passant par a, b, c et d, et par suite la droite ef passe par le point r. Les points e, f, r étant en ligne droite, leurs tangentiels e', f', r' le sont aussi. Mais a', b', e' tangentiels de a, b, e, sont en ligne droite et de même c', d' f' tangentiels de c, d, f sont en ligne droite. Ainsi, la droite $e'f'$ qui joint les 2 derniers points d'intersection avec la cubique de la conique dégénérée $(a'b'e', c'd'f')$ passe par r' ; par suite r' est le corésiduel de $a'b'c'd'$.

THÉORÈME. — **Lorsque 6 points d'une cubique sont sur une même conique leurs tangentiels sont aussi sur une conique.**

Soient $a, b, c, d, e, f,$ les 6 points et $a', b', c', d', e', f',$ leurs tangentiels ; si g est le troisième point sur ef, ce point g est le corésiduel de (a, b, c, d) et par suite son tangentiel g' est le corésiduel de $(a'b'c'd')$. (Théorème précédent). Donc, toute conique passant par $a', b', c', d',$ et par un cinquième point i' de la cubique passera par le troisième point situé sur $i'g'$. En particulier la conique passant par $a'b'c'd'$ et e' passera par f'.

THÉORÈME. — **Lorsqu'une conique est triplement tangente à une cubique en des points a, b, c, si $a''b''c''$ sont les tangentiels des tangentiels de ces points, ab et c, $a''b''$ et c'' sont en ligne droite.**

En effet, le premier tangentiel de a peut être considéré comme le point corésiduel du faisceau b, b, c, c.

Or, les tangentes en b et c constituent une des coniques de ce faisceau et les points $b'b'c'c'$ ont a'' comme point corésiduel. Mais les tangentes en b' et c' constituent une des coniques du faisceau de base $(b'b'c'c')$, donc la droite $b''c''$ passe par a''.

MODES DE GÉNÉRATION DES CUBIQUES PLANES

1° Mode de génération de Chasles

THÉORÈME. — **Etant donnés deux faisceaux homographiques, l'un coniques, l'autre de droites, le lieu des intersections des éléments homologues est une cubique plane.**

En effet, les intersections des deux faisceaux avec une droite ont une correspondance $(1, 2)$; il y a donc 3 points de coïncidence, c'est-à-dire que le lieu est du 3me ordre.

THÉORÈME. — Réciproquement, étant donnée une cubique plane quelconque, on peut toujours la considérer comme engendrée à l'aide de deux faisceaux homographiques, l'un de coniques, l'autre de droites.

En effet, prenons sur la courbe 9 points : a_1, a_2, a_3, a_4, a_5, a_6, a_7, a_8, a_9. Considérons le faisceau de coniques de base $(a_1, a_2, a_3, a_4) = B$ et dans ce faisceau, les 5 coniques $(a_1 a_2 a_3 a_4; a_5, a_6, a_7, a_8, a_9)$ ou $(B, a_5, a_6, a_7, a_8, a_9)$. Les 4 premières déterminent un certain rapport anharmonique r, celui de leurs tangentes en a par exemple. Or, il existe une conique C passant par a_5, a_6, a_7, a_8, et telle que M étant l'un de ses points, le faisceau (M, a_5, a_6, a_7, a_8) ait le rapport anharmonique r. De cette conique, on a d'abord la tangente en a_5, en remarquant que cette tangente est la quatrième droite d'un faisceau ayant le rapport anharmonique r et dont les trois premiers sont $a_5 a_6$, $a_5 a_7$ et $a_5 a_8$.

(On pourrait donc construire la conique par l'application répétée du théorème de Pascal, mais cette construction n'est pas nécessaire ici.)

De même, il existe une conique C' passant par a_5, a_6, a_7, a_9, telle que le rapport anharmonique du faisceau (M, a_5, a_6, a_7, a_9) soit égal au rapport r' déterminé par les quatre coniques $(B; a_5, a_6, a_7, a_9)$. Mais alors, si M est le quatrième point commun aux coniques C et C' (qui ont déjà en commun a_5, a_6 et a_7), les deux conditions sont remplies à la fois et le faisceau $(M; a_5, a_6, a_7, a_8, a_9)$ sera homographique à celui des cinq coniques. Ces deux faisceaux engendrent une cubique ayant avec la proposée 9 points communs qui, par conséquent, coïncide avec elle.

Remarque 1. — Pour déterminer l'intersection M de C et C' il suffira de construire leur intersection avec une droite quelconque, de préférence la droite $(a_8 a_9)$. Prenant alors l'intersection i de $a_6 a_7$ avec cette droite $a_8 a_9$ et déterminant le point i' conjugué de i par rapport aux deux couples déjà connus de l'involution tracée sur $a_8 a_9$ (par le faisceau $a_5 a_6 a_7 M$), il suffira de joindre i' à a_5 et de prendre l'intersection de $i' a_5$ avec l'une des coniques, par l'application du théorème de Pascal, pour avoir le point M.

Remarque 2. — Si le faisceau de coniques est remplacé par un faisceau de couples de droites, la cubique engendrée a un point double, savoir le centre de ce faisceau.

Remarque 3. — Si le faisceau de coniques est formé de cercles la cubique engendrée passe par les 2 points circulaires à l'infini puisqu'elle contient tous les points de base.

On la nomme *cubique circulaire.*

L'équation générale d'une telle cubique peut se mettre sous la forme :

$$(x^2 + y^2) F_1(x, y) + F_2(x, y) + F_1(x, y) + K = 0$$

F_1, F_1 étant des fonctions homogènes linéaires, F_2' une fonction quadratique.

Remarque 4. — Le faisceau de droites peut se composer des polaires par rapport aux éléments du faisceau de coniques, d'un point particulier.

Si a, b, c, d sont les points base d'un faisceau de coniques et P le point dont on prend les polaires, on a immédiatement trois nouveaux points de la cubique dans les centres, $c \equiv (ab, cd)$, $c' = (ac, bd)$, $c'' = (ad, bc)$ des coniques dégénérées du système.

Les droites conjuguées respectivement de CP et de $C'P$ par rapport aux couples (ab, cd) et (ac, bd) donnent, par leur intersection, le centre du faisceau de droites qui engendrent la cubique.

La tangente de la cubique au point P, par lequel elle passe nécessairement, s'obtiendra par l'application du théorème de Pascal.

Remarque 5. — Les points formant la base du faisceau de coniques peuvent être imaginaires par couple. Supposons les 4 points imaginaires ; le faisceau pourra être déterminé de diverses manières, par exemple par deux coniques tracées C et C' ne se coupant pas. Supposons que le faisceau de droites soit formé par les polaires d'un point P par rapport aux coniques. On peut immédiatement sur deux droites passant par P, Px, Py, construire 2 points de la polaire p par rapport à C ; et de même pour la polaire p'

par rapport à C', on a donc deux polaires et par suite, le centre A du faisceau de droites.

Si maintenant l'on se donne une troisième conique C'' du faisceau, ce que l'on pourra faire en se donnant par exemple le couple de point de l'involution tracée par le faisceau sur Px (voir note 1), qui correspond à cette conique C'', on aura immédiatement la polaire p'' correspondante en joignant A au point conjugué de P par rapport à ce couple, et, 3 nouveaux points de C'' étant déterminés, on construira les 2 points (C'', p''). (*V. note 2 à la fin du chapitre*).

(On traiterait d'une manière analogue les autres cas particuliers notamment celui où la base du faisceau de coniques comprend 2 points réels et distincts et 2 points imaginaires).

THÉORÈME. — **Deux faisceaux homographiques de coniques, tels que l'un des points d'intersection décrive une droite, engendrent en outre une cubique.**

En effet, sur une droite quelconque, ils tracent 2 involutions en correspondance (1, 1), c'est-à-dire tracent 2 ponctuelles en correspondance (2, 2). Il y a donc 4 points de coïncidence et le lieu complet est du 4me degré et, comme il contient une droite, le complément de l'intersection est une cubique.

On démontre qu'une quartique plane peut toujours être engendrée à l'aide de deux faisceaux homographiques de comiques. Il en résulte que la réciproque du théorème précédent est exacte car il suffit d'associer à la cubique supposée donnée une droite quelconque pour avoir une quartique sur laquelle on peut prendre convenablement des points servant à déterminer les 2 faisceaux et à les rapporter homographiquement l'un à l'autre. (V. sur ce point : DE JONCQUIÈRES, *Essai sur la génération des courbes géométriques*, p. 32, 37).

Mais cette réciproque n'a pas l'importance de celles qui sont relatives au mode précédent (mode de Chasles) et au mode de Grassmann donné plus loin, car il s'agit ici d'un lieu qui n'est qu'accidentellement du 3me ordre.

2° *Mode de génération de Grassmann.*

THÉORÈME. — Lorsqu'un point se meut dans un plan de telle façon que les 3 droites qui le joignent à 3 points fixes, coupent 3 droites données en 3 points constamment en ligne droite, ce point décrit une cubique.

Soient O_1, O_2, O_3 les 3 points fixes, a_1, a_2, a_3 les 3 droites fixes, l une droite du plan. Joignons les points O_1 et (a_1, l), de même O_2 et (a_2, l) et aussi O_3 et (a_3, l) et soient M_1, M_2, M_3 les intersections des 3 droites obtenues avec une droite x du plan. Si l'on suppose que la droite l décrive le plan, les points M_1, M_2, M_3 décrivent 3 ponctuelles sur x qui sont liées par une relation trilinéaire. En effet, si l'on se donne 2 d'entre eux, par exemple M_1 et M_2, les droites $O_1 M_1$, $O_2 M_2$ coupent respectivement a_1 et a_2 en 2 points qui déterminent une droite l dont le point d'intersection avec A_3 joint à O_3 donne, sans ambiguïté, le point M_3.

Les trois ponctuelles étant liées par une relation trilinéaire il y a sur x 3 points de coïncidence m, m', m'' qui sont des points du lieu, et 3 seulement. Ainsi, le lieu est une cubique.

Remarque. — Cette cubique passe par les points O_1, O_2, O_3. En effet, soient N_2, N_3 les points $(O_1 O_2, a_2)$ et $(O_1 O_3, a_3)$, tirons la droite $N_2 N_3$, soit N_1 son intersection avec a_1, il est clair que, si l'on prend la droite $N_1 N_2 N_3$ pour droite l (soit l_1 cette droite), les 3 droites $(l_1 a_1, O_1)$, $(l_1 a_2, O_2)$, $(l_1 a_3, O_3)$, concourent en O_1.

On prouverait de même que O_2 et O_3 sont points du lieu en considérant 2 droites analogues l_2 et l_3.

Cette cubique passe aussi par les 3 points $(O_1 O_2, a_3)$, $(O_2 O_3, a_1)$ et $(O_3 O_1, a_2)$. En effet, prenons pour droite l l'une des droites $O_1 O_2$, $O_2 O_3$, $O_3 O_1$, par exemple la droite $O_1 O_2 = l_3'$. Les droites joignant O_1 avec (a_1, l_3') et O_2 avec (a_2, l_3') se confondent avec $O_1 O_2$ et l'on a un point du lieu qui est (l_3', a_3) c'est-à-dire $(O_1 O_2, a_3)$. On voit de même que $(O_2 O_3, a_1)$ et $(O_3 O_1, a_2)$ sont points du lieu.

Elle passe aussi par les sommets $A_1 = (a_2, a_3)$,

$A_2 = (a_3, a_1)$, $A_3 = (a_1, a_2)$ du triangle (a_1, a_2, a_3). Considérons, en effet, la droite $A_1 = l_1''$; elle fournit A_1 comme point du lieu et, de même $l_2'' = O_2 A_2$ donne A_2 et $l_3'' = O_3 A_3$ donne A_3.

En résumé, les sommets des triangles (a_1, a_2, a_3) et $O_1 O_2 O_3$ appartiennent au lieu ainsi que les points d'intersection des côtés correspondants de ces triangles. Les 2 triangles figurent d'une manière symétrique sur le lieu, de sorte qu'on peut les intervertir et prendre, à la place de O_1, O_2 et O_3 les sommets A_1, A_2 et A et à la place des droites a_1, a_2, a_3 les droites $O_2 O_3$, $O_3 O_1$, $O_1 O_2$.

THÉORÈME RÉCIPROQUE. — **Une cubique donnée peut être engendrée et d'une infinité de manières par le mode de Grassmann. Pour une position donnée des points $b_1 = (O_2 O_3, a_1)$, $b_2 = (O_3 O_1, a_2)$, $b_3 = (O_1 O_2, a_3)$, il y a 12 manières d'engendrer la courbe.**

Ce dernier point sera établi, si l'on montre que pour une position donnée des points b_1, b_2, b_3, il existe 4 triangles dont les côtés passent par b_1, b_2, b_3 et dont les sommets sont sur la courbe, car ces triangles peuvent se grouper 2 à 2 de 6 manières et chaque groupement donne lieu à 2 modes de génération puisque les triangles peuvent être permutés.

Soient donc b_1, b_2, b_3, 3 points quelconques d'une cubique c; tirons b_2, b_3, soit m_1 sa troisième intersection avec la courbe; tirons $b_1 m_1$, soit f_1 sa troisième intersection avec la courbe. De f_1 menons l'une des 4 tangentes à la courbe ([1]); soit $f_1 a_1$ la tangente menée ([2]). Tirons $a_1 b_2$ coupant encore en a_3 et $a_1 b_3$ coupant encore en a_2, je dis que le triangle $a_1 a_2 a_3$ a son troisième côté passant par b_1.

Les 2 cubiques C et $(m_1 b_1 f_1, a_1 b_2 a_3, a_1 b_3 a_2)$ ont 9 points

---

([1]) *La démonstration de cette réciproque suppose donc démontrée l'existence des 4 tangentes menées d'un point de la courbe à celle-ci, existence qui n'est prouvée que dans le chapitre des pôles et polaires, mais il y aurait eu plus d'inconvénients que d'avantages à rejeter cette réciproque plus loin.*

([2]) *Il ne peut y avoir confusion avec la notation précédente, a_1 a_2 a_3 désignent ici des points.*

communs dont 8 appartiennent à la cubique ($m_1\, b_2\, b_3$, $f_1\, a_1\, a_1$, $b_1\, a_3$). Donc le neuvième a_2 appartient aussi à cette cubique, ce qui démontre que $a_3\, a_2$ passe par b_1.

Or, chacune des 4 tangentes menées de f_1 conduit à un triangle analogue inscrit dans la courbe.

D'autre part, on ne retrouverait pas d'autres triangles, en tirant par exemple $b_3\, b_1$ et procédant d'une manière analogue.

En effet, soit $a_1'\, a_2'\, a_3'$ un triangle inscrit dans la cubique et dont les côtés passent respectivement par b_1, b_2 et b_3, savoir : $a_1'\, a_2'$ par b_3, $a_2'\, a_3'$ par b_1 et $a_1'\, a_2'$ par b_3. La cubique C et la cubique ($m\, b_1\, f_1 - a_1'\, b_2\, a_3' - a_1'\, b_3\, a_2'$) ont 9 points communs, dont 8, savoir : $b_1\, m\, a_1'\, a_1\, a_2'\, a_3'\, b_2\, b_3$, appartiennent aussi à la cubique ($a_2'\, b_1\, a_3' - m\, b_2\, b_3 - a_1'\, a_1'$). Donc le neuvième, savoir f_1, appartient aussi à cette dernière, c'est-à-dire que la tangente $a_1'\, a_1'$ au point a_1' passe par le point f_1. En d'autres termes a_1' est le point de contact de l'une des 4 tangentes issues du point f_1 construit précédemment. Aussi, le choix des points $b_1\, b_2\, b_3$ étant fait, on a bien 12 manières d'engendrer la cubique par le mode de Grasmann. Il y a du reste une infinité de manières de choisir ces trois points ([1]).

NOTES

NOTE 1. — Etant donnée, sur une droite une involution par 2 couples de points (A_1, A_2), (B_1, B_2), pour construire autant de couples qu'on le voudra, il suffira de faire passer une circonférence par A_1 et A_2, une seconde circonférence passant par B_1 et B_2 et coupant la première. Les deux points d'intersection I et I' forment avec les points circulaires à l'infini la base d'un faisceau de cercles qui fourniront les couples cherchés.

NOTE 2. — Pour construire l'intersection d'une conique donnée par 5 points $M_1\, M_2, M_3, M_4, M_5$ et d'une droite d, considérons l'involution tracée sur d par le faisceau ($M_1\, M_2\, M_3\, M_4$). Par les coniques

---

([1]) *Voir aussi dans Clebsch, t. II, Leçons de Géométrie, le mode de génération de Schroter.*

dégénérées, nous en avons de suite deux couples de points aa' et bb'. Par ces couples et un même point O_1 faisons passer deux circonférences, qui se couperont en un second point O_2 ; toutes les circonférences du faisceau (O_1, O_2) traceront les couples de l'involution considérée.

Considérons, de même l'involution tracée sur d par le faisceau ($M_1 M_2 M_3 M_8$) ; les coniques dégénérées donnent, de même 2 couples de points $a\ a''$, bb'' (il y a 2 points communs avec les premiers). Traçons les circonférences $O_1 aa''$ et $O_1 bb''$, elles se coupent en un second point O_3 et toutes les circonférences passant par O_1 et O_3 donnent les couples de l'involution tracée par ce second faisceau de coniques.

Par suite la circonférence $O_1 O_2 O_3$ donnera le couple cherché.

NOTE 3. — On a besoin, dans quelques questions se rapportant à la génération des cubiques de savoir construire sur une droite l le couple, appartenant à une involution donnée qui forme avec un couple donné sur cette droite une division harmonique.

Soient $A_1 A_2$, $B_1 B_2$, les deux couples de points de l qui définissent l'involution et $C_1 C_2$ le couple avec lequel celui que l'on cherche doit faire une division harmonique. Décrivons sur $A_1 A_2$ et $B_1 B_2$ comme corde des cercles qui se coupent; soient I, I' les points d'intersection, les circonférences ayant leur centre sur la perpendiculaire xx' à II', en son milieu, donnent sur la droite l les divers couples de l'involution; soit x le rayon d'une circonférence (c) de cette série, qui coupe orthogonalement la circonférence décrite sur $C_1 C_2$ comme diamètre et y la distance des centres de ces deux circonférences, nous avons $y^2 - x^2 = \dfrac{\overline{C_1 C_2}^2}{4}$ Le centre de (c) est donc d'après un théorème connu sur une certaine droite perpendiculaire à celle qui joint I (ou I') au milieu de $C_1 C_2$; comme il est aussi sur xx' ce centre est déterminé et par suite aussi le couple déterminé par (c) sur la droite l, lequel est le couple cherché.

NOTE 4 (sur le mode de génération de Chasles). — Dans la démonstration de la réciproque, pour prouver qu'une cubique donnée par 9 points peut être construite par le mode de génération de Chasles, on a cherché à déterminer le centre du faisceau de droites, la base du faisceau de coniques étant choisie complètement.

Mais, étant donnés les 9 points a_1, a_2,..... a_9, on peut aussi choisir l'un d'eux a_9 pour centre du faisceau de droites ; la base du faisceau de coniques doit alors être prise incomplètement parmi les points donnés. On résout, dans ce cas, le problème suivant :

Trouver le point x, tel que les deux faisceaux
$$a_9\ (a_4, a_5, a_6, a_7, a_8)\quad \text{et}\ (a_1, a_2, a_3\ x)\ (a_4, a_5, a_6, a_7, a_8)$$
soient rapportés homographiquement l'un à l'autre.

Considérons les 5 faisceaux de coniques $(a_1\ a_2\ a_3\ a_4)$, $(a_1\ a_2\ a_3\ a_5)$, $(a_1\ a_2\ a_3\ a_6)$, $(a_1\ a_2\ a_3\ a_7)$, $(a_1\ a_2\ a_3\ a_8)$; ils déterminent sur une droite l quelconque 5 involutions (ou 5 séries de segments en involution). Déterminons les 5 segments de ces séries qui vont en involution entre eux. (Voir de Jonquières, *Essai sur la génération des courbes*, page 25). Soient $m_1\ n_1$, $m_2\ n_2$, $m_3\ n_3$, $m_4\ n_4$, $m_5\ n_5$ ces 5 segments ; les 5 coniques $(a_1\ a_2\ a_3\ a_4\ m_1\ n_1)$, $(a_1\ a_2\ a_3\ a_5\ m_2\ n_2)$, $(a_1\ a_2\ a_3\ a_6\ m_3\ n_3)$, $(a_1\ a_2\ a_3\ a_7\ m_4\ n_4)$, $(a_1\ a_2\ a_3\ a_8\ m_5\ n_5)$ passeront par un même point x. En effet, deux d'entre elles définissent un faisceau de base (a_1, a_2, a_3, x) qui décrit sur l une involution. Or, cette involution a deux éléments communs avec l'involution $(m_1\ n_1, m_2\ n_2, \ldots m_5\ n_5)$; elle coïncide donc avec celle-ci et par suite les trois autres coniques passent par le point x.

EXERCICES

1. — *Lorsqu'une conique a, avec une cubique un contact simple en un point e et un contact du second ordre (3 points infiniment voisins) en un point a si d est le point d'intersection des deux courbes, que a" soit le second tangentiel de a, e" le second tangentiel de e et f le troisième point d'intersection de la courbe avec la droite joignant a' et d' tangentiels de a et d, les points a", e" et f sont en ligne droite.*

2. — *Lorsqu'une conique a avec une cubique un contact simple en un point e et un contact du troisième ordre (4 points infiniment voisins) en un point a si a" est le second tangentiel de a et e" le second tangentiel de e, e" sera le tangentiel de a".*

3. — *Si tous les côtés d'un polygone variable passent par autant de points fixes en ligne droite et que tous les sommets moins deux décrivent des droites, l'avant-dernier décrivant une cubique, le dernier décrira aussi une cubique.* (Cas particulier d'un cas théorème de Mac Laurin. V. *Ap. hist.* p. 150).

Quelques courbes particulières du 3me ordre, ayant au moins un intérêt historique ont des modes de description particulière bons à rappeler ici :

1° Cissoïde. — *Imaginée par Dioclès pour résoudre le problème des deux moyennes proportionnelles.*

Description mécanique de Newton. — *Etant donnés un point fixe* A *et une droite fixe* DD', *si l'un des côtés* Gx *d'un angle droit passe constamment par* A *et qu'un point* H *du second côté* Gy *décrive la droite* DD', *le point milieu de* GH *décrit une cissoïde.*

La définition de la courbe est la suivante :

Etant donné un point fixe A, *une droite* DD' *et une droite mobile* Ax *tournant autour de* A. *Si* N *est l'intersection de* Ax *avec un cercle passant par* A *et tangent à* DD' *et si* M *est le symétrique de* N *par rapport au milieu du segment de la droite mobile compris entre* A *et* DD' *le point* M *décrit une cissoïde.*

(*La courbe inverse de la cissoïde, par rapport au point double est une parabole du 2me degré.*)

2° Strophoïde. — *Etant donnés un point fixe* A *et une fixe* DD' *et la perpendiculaire* AH *à la droite fixe, si* Ax *est une droite mobile coupant* DD' *en* I *et si l'on a* IM = IM' *sur* Ax *égaux à* IH, M *et* M' *décrivent une strophoïde.*

3° Parabole semi-cubique. — *Courbe isochrone sur laquelle doit glisser un point pesant pour qu'il descende de hauteurs égales dans des temps égaux.*

CHAPITRE III

POLES ET POLAIRES DANS LES CUBIQUES PLANES

HESSIENNE

Tout point O a, relativement à une cubique, deux lignes polaires, une droite et une conique.

Menons par O une sécante OX, coupant la courbe en A, B, C, la droite polaire en P, la conique en Q_1 et Q_2, les deux polaires sont définies par les équations :

$$(1) \quad \frac{3}{OP} - \frac{1}{OA} - \frac{1}{OP} - \frac{1}{OC} = 0$$

$$(2) \quad \left(\frac{1}{OQ} - \frac{1}{OA}\right)\left(\frac{1}{OQ} - \frac{1}{OB}\right) + \left(\frac{1}{OQ} - \frac{1}{OB}\right)\left(\frac{1}{OQ} - \frac{1}{OC}\right) + \left(\frac{1}{OQ} - \frac{1}{OC}\right)\left(\frac{1}{OQ} - \frac{1}{OA}\right) = 0$$

Q étant l'un des points Q_1, Q_2. En donnant à (2) l'une des formes

$$(2') \quad \frac{OA}{QA} + \frac{OB}{QB} + \frac{OC}{QC} = 0 \quad \text{ou} \quad (2'') \quad \frac{3}{QD} - \frac{1}{QA} - \frac{1}{QB} - \frac{1}{QC} = 0$$

on voit que si Q est sur la conique polaire de O, O est sur la droite polaire de Q (cas particulier d'un théorème général sur les polaires). Il en résulte que s'il y a pour un point une droite polaire déterminée, une droite a au contraire plusieurs pôles, savoir les 4 points d'intersection des coniques polaires de deux de ses points.

Une droite est ainsi, droite polaire de 4 points réels ou imaginaires, distincts ou confondus, mais une conique donnée n'est pas, en général, conique polaire d'un point. L'ensemble des coniques polaires constitue un système à indétermination double ou gerbe. La condition pour une conique, d'en faire partie, équivaut à 3 conditions simples et du premier degré car l'équation de la conique polaire d'un point contient linéairement 2 paramètres (les coordonnées du point). Par un point donné il passe une infinité de ces coniques formant un faisceau. On le voit par l'équation et aussi géométriquement car si C_1 et C_2 sont deux coniques polaires passant par un point donné I, les points dont elles sont polaires A_1 et A_2 sont sur la droite polaire i de I et toutes les coniques polaires des points de i passent non seulement par I mais par 3 autres points associés I_1, I_2, I_3, forment avec I la base d'un faisceau.

Si l'équation (2) a deux racines égales en OQ, on voit que la racine unique satisfait à l'équation (1); on en conclut que la droite polaire est aussi la droite polaire de O par rapport à la conique polaire. Si 2 des points A, B, C, sont confondus, l'un des points Q coïncide avec ces deux points, donc : la conique polaire passe : 1° par les points de contact des tangentes menées de O ; 2° par les points doubles que peut avoir la courbe.

Réciproquement, pour que l'un des points Q soit sur la courbe, il faut que 2 des 3 points A, B, C, coïncident.

Si les trois points A, B, C, coïncident, les deux points Q se confondent avec eux, mais la coïncidence de Q_1 et Q_2 n'entraîne pas celle de A, B et C.

La conique polaire coupe la courbe en 6 points, les tangentes que l'on peut mener à la courbe, d'un point O, sont au nombre de 6. S'il y a un point double, ce nombre s'abaisse à 4, l'intersection qui se produit au point double comptant pour 2. Si en un point double D les deux tangentes sont confondues, la droite OD' joignent O à un point D' infiniment voisin de D sur la courbe, coupera encore celle-ci en un point D'' infiniment voisin de D', la distance étant du 2me ordre, par suite OD' coupera la conique polaire en un point également infiniment voisin de D' la distance étant du 2me ordre.

Ainsi la conique polaire sera tangente en D à la courbe, il n'y aura plus que 3 autres points d'intersection, c'est-à-dire 3 tangentes passant par O.

La courbe, de sixième classe dans le cas général, s'abaisse donc ici à la troisième.

Lorsque le point O est sur la courbe, toute sécante menée par O, coupant la courbe en ce point, l'équation (*1*) se réduit à $OP.OA.OB = o$ (C étant le point confondu avec O). Donc la droite polaire est tangente à la courbe, car cette équation n'est satisfaite que si un second point A ou B se confond avec O, le point P est alors indéterminé.

La conique polaire est alors tangente aussi en O à la courbe puisque la droite polaire de O est la même par rapport à la courbe et à la conique.

Si le point O est point double de la courbe, on a, par exemple, $OA = OB$, l'équation (*2*) se réduit à $\overline{OQ}^2.OC = o$ elle n'est satisfaite que pour $OQ = o$ pour les directions pour lesquelles OC n'est pas nulle et pour les deux directions suivant lesquelles $OC = o$, OQ devient indéterminé de sorte que la conique polaire se réduit aux 2 tangents.

Lorsqu'un point M décrit une droite l, la conique polaire décrit un faisceau dont la base est formée des 4 pôles de l. Nous dirons que cette base est la *première polaire* de l, que chacun des 4 points est *associé* des 3 autres (tout point du plan est par suite associé de 3 autres.)

Pendant ce mouvement de M sur l la droite polaire enveloppe une conique car le paramètre dont dépend le mouvement de M figure au deuxième degré dans l'équation de la droite polaire.

Cette conique a été nommée *poloconique* de la droite *(Crémona)*, conique polaire de la droite *(Salmon)*. (Voir Durège, *Die ebenen Curven dritter Ordnung*, page 178).

Relativement à la *conique polaire* d'un point, le fait le plus important est celui de sa dégénérescence en 2 droites.

THÉORÈME. — Le lieu des points dont la conique polaire est dégénérée est une courbe du 3me ordre *(Hessienne)*. Cette courbe est aussi le lieu des centres de ces coniques dégénérées *(Steinerienne)*.

L'équation de la conique polaire de $x\ y\ z$ est symboliquement :

(*1*) $[x D_x + y D_y + z D_z]' = o$ ou (*2'*) $[X D_x + Y D_y + Z D_z]'' = o$

D étant le signe de dérivation. En écrivant que cette conique est un système de 2 droites, on obtient une condition du 3me degré en x, y, z ; $H = 0$, H étant le déterminant des 6 dérivées secondes. D'autre part, en écrivant que cette conique contient son centre, c'est-à-dire que les 3 dérivées premières sont annulées par les mêmes valeurs de X, Y, Z, on obtient, en éliminant x, y, z le lieu de ce centre et l'on retrouve l'équation $H = 0$. Les 2 parties du théorème sont donc démontrées.

Remarque 1. — Les points de $H = 0$ sont conjugués deux à deux de telle sorte que si A' est le centre de la conique polaire de A, A sera le centre de la conique polaire de A'. Cela résulte de la symétrie par rapport aux deux groupes $x\,y\,z$ et $X\,Y\,Z$ des équations du centre de la conique (*1*) ou (*2*).

Remarque 2 — L'identité de la hessienne et de la steinerienne ne se reproduira plus pour les ordres supérieurs de courbes. Quant au fait de l'égalité de degrés de la hessienne et de la courbe, il permet de prévoir, les deux courbes dépendant du même nombre de paramètres, que la hessienne pourra déterminer la courbe dans une certaine mesure. On verra, du reste que cette égalité des degrés ne se reproduira plus pour les surfaces cubiques.

Remarque 3. — Les 6 tangentes menées à la courbe, d'un point de la hessienne, ont leurs points de contact sur deux droites, savoir sur les droites qui constituent la conique polaire.

THÉORÈME. — **La courbe générale du 3me ordre possède 9 points d'inflexion, qui sont ses intersections avec la hessienne $H = 0$.**

Considérons l'un des points d'intersection de la courbe C avec la hessienne H ; soit A ce point, la conique polaire de A étant tangente à la courbe en A, l'une des deux droites a, b, dont elle se compose, a par exemple est la tangente à C en A. Or, d'après la remarque précédente, 3 des tangentes menées de A ont leurs points de contact sur a, mais ils ne peuvent être distincts, car a serait alors tangente double ce qui est impossible ; ils sont donc confondus en A, la droite a rencontre donc la courbe en 3 points confondus en A.

Corollaire. — *De tout point d'inflexion, on peut mener à la courbe 3 tangentes et leurs points de contact sont en ligne droite.*

Les points de contact des tangentes menées de A, autres que a, sont en effet sur la seconde droite b.

Théorème. — **Toute sécante menée d'un point O de la courbe est coupée harmoniquement par la courbe et par la conique polaire.**

On sait déjà que la courbe et la conique polaire sont tangentes en O. Or l'équation (2), si A est le point confondu avec O devient :

$$\frac{2}{OQ} - \frac{1}{OB} - \frac{1}{OC} = o$$

ce qui démontre le théorème.

Corollaire. — *Lorsque le point O est point d'inflexion, toute droite menée par O est coupée harmoniquement par la courbe et par la droite qui constitue avec la tangente en O la conique polaire de ce point.*

On a nommé cette droite : *polaire harmonique du point d'inflexion*.

Théorème. — **Si A et A' sont deux points conjugués de la hessienne, la tangente en A à la hessienne est la droite polaire de A' par rapport à la courbe.**

Soit t la tangente en A à H, les coniques polaires des points de t forment, comme on sait un faisceau. Or, les coniques polaires de A et du point infiniment voisin A_1 sur H (ou sur t a un infiniment petit du 2me ordre près) sont formées de deux couples de droites $m\,n$ et $m_1\,n_1$ tels que, des 4 points d'intersection, 2 sont infiniment voisins de A'. Ainsi A' est pôle (et pôle double) pour t, c'est-à-dire que t est la polaire de A' par rapport à la courbe.

COROLLAIRE. — *Toute tangente à la courbe en un point d'inflexion est tangente à la hessienne.*

Soit t la tangente en un point d'inflexion I, lequel est, comme on a vu, un point de H ; le point conjugué de I est l'intersection I' de t avec la polaire harmonique h de I. D'après le théorème précédent, la tangente en I' à H est la polaire de I par rapport à la courbe ; or cette polaire n'est autre chose que t.

Remarque. — On a vu que la cubique générale a 9 points d'inflexion, et, précédemment, qu'elle en a 3 réels et 3 seulement, lesquels sont en ligne droite. Les 6 points imaginaires sont donc répartis par 2 sur 3 droites passant par le premier point réel i, sur 3 droites passant par le second i' et 3 droites passant par le troisième i''.

En effet, les premiers théorèmes du chapitre précédent, d'où l'on a déduit que toute droite joignant deux points d'inflexion passe par un troisième, ne supposent pas la réalité de tous les éléments de la figure. Soient 2 droites réelles a, b, coupant la courbe : la première en 3 points r, i_1, i_2, la seconde en r', i_1' et i_2', les points i_1 et i_2 étant conjugués imaginaires et de même i_1' et i_2' ; les 3 droites $r\,r'$; $i_1\,i_1'$ et $i_2\,i_2'$ dont les 2 dernières sont imaginaires conjuguées couperont encore la courbe en 3 points en ligne droite $s\,s_1\,s_2$ dont les 2 derniers sont imaginaires conjugués (les 3 points d'intersection de 2 droites imaginaires, conjuguées avec une cubique réelle, sont imaginaires conjugués), la droite $s\,s_1\,s_2$ est donc réelle.

Elle reste réelle lorsque les 2 droites a et b se rapprochent infiniment l'une de l'autre de sorte que la droite satellite d'une droite donnée reste réelle lors même que cette droite donnée ne coupe la courbe qu'en un point réel.

La conséquence énoncée relative à la droite joignant 2 points d'inflexion subsiste donc aussi lorsque l'un de ces points est imaginaire, seulement le troisième est aussi imaginaire et conjugué de l'autre.

Il passe donc 4 droites par chaque point d'inflexion réel, contenant chacune 2 autres points d'inflexion, dont une contient les 3 points réels. Et par chaque point imaginaire il en passe aussi 4 dont chacune contient 2 des 8 autres points, de telle sorte que les 9 points sont répartis sur $\dfrac{4 \times 9}{3} = 12$ droites.

Soit $I = o$ l'équation de la droite des points d'inflexion réels $T_1 = o$, $T_2 = o$, $T_3 = o$ celles des tangentes en ces points, l'équation de la courbe peut s'écrire

$$6\, T_1 T_2 T_3 - m\, I^3 = o$$

ou, si les tangentes sont prises pour côtés du triangle de référence

$$6\, x\, y\, z - m\, I^3 = o$$

THÉORÈME. — **Etant donnés sur une cubique un point d'inflexion O, 3 droites passant par ce point, et sur chacune 2 points de la courbe, savoir : $M_1\, M_2,\, N_1\, N_2,\, P_1,\, P_2$, toute cubique passant par ces 7 points a le point O pour point d'inflexion.**

Soient M, N, P les intersections des 3 droites avec la polaire harmonique du point O, (C) une cubique passant par les 7 points donnés. Les points conjugués harmoniques de O par rapport à cette cubique sont, sur les 3 droites données, les points M, N, P. Ces points étant en ligne droite et devant être sur la conique polaire de O, cette conique se décompose en deux droites dont l'une est $M\,N\,P$. Donc le point O est sur la hessienne de (C) c'est-à-dire est un point d'inflexion pour (C).

COROLLAIRE. — *Toute cubique passant par 7 points d'inflexion d'une cubique donnée a l'un d'eux pour point d'inflexion.*

Soient $a, b, c, d, e, f, g, h, k$ les 9 points d'inflexion d'une cubique donnée, supposons qu'une seconde cubique passe par les 7 premiers et soit g le troisième point d'inflexion sur la droite $h\,k$, nous savons que les 6 premiers points sont sur 3 droites passant par g, le théorème précédent s'applique donc ici.

THÉORÈME. — Toute cubique passant par les 9 points d'inflexion d'une cubique donnée a ces mêmes points pour points d'inflexion.

Considérons, en effet, 3 des 4 droites qui partent de l'un quelconque d'entre eux i et qui contiennent chacune 2 points d'inflexion, le corollaire précédent s'applique ici et montre que i est point d'inflexion de la nouvelle cubique.

COROLLAIRE. — *Les 9 points d'inflexion d'une cubique sont 9 points d'inflexion de la hessienne.*

Remarque. — Si $X = o$ représente l'équation de la droite des trois points d'inflexion réels et que le triangle de référence soit formé de 3 droites de points d'inflexion contenant un point d'inflexion réel chacune, $X_1 = o$, $X_2 = o$ étant deux droites imaginaires conjuguées contenant chacune 3 points d'inflexion imaginaires, l'équation de la courbe pourra s'écrire :

$$XX_1X_2 + mxyz = o$$

et cette équation représente toutes les cubiques ayant les mêmes 9 points d'inflexion. Elle représente, en particulier, la hessienne pour une certaine valeur de m. Le faisceau de cubiques qu'elle représente comprend aussi les hessiennes de chacune de ces cubiques.

La forme précédente peut, d'ailleurs, se remplacer par

$$X(Y^2 + Z^2) + 2mxyz$$

(On verra plus loin que toute cubique est la hessienne de 3 autres.

THÉORÈME. — Les tangentes à la hessienne en 2 points conjugués se coupent sur la hessienne

Soient A, A' deux points conjugués, $(A'x, A'y)$ la conique polaire de A, (Ax', Ay'), celle de A'. Les 4 autres points d'intersection de ces droites sont les 4 pôles de la droite AA'. Ainsi, tout point de AA' a une conique polaire passant par ces 4 points.

Or, le troisième couple de droites qui les contient est une conique polaire d'un point de AA', savoir du troisième point d'intersection B de cette droite avec la hessienne et le centre B' de ce couple est conjugué de B et point de la hessienne. Mais, d'après un théorème précédent, la tangente à la cubique en A est la polaire de A' par rapport à la cubique, ou, ce qui est la même chose par rapport à la conique polaire de A', savoir (Ax', Ay'). Or cette droite polaire est AB'. De même, la tangente à la hessienne en A' est $A'B'$.

Ainsi, les deux tangentes se coupent en B' sur la hessienne.

Remarque. — Donner, pour un point sa droite polaire par rapport à une cubique est une condition représentée par 2 équations linéaires ; donner un point de cette droite polaire est une condition simple et d'ailleurs linéaire ; par suite, cette dernière condition détermine sans ambiguïté une cubique dans un faisceau.

THÉORÈME. — **Une cubique donnée est la hessienne de 3 autres.**
(Hesse).

Nous savons déjà que les cubiques dont la proposée (C) peut être la hessienne ont les mêmes 9 points d'inflexion et appartiennent par suite à un même faisceau. Or, d'un point M de la hessienne, menons les tangentes MA_1, MA_2, MA_3, MA_4, à cette hessienne. L'un des 4 points de contact A_1, A_2, A_3, A_4, ne peut avoir pour point conjugué que l'un des trois autres car la tangente MA_1 à la hessienne en A_1, par exemple, doit couper la tangente au point conjugué, sur la hessienne et comme MA_1 ne coupe la hessienne qu'en M, la rencontre se fait en M. Donc cette tangente au point conjugué est l'une des droites MA_1, MA_2, MA_3. Comme il n'y a que 3 groupements possibles, on voit qu'il ne peut y avoir que 3 cubiques satisfaisant à la condition. Il y en a effectivement 3 ; en effet, considérons les cubiques passant par les 9 points d'inflexion de (C), qui ont aussi ces points pour points d'inflexion, d'après un théorème précédent ; elles forment un faisceau qui contient aussi leurs hessiennes, et la condition que A_1 et A_2 (ou A_1 et A_3 ou A_1 et A_4) soient conjugués, détermine une cubique de ce faisceau dont (C) est la hessienne.

Remarque. — On vérifie, en prenant l'équation $X(Y^2 + Z^2) + 2mxyz = 0$ que l'équation de la hessienne a cette même forme, mais contient m au 3me degré.

Nouvelle définition de la hessienne.

THÉORÈME. — **La hessienne est le lieu des points dont les polaires par rapport à toutes les coniques polaires des points du plan sont concourantes (c'est-à-dire qu'elle est la jacobienne du réseau des coniques polaires).**

Soient $C_1 = 0$, $C_2 = 0$, $C_3 = 0$ les équations des coniques polaires de 3 points non en ligne droite. Le système des coniques polaires est représenté par $aC_1 + bC_2 + cC_3 = 0$. Les polaires d'un point (x, y, z) le sont par

$$X(aC_1 + \ldots)'_x + Y(aC_1 + \ldots)'_y + Z(aC_1 + \ldots)'_z = 0$$

Pour qu'elles soient concourantes, il faut qu'il y ait une relation linéaire entre les 3 coefficients, indépendante de a, b et c. Or, pour cela, il faut et il suffit que le déterminant des 9 dérivées soit nul. Supposons que $C_1 = 0$, $C_2 = 0$, $C_3 = 0$ soient les coniques polaires des sommets du triangle de référence, ces équations sont alors $F'_x = 0$, $F'_y = 0$, $F'_z = 0$ si $F = 0$ est celle de la cubique. Alors le déterminant des 9 dérivées est identique à celui des 6 dérivées secondes de F, c'est-à-dire est le déterminant trouvé pour la hessienne.

Remarque. — D'une manière générale, étant donné un réseau $mC_1 + nC_2 + pC_3 = 0$ de coniques, le lieu des points dont les polaires sont concourantes est du 3me ordre et cette jacobienne a été aussi nommée courbe *nodale* du réseau (*Steiner*).

Pour identifier un tel réseau avec le réseau des coniques polaires d'une cubique, il suffira d'identifier les équations de 3 couples de coniques ; on aura 15 équations, mais en éliminant les coordonnées des 3 points, il en restera 9 pouvant servir à déterminer les coefficients de la cubique. On doit évidemment trouver 3 solutions puisque la courbe nodale du réseau doit être identique à la hessienne de la cubique et que d'après un théorème précédent la cubique donnée peut être hessienne de 3 autres.

THÉORÈME. — Le réseau des coniques polaires détermine sur toute droite joignant deux points conjugués de la hessienne une involution dont ces points sont les points doubles.

On voit d'abord, si l'on considère une droite joignant 2 points conjugués A et A' de la hessienne, que le faisceau des coniques polaires des points de cette droite AA' détermine sur AA' une involution car il en détermine une sur une droite quelconque. Sur cette droite AA', les points doubles sont A et A', car il ne peut y avoir une conique polaire d'un point de AA' coupant AA' en deux points confondus, différente de celles de A et de A'. Mais cette même involution est déterminée sur AA' par le réseau entier des coniques polaires. En effet, dans un réseau linéaire quelconque de coniques, les points de la jacobienne se correspondent deux à deux, de telle sorte que si toutes les polaires d'un point M passent par M' réciproquement, celles de M' passent par M, et comme dans le cas qui nous occupe, savoir celui du réseau des coniques polaires, toutes les polaires de A passent par A' (elles y passent toutes car il y en a une infinité qui y passent, savoir celles de A par rapport aux coniques polaires des points de AA'), les deux points A et A' sont correspondants, dans le sens qui signifie conjugués par rapport à toutes les coniques du faisceau. Ainsi, celles-ci déterminent sur AA' une involution dont A et A' sont points doubles.

Définition. — On nomme en général *cayleyenne* l'enveloppe des droites joignant les points dont la première polaire a un point double à ce même point double. Dans le cas des cubiques la cayleyenne est donc l'enveloppe des droites joignant les points correspondants de la hessienne.

On nomme *point complémentaire* sur chaque droite joignant deux points conjugués de la hessienne le troisième point d'intersection de cette droite avec la hessienne.

THÉORÈME. — **Sur toute droite AB joignant 2 points conjugués de la hessienne, le point complémentaire est le centre d'une conique polaire dégénérée dont l'une des droites est AB.**

En effet, puisque d'après un théorème précédent l'ensemble des coniques polaires détermine sur AB une involution dont A et B sont les points doubles, le troisième point d'intersection C de AB avec la hessienne, lequel est aussi un centre de polaire dégénérée ne peut pas être un troisième point double. Pour cela, il faut que l'intersection avec AB de la conique polaire dégénérée de centre C, soit indéterminé ; il faut donc que l'une des droites dont se compose cette conique soit AB.

THÉORÈME. — **La cayleyenne d'une cubique plane est l'enveloppe des droites constituant les coniques polaires dégénérées.**

Le théorème sera démontré si l'on prouve que toute droite faisant partie d'une conique polaire dégénérée est une droite joignant deux points conjugués de la hessienne. Soit (Ox, Oy) une conique polaire dégénérée, O' son pôle. La droite Ox coupe encore la hessienne en 2 points autres que O ; soit M l'un d'eux. Par ce point, comme par tout point de la hessienne passent 3 droites faisant partie de coniques polaires, savoir : la droite joignant M à son conjugué M' et les 2 droites formant la conique polaire de M'. Or, de ces droites, OMx est l'une et non l'une de celles qui forment la conique polaire de M' car elle appartient au couple (Ox, Oy) conique polaire de O'. Donc OMx est celle des 3 qui contient M'. Ainsi Ox contient un couple de points conjugués. Il en résulte que la cayleyenne peut se définir comme l'enveloppe des coniques polaires dégénérées.

THÉORÈME. — **La cayleyenne est de 3me classe.**

En effet, par un point quelconque P de la hessienne passent 3 droites joignant 2 points conjugués (c'est-à-dire 3 tangentes à la cayleyenne), savoir : celle qui joint P à son conjugué P' et les deux qui composent la conique polaire de P'.

THÉORÈME. — Les 4 pôles d'une tangente à la hessienne en un point A sont : 1° le point correspondant A' compté deux fois ; 2° les points de contact avec la cayleyenne des deux droites constituant la conique polaire de A.

Il suffit pour le voir de considérer les deux coniques polaires dégénérées de deux points infiniment voisins sur la hessienne et de noter que les 4 droites composant ces polaires sont tangentes à la cayleyenne.

Définition. — *La droite complémentaire d'une tangente à la cayleyenne* est celle qui forme avec elle une conique du réseau.

THÉORÈME. — Les points de contact avec la cayleyenne des droites Ax', Ay', composant une conique polaire dégénérée, sont les intersections avec ces droites, de la droite complémentaire de celle qui joint A à son point conjugué A'.

Soit $A'x$, $A'y$ la conique polaire de A et désignons les points $(A'x, Ax')$, $(A'x, Ay')$, $(A'y, Ax')$, $(A'y, Ay')$ par M, N, P, Q ; le point $C' = (NP, MQ)$ est, comme on l'a vu, le conjugué du point complémentaire C sur la droite AA' et la conique polaire de C' se compose de AA' et d'une droite Cz passant par le point complémentaire C de AA'. Or, les 2 pôles simples de la tangente en A' à la hessienne sont, d'après le théorème précédent les points de contact de Ax' et de Ay' avec la cayleyenne. D'autre part, ils sont sur la conique polaire de C' puisque $A'C'$ est la tangente en A' à la hessienne ; ils ne peuvent être sur AA', donc ils sont sur Cz. Le théorème est par suite démontré.

THÉORÈME. — La cayleyenne est du 6me ordre.

D'après le théorème précédent les points (Cz, Ax') et (Cz, Ay') appartiennent à la cayleyenne. Or il en est de même des points $(Cz, A'x)$, $(Cz, A'y)$. Donc la droite Cz coupe la courbe en 4 points et comme elle est, en outre, tangente, la courbe est bien du 6me ordre.

COROLLAIRE 1. — *La cayleyenne n'a, dans le cas général aucune singularité tangentielle.*

COROLLAIRE 2. — *La cayleyenne n'a, en général, aucun point double ordinaire, mais elle a 9 points de rebroussement.* (Conséquences immédiates des formules de Plücker).

THÉORÈME: — La poloconique d'une droite est aussi le lieu des points dont les coniques polaires sont tangentes à cette droite.

En effet, soient d et d' les droites polaires de 2 points voisins, A et A', d'une droite l. Le point (d, d') étant sur d et sur d', les points A et A' sont sur la conique polaire de (d, d') et, par suite A devient, à la limite, le point de contact avec l, de la conique polaire du point de contact de d avec la poloconique.

THÉORÈME. — La poloconique d'une droite est aussi le lieu des pôles de la droite par rapport aux coniques polaires de tous ses points.

Soient l la droite, A et A'' deux points voisins sur l, (C) et (C') leurs coniques polaires, B et B' les pôles de l par rapport à (C) et (C'). La polaire de A par rapport à la cubique est aussi la polaire de A par rapport à (C), elle passe par B. De même, la polaire de A' par rapport à la cubique est la polaire de A' par rapport à (C') et passe par B'. Ces deux polaires se coupent en un point I infiniment voisin de B et de B' et qui, par définition, a pour limite un point de la poloconique, lorsque A' se rapproche de A. Or, pendant ce mouvement, B' se rapproche de B ainsi que I qui a B pour limite.

Remarque. — Les intersections de la poloconique d'une droite l avec cette droite sont, d'après le théorème précédent, les points de contact de l avec les 2 coniques du faisceau des coniques polaires des points de l qui sont tangentes à cette droite.

THÉORÈME. — La poloconique d'une droite l est inscrite dans le triangle formé par les tangentes à la courbe en ses 3 intersections avec l et le point de contact de l'une des tangentes avec la conique est conjugué du point de contact avec la courbe par rapport aux intersections de cette tangente avec les deux autres.

On voit immédiatement que la poloconique est tangente aux 3 droites AC_1B_1, BC_1A_1, CA_1B_1, tangentes à la courbe aux points A, B, C où elle est coupée par l, ces droites faisant partie du système des droites polaires des points de l. Soit A' un point voisin de A sur l, M l'intersection avec $A C_1 B_1$ de la droite polaire de A', C' et B' les points voisins de C_1 et B_1 où la droite $A'M$ coupe les côtés $A_1 C_1$, $A_1 B_1$ du triangle $A_1 B_1 C_1$.

Nous avons d'après un théorème de Mac Laurin :

$$\frac{1}{A'M} + \frac{1}{A'C'} + \frac{1}{A'B'} = \frac{1}{A'D} + \frac{1}{A'E} + \frac{1}{A'F}$$

D, E, F étant les intersections avec la courbe de la droite $A'M$. Or, M étant un point de la droite polaire de A', on a :

$$\frac{1}{A'D} + \frac{1}{A'E} + \frac{1}{A'F} = \frac{3}{A'M}$$

Donc, l'égalité précédente devient :

$$\frac{1}{A'C'} + \frac{1}{A'B'} = \frac{2}{A'M}$$

Supposons maintenant que A' se rapproche indéfiniment de A, C' et B' se rapprocheront de C_1 et B_1 et le point M du point de contact de $A B_1 C_1$ avec la poloconique. Nous avons donc, à la limite, I étant ce point de contact :

$$\frac{1}{AB_1} + \frac{1}{AC_1} = \frac{2}{AI}$$

COROLLAIRE. — *Si les 3 tangentes en* A, B, C *sont concourantes, la poloconique de* l *se réduit à un point, savoir le point de concours* o *des tangentes.*

Dans ce cas, o a pour conique polaire un système de 2 droites dont l'une est l. Le point o est donc sur la hessienne. Les droites faisant partie d'une conique dégénérée sont des poloconiques dégénérées et les points de la hessienne sont les centres des poloconiques dégénérées.

THÉORÈME *(Salmon)*. — **Les 4 tangentes que l'on peut mener d'un point d'une cubique générale à cette courbe ont un rapport anharmonique constant.**

Soit A le point, M, N, P, Q, les points de contact des 4 tangentes ; A' un point voisin, également sur la courbe, M'

N', P', Q', les points de contact pour A'. La conique polaire de A est tangente en A, c'est-à-dire qu'aux infiniment petits près, les 6 points M, N, P Q, A, A' sont sur une même conique.

Or, si l'on tire les droites $A'M$, $A'N$, $A'P$, $A'Q$, leurs directions diffèrent de celles des tangentes A' d'infiniment petits d'ordre supérieur au premier. Les deux rapports $(A'.MNPQ)$ $(A.MNPQ)$ étant égaux, il en est de même de $(A'.M'N'P'Q')$ et $(A.MNPQ)$ aux infiniment petits d'ordre supérieur près.

Donc, si A' chemine sur la courbe, le rapport anharmonique relatif à A' restera égal à $(A.MNPQ)$.

Remarque. — Si le point mobile arrive en un point d'inflexion, l'une des 4 tangentes est la tangente d'inflexion.

THÉORÈME. — **Si l'on mène d'un point A de la courbe les 4 tangentes, les lignes joignant les points de contact deux à deux se coupent sur la courbe.**

Soient $T_1 T_2 T_3 T_4$ les points de contact, B, le troisième point sur $T_1 T_2$, (C) la conique polaire de A. La cubique $[(C), T_1 T_2]$ a en commun avec la proposée les 9 points $A_1, A_1 T_1, T_1, T_2 T_2, T_3 T_4, B$. Or, la cubique $(A T_1, A T_2, T_3 T_4)$ passe par les 8 premiers ; elle passe donc par le neuvième B.

THÉORÈME. — **Les 6 points d'intersection avec la cubique des tangentes menées d'un point à la courbe sont sur une même conique.**

En effet, ces 6 points sont les tangentiels des points de contact lesquels sont sur la conique polaire ; ces 6 points sont donc aussi, d'après un théorème démontré, sur une même conique.

Définition. — La conique contenant les tangentiels des 6 points de contact des tangentes menées d'un point est appelée *conique satellite* de la conique polaire.

THÉORÈME. — **La conique satellite et la conique polaire sont bitangentes et les points de contact sont sur la droite polaire du point.**

En effet, soient x_0 y_0 z_0 les coordonnées du point M_0

$x_1\,y_1\,z_1$ celles d'un point quelconque M_1, $F(x,y,z)=0$ l'équation de la cubique. Les coordonnées d'un point de la droite $M_0\,M_1$ sont :

$$x = x_0 + mx_1 \qquad y = y_0 + my_1 \qquad z = z_0 + mz_1$$

m étant un paramètre arbitraire. Si le point (xyz) est sur la courbe, on a

$$0 = F(x_0, y_0, z_0) + m\left(x_1\frac{d}{dx_0} + y_1\frac{d}{dy_0} + z_1\frac{d}{dz_0}\right)'_0$$
$$+ m^2\left(x_0\frac{d}{dx} + y_0\frac{d}{dx} + z_0\frac{d}{dx}\right)'_1 + m^3 F(x_1 y_1 z_1)$$

ou, en désignant par D et C les premiers membres des équations de la droite et de la conique polaire

$$0 = F_0 + mC + m^2 D + m^3 F_1$$

Les 3 valeurs de m donnent les 3 points d'intersection de $M_0 M_1$ avec la courbe. Pour que 2 soient confondus, on doit avoir :

$$27 F_0^2\, F_1^2 - 18 F_0 F_1\, C.D + 4 F_0.C^3 + 4 F_1 D^3 - C^2 D^2 = 0$$

Le point M_0 étant donné, cette équation est une condition relative à M_1. Elle est du 6$^\text{me}$ degré par rapport aux coordonnées de ce point et représente nécessairement l'ensemble des 6 tangentes issues de M_0.

Les 18 points d'intersection de cet ensemble de droites avec la corde $F_1 = 0$ sont situées aussi sur la ligne

$$(4 F_0 C - D^2)\, C^2 = 0$$

qui se compose de la cubique polaire comptée deux fois et de la conique $4 F_0 C - D^2 = 0$, qui est bitangente à $C = 0$, le corde de contact étant $D = 0$.

COROLLAIRE. — *Si la conique polaire d'un point est dégénérée, la conique satellite l'est aussi et le centre de cette dernière est le même que celui de la conique polaire.*

De ce corollaire résulte que la hessienne est aussi le lieu des centres des coniques satellites dégénérées.

Points centraux. — *Poloconique centrale.*

On peut trouver deux éléments différents correspondant d'une certaine manière au centre des coniques. Celui-ci est le point par lequel passent toutes les polaires des points de la droite de l'infini. Mais les cubiques ayant deux polaires deux éléments correspondent au centre. L'ensemble des droites polaires des points de la droite de l'infini enveloppe une conique que l'on peut nommer *poloconique centrale*.

L'ensemble des coniques polaires des points de la droite de l'infini constitue un faisceau dont les 4 points de base peuvent être nommés *points centraux* ; le faisceau peut être appelé *faisceau central* et les 6 points de droites qui lui appartiennent, droites centrales. (Le mot central ne rappelle ici aucune propriété de l'élément nommé mais seulement des analogies).

THÉORÈME. — **La poloconique centrale est inscrite dans le triangle des asymptotes et touche les côtés en leurs milieux.**

En effet, les 3 asymptotes sont les tangentes à la courbe en ses points d'intersection avec la droite de l'infini. Ces tangentes sont les polaires de ces trois points et l'on sait, d'après un théorème précédent que, pour chacune le point de contact avec la poloconique est conjugué du point de contact avec la cubique par rapport aux intersections de cette tangente avec les deux autres.

COROLLAIRE. — *Si les trois asymptotes d'une cubique sont concourantes, la poloconique centrale se réduit à un point savoir le point de concours des asymptotes.*

On voit que, dans ce cas, le point de rencontre des asymptotes présente cette analogie avec le centre des coniques, que les droites polaires de tous les points de l'infini passent par ce point qui, cependant n'est pas un centre dans l'acception ordinaire du mot.

NOTES.

On aurait une autre série de propriétés polaires, en considérant les polaires successives d'une droite telles qu'on va les définir.

Soit D une droite du plan de la cubique, M un point de cette droite; menons de M les 6 tangentes à la courbe supposée générale, la somme des expressions telles que $\dfrac{1}{tg\,(D,\,X)} - \dfrac{1}{tg\,(D,\,Ti)}$ où X désigne une certaine droite passant par M et Ti l'une des tangentes menées par M, égalée à zéro donne une condition relative à X.

Si M décrit la droite D, l'équation définit la cinquième polaire (tangentielle) de la droite D. En égalant à zéro la somme des produits deux à deux, trois à trois, etc., des différences précédentes, on a les quatrième, troisième polaires.

La K^{ième} polaire est de la classe $6 - K$, en particulier, la cinquième polaire est de la classe 1, c'est-à-dire est un point.

Si la courbe du 3me a un point double ou un point de rebroussement, une droite D n'a plus que 3 ou que 2 polaires.

La cinquième polaire, dans le cas général est définie par

$$\frac{6}{tg\,(D,\,X)} = \frac{1}{tg\,(D,\,T_1)} + \ldots\ldots + \frac{1}{tg\,(D,\,T_6)}$$

mais on peut transformer cette condition et l'écrire :

$$S.\,P_5 \left(\frac{1}{tg\,X,\,D} - \frac{1}{tg\,(X,\,Ti)} \right) = 0$$

$S.\,P$ indiquant que l'on doit faire la somme des produits 5 à 5 des binômes analogues. Cette transformation montre que si X est une droite passant par le point cinquième polaire de D, D est tangente à la première polaire de X.

On démontre qu'il y a une correspondance analogue entre les quatrième et deuxième polaire.

Polaires dans les courbes de troisième classe.

Parmi les polaires d'une droite d, il y a lieu de considérer particulièrement la conique polaire ; elle est tangente aux 6 tangentes à la courbe menées aux points où celle-ci est coupée par la droite d, elle est tangente aux tangentes doubles et aux tangentes de rebroussement. Le lieu enveloppé par les droites d_1 dont la conique polaire est réduite à 2 points est une courbe de troisième classe, hessienne tangentielle et la droite d_2 joignant ces deux points est tangente à cette hessienne. Ces deux droites sont d'ailleurs réciproques l'une de l'autre, c'est-à-dire que la droite d_2 a une conique polaire dégénérée réduite à 2 points.

Cubiques harmoniques et cubiques équiharmoniques

On a vu que les 4 tangentes menées à une cubique générale de l'un de ses points ont un rapport anharmonique constant, lequel est un caractère qui subsiste après une projection quelconque. Si ce rapport, ou plutôt si l'un des rapports anharmoniques des tangentes est égal à — 1, la courbe est dite cubique harmonique. Les courbes harmoniques présentent cet autre caractère fondamental : la hessienne de la hessienne est identique à la courbe primitive. Ces caractères sont traduits algébriquement par l'évanouissement d'un certain invariant, représenté par T. (Voir Clebsch, traduction Benoît, t. II, page 236), et qui, avec les notations anglaises est représentée symboliquement par $\overline{123}.\overline{124}.\overline{235}.\overline{316}.\overline{456}^2$.

Lorsque parmi les rapports anharmoniques des 4 tangentes figurent les racines cubiques de l'unité, la courbe est dite équiharmonique. Ces courbes sont telles que leur hessienne se décompose en 3 droites et qu'en chacun des points doubles de cette hessienne convergent 3 tangentes d'inflexion.

Algébriquement, ces caractères sont traduits par l'évanouissement d'un invariant représenté par S et, figuré avec les mêmes notations a pour symbole $\overline{123}.\overline{124}.\overline{234}.\overline{314}$.

EXERCICES

1. — *La hessienne passe par tout point double de la courbe ; elle a en un tel point les mêmes tangentes que la courbe et se trouve, par rapport à chaque tangente au point double et dans le voisinage de ce point, du côté opposé à celui de la courbe.*

2. — *Si l'on nomme $n^{ième}$ tangentiel d'un point, le point obtenu en répétant n fois successivement la construction du tangentiel, le $n^{ième}$ tangentiel d'une courbe du 3me ordre à point de rebroussement a pour limite le point de rebrousement lorsque n augmente indéfiniment.*

3. — *La construction inverse de celle du point tangentiel, répétée* n *fois pour une courbe à point de rebroussement donne un point qui tend vers le point d'inflexion lorsque* n *augmente indéfiniment.*

4. — *Trouver les hessiennes successives du folium de Descartes* $x^3 + y^3 - 3\,bxy = 0$.

5. — *Trouver les hessiennes de la parabole cubique* $y = Kx^3$, *de la parabole semicubique* $y^2 = Kx^3$, *de la cissoïde* $y^2 = \dfrac{x^3}{2a - x}$, *de la strophoïde* $x(y^2 + x^2) + a(x^2 - y^2) = 0$ *et de la courbe* $x^3 + y^3 - a^3 = 0$

6. — *Etablir les propriétés fondamentales de la hessienne tangentielle de courbes de 3me classe.*

CHAPITRE IV

CLASSIFICATION DES CUBIQUES PLANES

Deux caractères principaux se présentent pour la classification des courbes algébriques d'un degré donné ; ils sont tirés :

1º Du nombre, de la nature et de la disposition des points à l'infini et, par conséquent des asymptotes ;

2º Du nombre, de la nature et de la disposition des points singuliers ou des tangentes singulières.

Le second caractère semble devoir être mis en première ligne puisqu'il reste inaltéré par la transformation homographique la plus générale, tandis que le premier est altéré dès que l'on soumet la courbe à une transformation changeant la droite de l'infini.

L'importance de cette différence ne doit pas être exagérée car, dès les courbes du 3me degré, l'on rencontre un caractère inaltéré par la transformation générale, bien qu'il n'ait qu'une importance secondaire, savoir le rapport anharmonique des 4 tangentes menées à une cubique générale par l'un de ses points (*V. chap. III*). Ce rapport n'a pas la même valeur pour deux courbes de formes très voisines et peut avoir la même valeur pour des courbes dont l'une aura par exemple 3 asymptotes, une autre une seule, une troisième un point d'inflexion à l'infini, etc. Ainsi, des caractères peuvent avoir une grande persistance en projections et n'être en quelque sorte qu'individuels.

Mais, comme il n'en est pas ainsi pour les points singuliers et les tangentes singulières, la présence ou l'absence de tels points doit être considérée comme le caractère pouvant le mieux servir à établir les grandes divisions.

Dans le cas des courbes du 3me ordre, les divisions fondamentales sont au nombre de trois : 1° courbes sans points singuliers (classe = 6) ; 2° courbes à un point double ordinaire (classe = 4) ; 3° courbes à un point de rebroussement (classe = 3).

On verra, plus loin, que les courbes générales forment deux groupes, suivant qu'elles forment une ligne continue ou sont formées de deux parties. Les courbes de classe 4 forment aussi deux groupes, suivant que le point double est isolé ou qu'il y passe des branches réelles.

Ainsi les cubiques planes se répartissent en 5 groupes.

Toutes les cubiques dont on peut ramener l'équation à la forme

$$(1) \qquad y^2 = mx^3 + nx^2 + px + q$$

sont dites paraboles. Elles ont un point d'inflexion à l'infini et la tangente en ce point est la droite de l'infini.

Toutes celles dont l'équation peut se réduire à

$$(2) \qquad y^3 + axy^2 + bx^2y + cx^3 + dy = o$$

sont des courbes à centres.

Or, chacun des 5 groupes contient une parabole et une courbe à centre. En effet, les courbes $y^2 = Ax^3$ et $x^3 - Ky = o$ sont une parabole et une courbe à centre ayant un point de rebroussement (dans la seconde ce point est à l'infini); les courbes $y^2 = Ax(x+b)^2$ (A et b étant de même signe) et $x^2(x-ay) + Ky = o$ (a et K de *signes contraires*) sont une parabole et une courbe à centre à point double isolé (dans la seconde, à l'infini); les courbes $y^2 = Ax(x+b)^2$ (A et b étant de *signes contraires*) et $x^2(x-ay) + K.y = o$ (a et K de *même signe*), sont une parabole et une courbe à centre formant chacune une ligne continue à point double (il faut, pour parcourir la seconde, passer 3 fois par l'infini).

Les courbes

$$y^2 = Ax[(x+b)^2 + c^2] \text{ et } x[(x-my)^2 + n^2x^2] + Ky = o$$

sont une parabole et une courbe à centre sans singularités ponctuelles et formées d'un seul trait, enfin les courbes

$y^2 = Ax(x-b)(x-c)$ et $x(x-ay)(x-by) + Ky = 0$ sont aussi sans singularités ponctuelles, mais formées de deux traits.

L'intérêt de cette remarque résulte du théorème suivant montrant que toute courbe d'un groupe peut être dérivée par projection, soit de la parabole (Newton) soit de la courbe à centre (Chasles) de ce groupe.

THÉORÈME. — **Toutes les cubiques planes peuvent être obtenues par projection de l'une des 5 paraboles cubiques ou de l'une des 5 courbes à centre.** (*V. Newton*, Enumeratio linearum..., *p. 28 et Chasles*, Ap. hist., *note 20*).

Soit une cubique plane quelconque, on sait qu'elle a au moins un point d'inflexion réel I; soit t la tangente en I, h la polaire harmonique de I. Projetons coniquement de façon que t se projette suivant la droite de l'infini; la courbe projection aura un axe de symétrie, savoir la projection de h. Elle peut donc être représentée par l'équation (*1*) et, par suite, est une parabole. Le groupe auquel appartient cette parabole dépend de la nature des racines du polynôme $mx^3 + nx^2 + px + q$.

Projetons de façon que ce soit h qui passe à l'infini, la projection aura un centre de symétrie, savoir la projection de I et, par suite, pourra être représentée par l'équation (*2*). Le groupe auquel appartient la courbe dépend de la nature des racines du polynome $y^3 + axy^2 + bx^2y + cx^3$.

Dans la classification de Plücker, les grandes divisions sont établies d'après la nature des points à l'infini. Une première division contenant les courbes à 3 asymptotes à distance finie comprend 158 espèces; une seconde formée des courbes à une asymptote parabolique, comprend 39 espèces; une troisième comprend 7 espèces de courbes à deux asymptotes parallèles; une quatrième contient 13 espèces de courbes à asymptotes semi-parabolique; la courbe nommée *trident* forme la cinquième division, la parabole cubique forme la sixième. Indépendamment d'un inconvénient déjà cité : l'irréductibilité de certaines courbes d'une même classe les unes aux autres par transformation homographique et la réductibilité de courbes de classes différentes, cette classification a l'inconvénient de la grande multiplicité des espèces (219 esp.).

Prenons au contraire comme point de départ les 5 paraboles cubiques, nous en déduirons par projection les 5 familles contenant toutes les cubiques suivant la nature de la droite qui passera à l'infini.

Rappelons que, si i désigne la droite qui passe à l'infini et i' celle du nouveau plan qui est la projection de la droite de l'infini du premier, les formules

$$(1) \quad x = \frac{a_1 x' + b_1 y' + c_1}{a x' + b y' + c}, \quad y = \frac{a_2 x' + b_2 y' + c_2}{a x' + b y' + c}$$

donnent pour i et i' les équations

$$(a_2 b - a b_2) x + (a b_1 - b a_1) y + a_1 b_2 - b_1 a_2 = 0$$

et
$$a x' + b y' + c = 0$$

Cas particuliers.

$(2) \quad x = \dfrac{k(ax' + by') + c_1}{ax' + by' + c} \quad y = \dfrac{a_2 x' + b_2 y' + c_2}{ax' + by' + c}$ i est une parallèle à oy

$(3) \quad x = \dfrac{a_1 x' + b_1 y' + c_1}{ax' + by' + c} \quad y = \dfrac{l(ax' + by') + c_2}{ax' + by' + c}$ i est une parallèle à ox

$(4) \quad x = \dfrac{c_1}{ax' + by' + c} \quad y = \dfrac{a_2 x' + b_2 y' + c_2}{ax' + by' + c}$ i est oy.

$(5) \quad x = \dfrac{a_1 x + b_1 y + c_1}{ax + by + c} \quad y = \dfrac{c_2}{ax' + by' + c}$ i est ox.

$(6) \quad x = \dfrac{m}{x'} \quad y = \dfrac{a_2 x' + b_2 y' + c_2}{x'}$ i est oy et i' est oy'.

$(7) \quad x = \dfrac{a_1 x' + b_1 y' + c_1}{y'} \quad y = \dfrac{n}{y'}$ i est ox et i' est ox'.

$(8) \quad x = \dfrac{m}{x'} \quad y = \dfrac{ny'}{x'}$ i est oy, i' est oy' et de plus ox' est projection de ox.

$(9)\ x = \dfrac{mx'}{y'} \qquad y = \dfrac{n}{y'} \qquad$ i est ox, i' est ox' et de plus oy' est projection de oy.

$(10)\ x = \dfrac{m(a_2 x' + b_2 y') + c_1}{ax' + by' + c} \qquad y = \dfrac{a_2 x' + b_2 y' + c_2}{ax' + by' + c} \qquad$ i est la droite $y = \dfrac{x}{m}$

$(11)\ x = \dfrac{kx' + c}{x'} \qquad y = \dfrac{ly'}{x'} \qquad$ i est parallèle à oy. i' est oy' et ox' est la projection de ox.

$(12)\ x = ax' \qquad y = ay' \qquad$ La droite de l'infini reste la même et l'on prend pour nouveaux axes les projections des anciens.

La répartition des familles en genres pourra se faire d'après la position par rapport à la parabole initiale de la droite i que l'on projette à l'infini.

On a, par exemple le tableau suivant :

1re FAMILLE. — *Parabole semi-cubique* $y^2 = Ax^3$.

1er Genre. — On laisse à l'infini la tangente d'inflexion et l'on a (*form. 12*) les courbes $y^2 = Kx^3$, paraboles semi-cubiques.

2e Genre. — i est la tangente de rebroussement et l'on a (*form. 9*) les paraboles cubiques $x^3 - Ky = 0$.

3e Genre. — i est la droite joignant le point d'inflexion au point de rebroussement (ancien axe oy). On a (*form. 8*) les courbes $x.y^2 = K$.

4e Genre. — i est une droite passant par le point d'inflexion (parallèle à oy) coupant en outre en deux points réels. Les formules (*11*) donnent $xy^2 = K(x - l)^3$. $K > 0$.

5e Genre. — i est une droite passant par le point d'inflexion coupant en outre en deux points imaginaires. Les mêmes formules donnent $xy^2 = K(x - l)^3$. $K < 0$.

Dans le cas particulier de $K = -1$, on a des cubiques dites circulaires (si les axes sont rectangulaires).

6e Genre. — i est une droite quelconque passant par le point de rebroussement. Les formules (*10*) en y supposant $a_2 = b = c_2 = c = 0$ donnent $xy^2 = K(y + p)^3$.

7ᵉ *Genre.* — i est une tangente à la parabole.

Cette tangente peut être représentée par
$$3\mathcal{K}\sqrt{A}\,.\,x - 2y - \mathcal{K}^3\sqrt{A} = 0$$

Si l'on prend pour nouveaux axes les projections des anciens, les formules (*1*) se réduisent ici à

$$x = \frac{x'}{\frac{3}{\mathcal{K}^2}x' - \frac{2}{\mathcal{K}^3\sqrt{A}}y' + c}, \quad y = \frac{y'}{\frac{3}{\mathcal{K}^2}x' - \frac{2}{\mathcal{K}^3\sqrt{A}}y' + c}$$

En les appliquant et prenant ainsi pour axe des y une parallèle à la direction asymptotique double, on a :
$$y^3 - 2\,\mathrm{B}\,y\,x^2 + \mathrm{D}\,x^3 = 0$$

8ᵉ *Genre.* — i est une sécante en 3 points réels quelconques.

On a les courbes
$$(y - ax)(y - bx)\,x + my^2 = 0$$

en prenant pour axes la tangente au point de rebroussement et une parallèle à l'une des asymptotes.

9ᵉ *Genre.* — i est une sécante ne coupant qu'en un point réel.

On a :
$$[(y + ax)^2 + b^2x^2]x + my^2 = 0$$

Dans le cas particulier $b = 1$, on a des cubiques circulaires si les axes sont rectangulaires.

2ᵐᵉ Famille. — *Parabole à point double et branches réelles.*

$$y^2 = Ax(x + b)^2, \quad (A, b, \text{ de signes contraires});$$
ou $\quad y^2 = Ax^2(x + m), (A, m, \text{ de même signe}).$

1ᵉʳ *Genre.* — On laisse à l'infini la tangente d'inflexion et l'on a (*form. 12*) :
$$y^2 = Ax^2(x + m)$$

2ᵉ *Genre.* — i est la polaire harmonique d'un point d'inflexion, l'axe actuel des x.

En appliquant la formule (9) on a les courbes
$$x^2(x - ay) + Ky = 0$$
(a et k de même signe), *comprennent l'espèce 198 de Plücker.*

3ᵉ Genre. — i est la droite joignant le point double au point d'inflexion à l'infini.
On a $(form. 8)$ $xy^2 = K(x + m), K > 0$. (*Courbes comprenant l'espèce 200, de Plücker.*)

4ᵉ Genre. — i est la tangente à la parabole, menée par le point d'inflexion à l'infini (parallèle à oy).

On a $\qquad xy^2 = K(x - m)^2, k > 0$
(*espèce 193 de Plücker.*)

5ᵉ Genre. — i est une tangente quelconque.
En projetant de façon que la droite joignant le point double au point de contact de i devienne l'axe des y et que la droite joignant le même point au tangentiel devienne l'axe des x, on a la forme
$$yx^2 + m(y - ax)(y - bx) = 0$$

6ᵉ Genre. — i est une droite passant par le point d'inflexion (à l'infini sur oy) et coupant en outre en deux points réels.
On arrive à
$$xy\left(y - \frac{ab}{a+b}x\right) + m(y - ax)(y - bx) = 0$$

7ᵉ Genre. — i est une droite passant par le point d'inflexion mais ne coupant la courbe qu'en ce point réel. On peut représenter les courbes par
$$(y^2 + c^2x^2)(y - dx) + m(y - ax)(y - bx) = 0$$
où $\qquad c^2 = \dfrac{3d^2(a+b) - 2abd}{2d - a - b}$

8ᵉ Genre. — i est une droite quelconque passant par le point double.

9ᵉ Genre. — i est une des tangentes au point double.

On a la forme $(y-m)^3 - nxy = 0$, nommée *trident*, dont la parabole $y^2 - 3my + 3m^2 = nx$, est asymptote (*Plücker, espèce 218.*)

10ᵉ Genre. — i est une sécante quelconque en 3 points réels.

On a la forme $(y-ax)(y-bx)(y-cx) - mxy = 0$.

11ᵉ Genre. — i est une sécante ne coupant qu'en un point réel.

On a $(y-ax)[(y-bx)^2 + c^2x^2] - mxy = 0$.

Si $c = 1$ *et que les axes soient rectangulaires, on a des cubiques circulaires.*

3ᵐᵉ FAMILLE. — *Parabole à point double isolé.*

$$y^2 = Ax(x+b)^2, (A, b, \text{ de même signe});$$
ou $\quad y^2 = A(x+m)x^2, (A, m, \text{ de signes contraires}).$

1ᵉʳ Genre. — On laisse à l'infini la tangente d'inflexion.

On a les courbes $y^2 = A(x+m)x^2$, (A, m, *de signes contraires*) pour lesquelles la parabole $y^2 = A\left(x + \frac{m}{3}\right)^3$ est asymptote. (*Espèce 211 Plücker.*)

2ᵉ Genre. — i est la polaire harmonique du point d'inflexion.

On a (*form. 9*) $x^2(x - ay) + Ky = 0 \quad a > 0 \quad K < 0$, (*Espèce 201 Plücker.*).

3ᵉ Genre. — i est la droite joignant le point double au point d'inflexion.

On peut prendre l'équation :

$$xy^2 = K(m-x) \quad K > 0$$

(*Espèce 202 Plücker.*)

4ᵉ Genre. — i est une tangente menée par le point d'inflexion.

On a $\quad xy^2 = K(x-m)^2 \quad K < 0$

CLASSIFICATION DES CUBIQUES PLANES.

5ᵉ Genre. — i est une tangente quelconque.
On trouve l'équation

$$xy^2 + m[(y-ax)^2 + b^2x^2] = 0$$

On trouve de même six autres genres suivant que la droite i est une sécante menée par le point d'inflexion et coupant en trois points réels ou en un seul, une droite quelconque passant par le point double, la droite contenant les 3 points d'inflexion réels, une sécante quelconque en 3 points réels ou une sécante quelconque en 3 points dont un seul réel.

4ᵐᵉ FAMILLE. — *Parabole unipartite.*

$$y^2 = Ax[(x+b)^2 + c^2]$$

1ᵉʳ Genre. — i est la droite déjà à l'infini.

2ᵉ Genre. — i est l'axe actuel des x ou toute autre droite polaire harmonique d'un point d'inflexion.

3ᵉ Genre. — i est l'axe de y ou toute autre tangente menée par un point d'inflexion réel (*applic. l. form. 8.*)

4ᵉ Genre. — i est une droite parallèle à oy coupant en 2 points réels ou toute autre sécante triple menée par un point d'inflexion (*form. 8*).

5ᵉ Genre. — i est une parallèle à oy coupant en 2 points imaginaires ou toute autre droite menée par un point d'inflexion réel coupant en outre en deux points imaginaires (*form. 8*).

6ᵉ Genre. — i est une tangente en un point quelconque.

7ᵉ Genre. — i est une sécante quelconque en 3 points réels.

8ᵉ Genre. — i est une sécante à un seul point réel d'intersection.

9ᵉ Genre. — i est la droite joignant les 3 points d'inflexion réels.

Les 2ᵉ, 5ᵉ et 8ᵉ genres fournissent d'ailleurs des cubiques circulaires dans des cas particuliers.

5ᵐᵉ Famille. — *Parabole bipartite.*

$y^2 = Ax(x-b)(x-c)$ (*On peut supposer* A, b, c, *positifs*.)

Cette famille se partage de la même manière que la précédente, mais il y a à remarquer que les 3ᵉ et 6ᵉ genres se partagent en deux sections suivant que le point de contact est situé sur la branche possédant les points d'inflexion ou sur l'autre branche.

De même les 4ᵉ et 7ᵉ se partagent en deux sections suivant que les 3 points d'intersection appartiennent ou non à la branche qui possède les points d'inflexion réels.

Il est clair que, de même que les courbes d'une même famille peuvent se transformer les unes en les autres par une transformation homographique générale, celles d'un même genre peuvent se déduire les unes des autres par une transformation de la forme

$$x = ax_1 + by_1 + c, \quad y = a'x_1 + b'y_1 + c$$

Les courbes d'un même genre pourront être distinguées entre elles par les positions de la droite satellite de la droite de l'infini (*droite* S *de Plücker*.)

NOTES

Les courbes de la 3ᵉ classe se répartissent aussi en cinq familles qui peuvent se déduire des familles de courbes du 3ᵐᵉ ordre par polaires réciproques.

La première comprend les courbes possédant un point d'inflexion et aussi un point de rebroussement. Cette classe forme le trait d'union entre les courbes de 3ᵐᵉ ordre et les courbes de 3ᵐᵉ classe puisque les courbes qui les composent sont à la fois de 3ᵐᵉ classe et de 3ᵐᵉ ordre.

La 2ᵉ et la 3ᵉ comprennent des courbes possédant une tangente double (une courbe de 3ᵉ classe ne peut en posséder plus d'une).

EXERCICES

1° *Déterminer la famille et le genre des courbes suivantes :*

1° $\qquad 5x^3 - 8x^2 + 9y^2 - 7x = 0$
2° $\qquad 3x^3 - 6x^2 - 7y^2 + 6x = 0$
3° $\qquad x^3 + y^3 - 2x + 3y = 0$
4° $\qquad xy^2 + x^2y - 7x + 2y = 0$
5° $\qquad xy^2 - 7y^2 + 3y - 1 = 0$
6° $\qquad y^3 - x^2 - 4xy - y^2 + 7y + 2x = 0$

2° *Construire les courbes suivantes :*

1° $\qquad xy(x - y + 2) + 2x - 3y + 1 = 0$
2° $\qquad xy(2x + y - 1) + 3x - 3 = 0$
3° $\qquad xy(x + y - 1) + 2 = 0$
4° $\qquad x[3y^2 + (x - 1)^2] + 3(x + y) = 0$
5° $\qquad x[3y^2 + (x - 1)^2] + 3(x - 1) = 0$
6° $\qquad x[3y^2 + (x - 1)^2] + 2 = 0$
7° $\qquad (x - 1)(y^2 - 3x) + 3(y + 1) = 0$
8° $\qquad (x - 1)(y^2 - 3x) + 1 = 0$
9° $\qquad x(y^2 - 4) + 2(y + 1) = 0$
10° $\qquad x(y^2 - 4) + 2 = 0$
11° $\qquad x(y^2 + 2) + 2(y - 1) = 0$
12° $\qquad x(y^2 + 3) + 5 = 0$

CHAPITRE V

INTERSECTION D'UNE CUBIQUE PLANE
AVEC UNE DROITE,
UNE CONIQUE OU UNE AUTRE CUBIQUE

On a déjà vu (*Chap. II*) des théorèmes fondamentaux concernant ces intersections, desquels on a déduit les propriétés les plus importantes des cubiques planes.

THÉORÈME. — **Etant données une cubique (C) et une conique (C'), on peut, de 15 manières différentes, associer une droite d à (C'), de façon que la cubique $[d, (C')]$ détermine avec (C) un faisceau contenant une cubique réduite à 3 droites.**

Soient A, B, C, D, E, F les 6 points d'intersection ; d'après une proposition démontrée, les 3 droites AB, CD, EF, constituant une cubique coupant (C) en 6 points situés sur une conique, coupent la cubique (C) en 3 points, G, H, K, en ligne droite. Or, les 6 points $A....F$, peuvent s'associer deux à deux de 15 manières différentes, on a bien 15 droites d analogues à la droite GHK.

Remarque. — Les 15 droites d passent trois à trois par 15 points analogues à G, H, K, par exemple les 3 droites d relatives aux groupements (AB, CD, EF), (AB, CE, DF), (AB, CF, DE), passent par le point G situé sur AB. Or, 15 droites ont en général $\frac{15 \times 14}{2} = 105$ points d'intersection, les 15 points analogues à G comptant chacun pour 3 points d'intersection, en ce qui concerne les droites d, ces dernières ont encore $105 - 45 = 60$ points d'intersection.

De ces 60 points, chaque droite d en contient 8. Par exemple les droites d coupant la droite d relative au groupement (AB, CD, EF), ailleurs qu'en G, H, K sont celles qui se rapportent aux 8 groupements :

(AC, BE, DF), (AC, BF, DE), (AD, BE, CF), (AD, BF, CE)
(AE, BC, DF), (AE, BD, CF), (AF, BC, DE), (AF, BD, CE)

Si 2 des points d'intersection sont confondus, les 15 groupements se réduisent à 9; si 2 autres points se réunissent, il n'y a que 6 groupements et enfin si la conique est tangente à la cubique, il n'y en a que 5. Supposons, par exemple, que A, C, E soient les 3 points de contact, l'une des droites d est la droite joignant les tangentiels de A, C, E, 3 autres sont les tangentes à la courbe aux points d'intersection de celle-ci avec les côtés du triangle ACE, chacune de ces tangentes contient le tangentiel du sommet opposé du triangle (ainsi, la tangente à la courbe au troisième point d'intersection de celle-ci avec CE passe par le tangentiel de A); enfin, une cinquième droite d est la droite joignant les troisièmes points d'intersection de la courbe avec les côtés du triangle ACE.

Si des 6 points A, B, C, D, E, F, 3 sont confondus, par exemple A, B, C, il ne reste, des 15 groupements primitifs, que les 4 suivants :

(AA, AD, EF), (AA, AE, DF), (AA, AF, DE), (AD, AE, AF)

Ainsi :

Lorsqu'une conique a un contact du 2me ordre avec une cubique :

1° Le tangentiel du point de contact, le point complémentaire sur la droite joignant le point de contact à l'un des points d'intersection et le point complémentaire sur la droite joignant les 2 autres points d'intersection sont 3 points en ligne droite ;

2° Les points complémentaires sur les 3 droites joignant le point de contact aux 3 points d'intersection sont en ligne droite.

Si, de plus, 2 autres points, par exemple D et E, coïncident, les groupements se réduisant à

(AA, AD, AE), (AA, AF, DD), (AD, AD, AF)

Par suite,

Lorsqu'une conique est à la fois tangente en un point A, *le contact étant du 2me ordre et tangente simplement en un point* D :

1° Le tangentiel du point A, *le troisième point sur* AD *et le troisième sur* DF, (F *étant le point d'intersection de la conique et de la cubique*) *sont en ligne droite ;*

2° Le tangentiel de A, *celui de* D *et le troisième point sur* AF *sont en ligne droite ;*

3° Le troisième point sur AF *est le tangentiel du troisième point sur* AD.

Il n'est pas évident que le sixième point F puisse venir se confondre avec D, c'est-à-dire que la courbe puisse avoir avec la conique un contact du 2me ordre en deux points. Mais il est aisé de prouver que le cas peut se produire. Considérons la gerbe des coniques ayant en A un contact du second ordre, les 3 points D, E, F décrivent sur la courbe 3 ponctuelles telles que lorsque 2 de ces points sont donnés, le troisième est déterminé sans ambiguité. Ces ponctuelles sont donc liées par une relation trilinéaire et il existe 3 points de coïncidence de 3 éléments homologues.

Dans ce cas, les 15 groupements se réduisent à 2, savoir

(AA, AD, DD), (AD, AD, AD)

Donc :

Lorsqu'une conique a avec une cubique 2 contacts du second ordre en des points A, D,

1° Les tangentiels de A *et de* D *sont en ligne droite avec le troisième point sur* AD ;

2° Le troisième point sur AD *est un point d'inflexion.*

Supposons maintenant que la conique ait avec la cubique un contact du 3me ordre soient A, B, C, D les points confondus. Il reste les groupements

(AA, AA, EF), (AA, AE, AE)

Donc.

1º *Le tangentiel du tangentiel du point de contact est le troisième point sur la droite joignant les 2 points d'intersection ;*

2º *Le tangentiel du point de contact* A *et les troisièmes points sur* AE *et sur* AF *sont en ligne droite.*

Si 5 points A, B, C, D, E sont confondus, la conique est osculatrice, on a le groupe unique (AA, AA, AF) et par suite :

Lorsqu'une conique est osculatrice à une cubique en A *et sécante en* F, *le tangentiel du tangentiel de* A *est le troisième point de la cubique sur* AF.

Il résulte de là que, pour que le contact devienne sextiponctuel, il est nécessaire et suffisant que le point de contact soit aussi celui d'une tangente menée de l'un des points d'inflexion. Donc,

Il y a 27 points sur la cubique tels qu'une conique peut y avoir un contact sextiponctuel avec la cubique.

Remarque 1. — Les 15 points analogues à G, H, K sont les points corésiduels des 15 groupes de 4 points que l'on peut former avec les 6 points d'intersection des 2 courbes.

Remarque 2. — En supposant que la conique se réduise à 2 droites distinctes ou confondues, on retrouve des énoncés déjà vus au chapitre II.

Supposons que la cubique passe par les points circulaires à l'infini et que la conique soit un cercle, on a d'abord ce résultat.

Si l'on joint deux à deux les 4 points d'intersection d'une cubique circulaire avec un cercle, la droite joignant les troisièmes points sur les 2 droites ainsi obtenues est parallèle à l'asymptote de la cubique.

Si l'on suppose le cercle tangent, bitangent, osculateur, on a les propositions suivantes.

Lorsqu'un cercle est tangent en un point A *à une cubique circulaire et la coupe en* B *et* C, *les troisièmes points sur* AB *et sur* AC *sont sur une parallèle à l'asymptote, le troisième*

point sur BC *et le tangentiel de* A *sont sur une autre parallèle à l'asymptote.*

Lorsqu'un cercle est bitangent à une cubique circulaire, les tangentiels des deux points de contact sont sur une parallèle à l'asymptote. La tangente au troisième point de la courbe situé sur la corde de contact est une parallèle à l'asymptote.

Lorsqu'un cercle est osculateur à une cubique circulaire le tangentiel du point de contact et le troisième point sur la droite qui le joint au point d'intersection des deux courbes sont sur une parallèle à l'asymptote.

Remarque. — Si l'on suppose que la conique sécante fasse partie du réseau des coniques polaires, les divers théorèmes précédents deviennent des propositions relatives aux points de contact des tangentes menées d'un point à une cubique.

THÉORÈME. — **Toute droite du plan est satellite de 16 droites.**

En effet, soient S_1, S_2, S_3 les intersections avec la courbe de la droite s et A_1, B_1, C_1, D_1; A_2, B_2, C_2, D_2; A_3, B_3, C_3, D_3, les points de contact des 12 tangentes que l'on peut mener de S_1, S_2, S_3. On peut associer de 16 manières un point de tangentiel S_1 à un point de tangentiel S_2, mais à chacun de ces groupements correspond un seul point de tangentiel S_3. Les 16 droites ayant s pour satellites seront, par exemple :

$(A_1 \, A_2 \, A_3)$ $(A_1 \, B_2 \, B_3)$ $(A_1 \, C_2 \, C_3)$ $(A_1 \, D_2 \, D_3)$
$(B_1 \, A_2 \, B_3)$ $(B_1 \, B_2 \, C_3)$ $(B_1 \, C_2 \, D_3)$ $(B_1 \, D_2 \, A_3)$
$(C_1 \, A_2 \, C_3)$ $(C_1 \, B_2 \, D_3)$ $(C_1 \, C_2 \, A_3)$ $(C_1 \, D_2 \, B_3)$
$(D_1 \, A_2 \, D_3)$ $(D_1 \, B_2 \, A_3)$ $(D_1 \, C_2 \, B_3)$ $(D_1 \, D_2 \, C_3)$.

Par chaque point il en passe 4. Par exemple, le point A_1 est commun aux 4 droites de la première ligne. Représentons ces 16 droites par t et nommons *les droites de contact relatives à* s.

THÉORÈME — Etant données les 2 droites de contact MAM', NAN' relatives à une droite $s = S_1 S_2 S_3$, A étant leur point commun sur la courbe, S_3 le tangentiel de A, S_1 celui de M et de N, S_2 celui de M' et N', les 3 droites MAM, NAN, AS_3 forment avec celle qui contient les points $(S_1 M, S_2 N')$ et $(S_1 N, S_2 M')$ un faisceau harmonique.

Soient $M = 0$, $M' = 0$, $N = 0$, $N' = 0$, $T = 0$, $S = 0$, $A_1 = 0$, $A_2 = 0$, les équations des droites $S_1 M$, $S_2 M'$, $S_1 N$, $S_2 N'$, $S_3 A$, $S_1 S_2 S_3$, MAM', NAN'. On a vu que l'équation de la courbe peut s'écrire sous la forme

$$MM'T - kA_1^2 S = 0$$

et par suite aussi, sous la forme

$$NN'T - kA_2^2 S = 0$$

où l'on peut supposer que le coefficient k a la même valeur.

Retranchant ces deux équations, on a l'identité [1]

$$(MM' - NN')T = k(A_1^2 - A_2^2) S$$

Le facteur T étant différent de S est identique à l'un des facteurs $A_1 + A_2$, $A_1 - A_2$ par exemple au second; le facteur S du second membre est identique à l'un de ceux de $MM' - NN'$, fonction quadratique représentant évidemment 2 droites puisque le second membre est un produit de 3 facteurs linéaires.

Donc le second facteur de $MM' - NN'$ est identique à $A_1 + A_2$ et ce second facteur représente évidemment la droite joignant les points $(M = 0, N' = 0)$ et $(M' = 0, N = 0)$, ce qui prouve le théorème.

Remarque. — Par chacun des 12 points analogues à A, qui sont relatifs à S, passent 4 droites de contact; on a donc $\dfrac{4 \times 3}{6} = 6$ faisceaux harmoniques pour chaque point analogue à A et 72 faisceaux mis en évidence par ce théorème.

---

[1] Cette égalité est une identité car on voit qu'elle ne représente pas les seules courbes qu'elle pourrait représenter, savoir la proposée. Elle n'est pas en effet satisfaite par exemple par $M = 0$, $S = 0$ ou par $T = 0$, $A_1 = 0$.

THÉORÈME. — Toute droite menée d'un point O de la courbe est coupée harmoniquement par celle-ci et par deux des cordes de contact des tangentes menées de ce point O. (*Mac Laurin*, prop. XIII.

Remarquons d'abord que le théorème général de Mac Laurin sur les courbes algébriques devient, dans le cas des cubiques le suivant :

Si, d'un point I on mène deux sécantes Ix, Iy à la cubique (C); si t_1, t_2, t_3 sont les tangentes aux points $[Ix,(C)]$ et A, B, C les intersections de Iy avec (C) et A', B', C' les points (Iy, t_1), (Iy, t_2), (Iy, t_3), on a

$$\frac{1}{IA} + \frac{1}{IB} + \frac{1}{IC} = \frac{1}{IA'} + \frac{1}{IB'} + \frac{1}{IC'}$$

Soient alors M, N, P, Q les points de contact des tangentes menées de O à la courbe, Oz une droite menée de O, coupant la cubique en A et B, et les droites MN, PQ en C et D, nous avons d'après le théorème général rappelé ([1])

$$\frac{1}{CA} + \frac{1}{CB} + \frac{1}{CO} = \frac{1}{CO} + \frac{1}{CO} + \frac{1}{CK}$$

K étant l'intersection avec Oz de la tangente au troisième point de la courbe sur MN ([2]). Cette égalité se réduit à

$$\frac{1}{CA} + \frac{1}{CB} = \frac{1}{CO} + \frac{1}{CK}$$

Or, nous avons, d'après le théorème précédent, relatif à des faisceaux harmoniques

$$\frac{1}{CA} + \frac{1}{CK} = \frac{2}{CD}$$

Donc aussi

$$\frac{1}{CO} + \frac{1}{CB} = \frac{2}{CD} \qquad \text{C. Q. F. D.}$$

Remarque. — En considérant MQ et NP ou bien MP et NQ on aurait deux autres faisceaux harmoniques.

([1]) *En prenant* C *comme origine des deux sécantes.*

([2]) *Lequel troisième point est aussi le troisième sur* PQ *d'après un théorème démontré* (*Chap. III*).

THÉORÈME. — Etant données 2 cubiques C et C' se coupant aux 9 points $a, b, c, d, e, f, g, h, i$, la conique déterminée par 5 d'entre eux contient les points m et m' centres des faisceaux de droites qui, associées au faisceau de coniques ayant pour base les 4 autres points engendrent respectivement les 2 cubiques.

Soient a, b, c, d les points pris pour base du faisceau F de coniques, m le centre du faisceau de droites homographique de F engendrant la cubique C, m' le centre du faisceau analogue engendrant la cubique C'. Les faisceaux m et m' sont alors homographiques entre eux. Donc ils engendrent une conique A. Or, la conique de F qui passe par e a pour homologues des rayons des faisceaux (m) et (m') qui passent par e. Donc la conique A passe par e et l'on verrait de même qu'elle passe par f, g, h et i.

On voit que, si l'on considère le faisceau des cubiques passant par les 9 points, et la conique (e, f, g, h, i) celle-ci est le lieu géométrique des points analogues à m en supposant que le faisceau des coniques génératrices soit toujours (a, b, c, d).

PROBLÈME 1

Connaissant deux points d'intersection a *et* b *d'une droite et d'une cubique* C *déterminée par 7 autres points* c, d, e, f, g, h, i, *trouver le troisième.*

Considérons le faisceau de coniques $F = (a, b, c, d)$ et soit m le centre du faisceau de droites qui, joint à F engendre la cubique C. Parmi les coniques du faisceau F, se trouve la conique dégénérée (ab, cd) à laquelle correspond une certaine droite mx. Le point (ab, mx) est le point demandé.

Remarque. — Les points a et b peuvent être supposés imaginaires; ils sont alors donnés si l'on donne par exemple le point milieu de ab et le produit des distances de ces points à un point de la droite ab.

PROBLÈME 2

Connaissant un point d'intersection a *d'une droite* l *et d'une cubique* C *déterminée par 8 autres points* b, c, d, e, f, g, h, i, *trouver les deux autres.*

Considérons le triangle (l, bc, de); nous pouvons, d'après ce qui précède, déterminer les troisièmes points de la cubique sur bc et sur de. Soient P, Q les sommets du triangle situés sur l et x, y les points de la courbe situés sur l autres que a. Le théorème de Carnot appliqué à ce triangle, permet de déterminer le rapport

$$K = \frac{Px.Py}{Qx.Qy}$$

Si l'on a $PQ = s$, on peut écrire :

$$Px.Py\,(s-1) - Ks\,(Px + Py) + Ks^2 = o$$

Considérons un second triangle (l, bc, fg), nous en déduisons une égalité analogue. Donc, la somme et le produit de Px et Py sont déterminés et l'on peut construire les points x et y.

PROBLÈME 3

Connaissant 4 points d'intersection a, b, c, d, *d'une cubique et d'une conique, données par des points, trouver les deux autres.*

Soient e, f, g, h, k les points qui achèvent de déterminer la cubique et r le cinquième point de la conique.

Déterminons le point m centre du faisceau de droites qui, associé au faisceau (a, b, c, d) engendre la conique. Parmi les éléments de ce dernier faisceau, figure la conique (a, b, c, d, e). Les deux points d'intersection avec la droite correspondante du faisceau de droites sont les points cherchés.

PROBLÈME 4

Connaissant 5 points d'intersection a, b, c, d, e *d'une cubique et d'une conique données par des points, trouver le sixième.*

78. INTERSECTION D'UNE CUBIQUE PLANE AVEC UNE DROITE,

La conique est entièrement déterminée : pour la cubique, 4 autres points f, g, h, k sont nécessaires. En procédant comme précédemment et remarquant que le rayon homologue de la conique (a, b, c, d, e) sera nécessairement me, on est ramené à trouver le second point d'intersection de cette droite et de la conique (a, b, c, d, e).

Remarque. — Dans ce problème, comme dans tous ceux où l'on a à considérer un faisceau de coniques, les points de base du faisceau peuvent être supposés imaginaires par couples ou infiniment rapprochés ; on a dans ce dernier cas, des conditions de contact avec des droites données, en des points donnés.

PROBLÈME 5

Etant données les cubiques $C = (a, b, c, d, e, f, g, h, i)$ *et* $C' = (a, b, c, d, e, f, g, h, i')$ *construire le neuvième point d'intersection.*

Soit x ce neuvième point, m le centre du faisceau associé au faisceau de coniques (a, b, c, d) pour la génération de la première cubique, m' le centre du faisceau associé au même faisceau de coniques pour la génération de C'.

La conique (e, f, g, h, x) contient m et m', c'est-à-dire que la conique (e, f, g, h, m) contient x.

Soit m_1 le centre du faisceau associé à (a, b, c, e) pour la génération de C, la conique (d, f, g, h, x) contient m_1, c'est-à-dire que la conique (d, f, g, h, m_1) contient x.

On est donc ramené, pour trouver x à chercher le quatrième point d'intersection des coniques (e, f, g, h, m) et (d, f, g, h, m_1). (Pour la détermination de m et m_1, voir chapitre II.)

On considérera l'involution tracée par les coniques du faisceau (f, g, h, x) sur une droite quelconque. De ce faisceau, on connaît les deux coniques précédentes. Si l'on prend, au lieu d'une droite quelconque, la droite $m\,m_1$, il ne reste qu'un point à déterminer de chaque couple. De la conique dégénérée (fg, hx) on connaît aussi un point d'intersection avec mm_1 savoir (mm_1, fg). On peut donc déterminer le point ($m\,m_1$, $h\,x$). On connaît, par suite la droite $h\,x$ et l'on n'a plus alors qu'à déterminer l'intersection de cette droite avec l'une des coniques (à l'aide du théorème de Pascal) pour avoir le point x.

PROBLÈME 6.(¹)

Etant données les cubiques $C = $ (a, b, c, d, e, f, g, — h, i) *et* $C' = $ (a, b, c, d, e, f, g, — h', i'), *construire les deux derniers points d'intersection ou la droite qui les contient.*

Soient $x\,y$ les deux points cherchés, $m\,m'$ les centres des faisceaux qu'il faut associer au faisceau (a, b, c, d) de coniques pour engendrer les courbes C et C'. La conique (e, f, g, x, y) contient m et m' c'est-à-dire que la conique (e, f, g, m, m') contient x et y.

Soient m_1 et m'_1 les centres des faisceaux à associer au faisceau de coniques (a, b, c, e) pour engendrer les mêmes cubiques. On voit, de même, que la conique (d, f, g, m, m') contient x et y. On est donc ramené à trouver les deux derniers points d'intersection des coniques,

$$(e, f, g, m, m') \quad (d, f, g, m_1, m'_1)$$

A ce chapitre se rattachent les théorèmes de Newton, de Mac Laurin et de Carnot qui, étant des théorèmes généraux sur les courbes algébriques ne seront pas démontrés ici. On en rappellera pourtant les énoncés en vue d'applications données à la suite, mais seulement pour les cubiques.

THÉORÈME DE NEWTON. — Soient $A_1\,A_2\,A_3\,B_1\,B_2\,B_3$, les intersections des côtés d'un angle xoy avec une cubique, le quotient $\dfrac{OA_1.OA_2 OA_3}{OB_1.OB_2 OB_3}$ reste invariable quand O se déplace dans le plan, les côtés gardent leurs directions.

THÉORÈME DE MAC LAURIN (₂). — Soient $A_1\,A_2\,A_3$, $B_1\,B_2\,B_3$

(¹) *Voir aussi pour ces questions les mémoires de E. de Jonquières.*

(²) *Voir aussi le théorème de Mac Laurin appliqué plus haut, dans ce chapitre.*

les intersections avec une cubique, de deux droites parallèles OX, $O'X'$, le quotient $\dfrac{OA_1 \cdot OA_2 \cdot OA_3}{O'B_1 \cdot O'B_2 \cdot O'B_3}$ reste invariable lorsque la direction commune des parallèles varie, les points O et O' restent fixes.

THÉORÈME DE CARNOT. — Soient $A_1 A_2 A_3$, $B_1 B_2 B_3$, $C_1 C_2 C_3$, les intersections avec une cubique des côtés a, b, c, d'un triangle $A\,B\,C$, le quotient.

$$\frac{AB_1\,AB_2\,AB_3 \cdot BC_1\,BC_2\,BC_3 \cdot CA_1\,CA_2\,CA_3}{AC_1\,AC_2\,AC_3 \cdot BA_1\,BA_2\,BA_3 \cdot CB_1\,CB_2\,CB_3} \text{ est égal à } +1.$$

Applications

PROBLÈME 7

Construire la tangente en un point d'une cubique complètement tracée.

Soient deux points P, M, dans le plan de la courbe, Px, Py des droites coupant la courbe en $A_1\,A_2\,A_3\,B_1\,B_2\,B_3$; Mx, My les droites respectivement parallèles à Px et Py et coupant la courbe en C_1, C_2, C_3, D_1, D_2, D_3, nous avons, en vertu du théorème de Newton.

$$\frac{PA_1 \cdot PA_2 \cdot PA_3}{PB_1 \cdot PB_2 \cdot PB_3} = \frac{MC_1 \cdot MC_2 \cdot MC_3}{MD_1 \cdot MD_2 \cdot MD_3}$$

d'où
$$\frac{PA_1}{PB_1} = \frac{MC_1 \cdot MC_2 \cdot MC_3}{MD_1 \cdot MD_2 \cdot MD_3} \times \frac{PB_2 \cdot PB_3}{PA_2 \cdot PA_3}$$

Supposons que P se rapproche du point P_1 dont on veut la tangente, PA_1 et PB_1 par exemple tendent vers zéro, mais leur rapport reste fini et il est donné par le second membre de l'égalité précédente. Si donc l'on porte sur P_1x, P_1y des longueurs qui soient entre elles dans ce rapport, on aura un triangle fini semblable au triangle infinitésimal $P_1\,A_1\,B_1$. On connaîtra donc la direction de la tangente.

PROBLÈME 8

Construire le cercle osculateur en un point d'une cubique complètement tracée.

Soit ABC un triangle tracé dans le plan de la cubique et dont les côtés coupent celle-ci en A_1, A_2, A_3, B_1, B_2, B_3, C_1, C_2, C_3, nous avons, d'après le théorème de Carnot :

$$\frac{AB_1 . AB_2 . AB_3}{AC_1 . AC_2 . AC_3} \times \frac{BC_1 . BC_2 . BC_3}{BA_1 . BA_2 . BA_3} \times \frac{CA_1 . CA_2 . CA_3}{CB_1 . CB_2 . CB_3} = 1$$

Faisons passer un cercle par les points B_1, B_2, A_2 et soit α son intersection avec BC. Nous avons, d'après un théorème connu $CB_1 . CB_2 = CA_2 . C\alpha$. L'égalité précédente donne alors

$$C\alpha = \frac{AB_1 . AB_2 . AB_3 . BC_1 . BC_2 . BC_3}{AC_1 . AC_2 . AC_3 . BA_1 . BA_2 . BA_3} \times \frac{CA_1 . CA_3}{CB_3}$$

Supposons que le triangle se déplace de façon que le côté AC devienne tangent en B_1 et que le sommet C soit infiniment voisin de B. Les trois points B_1, B_2, A_2 sont alors infiniment voisins, le cercle devient osculateur en B_1 et $C\alpha$ donne la position de sa seconde intersection avec le côté BC puisque tous les facteurs du second membre sont connus. Le cercle osculateur peut donc être considéré comme déterminé.

Le théorème de Mac Laurin trouve également des applications pratiques; il permet notamment de déterminer exactement le point de contact d'une tangente tracée avec une cubique également tracée.

CHAPITRE VI.

FAISCEAUX, GERBES, RÉSEAUX
DE CUBIQUES PLANES

On a vu déjà qu'un faisceau de cubiques a pour base non 8 points, mais 9, ces points n'étant du reste pas quelconques et 8 d'entre eux déterminant le neuvième.

THÉORÈME. — Il y a, en général, dans un faisceau, 12 cubiques à point double.

En effet, si $F = o$, $G = o$ sont deux cubiques du faisceau celui-ci est représenté par $F + mG = o$ et les points doubles sont les solutions communes aux équations

$$F'_x + m G'_x = o, \quad F'_y + m G'_y = o, \quad F'_z + m G'_z = o$$

Ces équations n'auront de solution commune que si m satisfait à l'équation obtenue en éliminant x et y. Or, d'après un théorème général d'algèbre, le degré de l'équation en m sera $2 \times 2 + 2 \times 2 + 2 \times 2 = 12$. A chaque valeur de m correspond un système de valeurs de x et y formant une solution commune aux trois équations.

THÉORÈME. — Chaque point double du faisceau a la même droite polaire par rapport à toutes les cubiques du faisceau.

Soit (x_1, y_1) un point double M_1 donné par la valeur m_1 de m. L'équation de la droite polaire de (x_1, y_1) est

$$x (F'_{x_1} + m G'_{x_1}) + y (F'_{y_1} + m G'_{y_1}) + z (F'_{z_1} + m G'_{z_1}) = o$$

mais on a

$$F'_{x_1} + m_1 G'_{x_1} = o, \quad F'_{y_1} + m_1 G'_{y_1} = o, \quad F'_{z_1} + m_1 G'_{z_1} = o$$

de sorte que l'équation précédente peut, en supprimant le facteur $m - m'$ prendre la forme

$$x\,G'_{x_1} + y\,G'_{y_1} + z\,G'_{z_1} = o$$

qui est indépendante de m, ce qui démontre le théorème.

THÉORÈME. — Il y a, dans un faisceau, 4 cubiques tangentes à une droite donnée.

Considérons un point m sur cette droite, la cubique du faisceau qui passe par m détermine sur la droite deux autres points n, n'. A l'un de ces points n correspondent aussi deux points. Les cubiques du faisceau déterminent ainsi sur la droite une correspondance (2, 2) et l'on sait qu'il y a 4 points de coïncidence à chacun desquels correspond une cubique tangente à la droite ([1]).

Remarque. — Un faisceau peut contenir des cubiques dégénérées en une conique et une droite ou en 3 droites. Considérons par exemple le faisceau $abc + m\,def = o$ où $a,\ldots f$ sont des fonctions linéaires et dont chaque cubique est le lieu des points tels que le produit des distances aux trois côtés d'un triangle T soit au produit des distances aux côtés d'un triangle T' dans un rapport donné. Les deux triangles T et T' constituent des cubiques du faisceau. Les 6 sommets de ces deux triangles doivent être considérés comme points doubles du faisceau et leur présence réduit d'autant d'unités le nombre des points doubles proprement dits.

Si les 6 côtés des deux triangles définissent un hexagone inscriptible dans une conique C, les couples de côtés opposés se coupent en trois points situés sur une droite l, de sorte que le faisceau possède aussi une cubique $(C_1\,l)$ dégénérée et possédant deux points doubles.

Si de plus les diagonales joignant les sommets opposés

([1]) *On peut aussi dire que le discriminant de l'équation du 3me degré* $A\,x^3 + 3\,B\,x^2 + 3\,C\,x + D = o$ *(savoir :* $4\,AC^3 + 4\,DB^3 + A^2D^2 - 3\,B^2\,C^2 - 6\,ABCD$*) obtenu en éliminant y entre l'équation de la courbe et celle de la droite est du 4me degré en* m.

de l'hexagone passent par les 3 points sur la droite l, le faisceau possède un troisième triangle qui peut, du reste, si l'hexagone est à la fois inscriptible et circonscriptible se réduire à 3 droites concourantes. Le faisceau n'est plus alors qu'un point double proprement dit.

Il peut arriver que 2 côtés de l'un des triangles se confondent. Par exemple le faisceau $a^2 b + m c d e = o$, représente des cubiques tritangentes aux points $(a = o, c = o)$, $(a = o, d = o)$, $(a = o, e = o)$.

La particularisation du faisceau peut se produire d'une autre manière. Par exemple toutes les cubiques du faisceau peuvent présenter déjà une singularité ponctuelle, point double ou point de rebroussement. Elles peuvent avoir un point double en commun, avec ou sans les tangentes communes (ce point équivaut alors, suivant le cas, à 4 ou 6 points de base).

Parmi les faisceaux particuliers, il importe de distinguer les faisceaux dont les 9 points de base sont points d'inflexion pour toutes les courbes des faisceaux ou *faisceaux syzygétiques de Cayley et Cremona* (*V. Durège*).

Faisceaux syzygétiques.

On sait que toute cubique passant par les 9 points d'inflexion d'une première cubique a ces mêmes points pour points d'inflexion et, d'autre part, que la hessienne d'une cubique passe par les 9 points d'inflexion de cette courbe. Si donc $H = o$ est la hessienne de $C = o$, le faisceau $C + mH = o$ est un faisceau syzygétique.

Au faisceau appartiennent les courbes $H = o$, $H' = o$, $H'' = o$, chacune étant la hessienne de la précédente. Ainsi, une hessienne $H^{(i)} = o$ de la suite peut toujours être représentée par l'équation $C + mH = o$ pourvu que m ait une valeur convenablement choisie.

Si l'une des courbes de cette série est dégénérée, il en est de même de la suivante, puisque la hessienne d'une courbe passe par les points doubles de cette courbe ; il en est par suite de même de toutes les hessiennes suivantes.

Mais une courbe du faisceau dégénérée en droite et conique ou même en trois droites peut être hessienne d'une courbe du faisceau non seulement non dégénérée mais ne présentant même pas un point double.

Considérons, par exemple la courbe

(1) $\qquad ax^2y + by^2z + cz^2x = o$

qui présente cette particularité que le triangle de référence est à la fois inscrit et circonscrit. La hessienne est la courbe

(2) $\qquad ca^2x^3 + ab^2y^3 + bc^2z^3 - 3abcxyz = o$

Or, si l'on cherche la hessienne de cette dernière ligne, on retrouve identiquement la même équation (2) ce qui prouve que (2) est une cubique dégénérée, ce dont on s'assure aisément.

Soit encore la courbe $x^3 + ay^3 + bz^3 = o$. Les hessiennes successives sont représentées par $xyz = o$. En particulier, la courbe qui a pour équation cartésienne $x^3 + y^3 = a^3$ a pour hessiennes successives $xyt = o$, $t = o$ représentant la droite de l'infini.

La suite des hessiennes de $C = o$ peut former dans le faisceau $C + mH = o$ une suite particulière de courbes de même espèce et ne différant que par la valeur d'un paramètre.

Soit, par exemple, le folium de Descartes

$$x^3 + y^3 - 3bxy = o,$$

sa hessienne est $x^3 + y^3 + bxy = o$, et, par suite, les hessiennes successives sont :

$$x^3 + y^3 - \frac{b}{3}xy = o, \qquad x^3 + y^3 + \frac{b}{9}xy = o, \qquad \ldots$$

C'est une série de foliums ayant même asymptote, dont la boucle est tournée alternativement d'un côté et de l'autre de cette asymptote et tels que le rapport d'homothétie de deux consécutifs est égal à -3.

Soit la courbe à rebroussement $y^2 = \dfrac{x^3}{3ax + 3b}$, sa hessienne est $xy^2 = o$. (Parmi les courbes de cette nature se trouvent la cissoïde $y^2 = \dfrac{x^3}{2k - x}$ et la parabole semi-cubique $y^2 = \dfrac{x^3}{3m}$). L'équation $C + mH = o$ devient ici

$$3(ax + b)y^2 - x^3 + mxy^2 = o$$

C'est-à-dire que l'on a un faisceau de courbes de même nature que la courbe donnée et qui ont toutes la même hessienne $xy^2 = o$.

Soit encore la strophoïde $x(x^2 + y^2) + a(x^2 - y^2) = o \equiv S$. La hessienne H a pour équation :

$$x(x^2 + 5y^2) + a(y^2 - x^2)$$

Toutes les courbes du faisceau sont comprises dans la formule

$$x[(1 + m)x^2 + (1 + 5m)y^2] + a(1 - m)(x^2 - y^2) = o$$

Les valeurs de m donnant les hessiennes successives de $S = o$ sont $m_1 = \dfrac{2}{3}$, $m_2 = \dfrac{7}{6}$, $m_3 = \dfrac{20}{21}$, ...
elles donnent les courbes :

$$H[H[(S)] = x(5x^2 + 13y^2) + a(x^2 - y^2) = o$$
$$H[H[H[(S)]] = x(13x^2 + 41y^2) + a(y^2 - x^2) = o$$
$$H[H[H[H(S)]]] = x(41x^2 + 121y^2) + a(x^2 - y^2) = o$$

ayant toutes la même direction d'asymptote réelle, mais l'asymptote étant alternativement d'un côté et de l'autre du point double et s'en rapprochant de plus en plus. Le sommet de la boucle de chacune est d'ailleurs sur l'asymptote de la précédente.

THÉORÈME. — **Dans un faisceau syzygétique de courbes du 3me ordre, il y a 4 courbes réduites à 3 droites (ou 4 triangles syzygétiques).**

En effet, on a vu que les 9 points d'inflexion, base du faisceau, sont situés trois à trois sur 12 droites telles que par chaque point il en passe 4 et qu'elles forment 4 systèmes de 3 droites contenant chacune 3 points d'inflexion, chaque système contenant ainsi les 9 points. Chacun de ces systèmes constitue une cubique dégénérée du faisceau; les 12 sommets de ces 4 triangles constituent les 12 points doubles du faisceau qui, par suite, n'en a pas d'autre et n'a aucune courbe à point double.

THÉORÈME. — Tout côté de l'un des triangles syzygétiques est la polaire commune du sommet opposé du triangle par rapport aux courbes du faisceau, sommet sur lequel convergent les polaires harmoniques des 3 points d'inflexion situés sur ce côté.

Considérons l'équation $x^3 + y^3 + z^3 - 6kxyz = o$ à laquelle on peut ramener l'équation de la cubique générale; les 3 côtés du triangle de référence sont aussi ceux de l'un des triangles syzygétiques. On vérifie que la hessienne a la forme analogue

$$x^3 + y^3 + z^3 - \frac{1 - 2k^3}{k^2} xyz = o$$

La polaire de $x = y = o$ est $z = o$. D'autre part, la droite polaire de l'un des points $z_1 = o$, $x_1^3 + y_1^3 = o$, c'est-à-dire, e, e^2 étant les racines cubiques imaginaires de l'unité, de l'un des points $(z_1 = o, y_1 = -x_1)$, $(z_1 = o, y_1 = -x_1 e)$, $(z_1 = o, y_1 = -x_1 e^2)$, autrement dit la droite qui avec la tangente en ce point, complète la conique polaire de ce point passe par $x = y = o$. On a donc 3 droites polaires convergeant en $x = y = o$.

Remarque. — On voit aisément qu'il suffit de considérer dans l'équation $x^3 + y^3 + z^3 - kxy^2 = o$, k comme un paramètre variable pour avoir l'équation d'un faisceau syzygétique. On trouve que les côtés des 4 triangles syzygétiques sont :

1° $\quad x = y = z = o \quad$ pour $k = \infty$

2° $x+y+z = o, \quad 2z-x-y = \pm (x+y)\sqrt{-3}$ pour $k = \dfrac{1}{2}$

3° $x+y+ez = o, \quad 2ez-x-y = \pm (x+y)\sqrt{-3}$ pour $k = \dfrac{e}{2}$

4° $x+y+e^2 z = o, \quad 2e^2 z-x-y = \pm (x+y)\sqrt{-3}$ pour $k = \dfrac{e^2}{2}$

THÉORÈME. — Il y a, dans un faisceau syzygétique, indépendamment de 4 triangles, 6 courbes telles que la seconde hessienne coïncide avec la courbe elle-même. *(Durège,* page 328).

En prenant l'équation de la courbe sous la même forme que précédemment on voit que, pour que la seconde hessienne coïncide avec la courbe, il faut que l'on ait

$$108k^6 - (1 - 2k3)^3 = 18\ k^3 (1 - 2k^2)^2$$

On voit que cette équation du 9me degré est satisfaite pour les valeurs $k = \frac{1}{2}$, $k = \frac{e}{2}$, $k = \frac{e^2}{2}$. En divisant par le facteur $8\ k^3 - 1 = o$, il reste l'équation du 6me degré :

$$8k^6 - 20\ k^3 - 1 = o$$

On voit que, de ces 6 valeurs, 4 donnent des courbes imaginaires.

Gerbes de cubiques.

On donnera ce nom au système représenté par

$$g = E + mF + pG = o$$

E, F, G étant trois cubiques quelconques.

THÉORÈME. — Les courbes d'une gerbe ayant un point double sont en nombre infini et le lieu des points doubles est une courbe du 6me ordre (D).

En effet, les trois équations

$$E'_x + mF'_x + pG'_x = o, \quad E'_y + mF'_y + pG'_y = o,$$
$$E'_z + mF'_z + pG'_z = o$$

entre les 4 variables m, p, $\frac{x}{z}$, $\frac{y}{z}$ ont une infinité de solutions communes. Si l'on élimine m et p, on obtient un déterminant D du 3me ordre, qui est du 6me degré par rapport aux coordonnées.

FAISCEAUX, GERBES, RÉSEAUX DE CUBIQUES PLANES.   89

THÉORÈME. — Si la gerbe a une base constituée par des points communs (dont le nombre ne peut dépasser 7), la courbe (D) passe par chaque point de base ; chacun de ceux-ci en est un point double et les tangentes en l'un d'eux sont celles de la cubique de la gerbe qui a ce point pour point double.

En effet, si dans le déterminant D on ajoute les deux premières lignes à la dernière après multiplication par x, y et z, celle-ci a pour éléments E, F et G de sorte que les coordonnées d'un point commun à E, F et G annulent D.

Supposons que l'on ait pris pour origine ce point commun, que la courbe de la gerbe qui a un point double soit E et que l'on ait pris les tangentes à E pour axes; les termes de degré le moins élevé dans E se réduisent à kxy, tandis que dans F et dans G ils ont la forme de $Ax + By$, $A'x + B'y$. Si l'on forme alors l'ensemble des termes de degré le moins élevé dans D, on voit immédiatement qu'ils se réduisent à la forme $c.xy$.

THÉORÈME. — La courbe (D) lieu des points doubles, courbe dite Jacobienne est aussi le lieu des points pour lesquels les droites polaires par rapport aux cubiques sont concourantes.

On retrouve en effet l'équation $D = o$ en éliminant x et y entre les équations des droites polaires d'un point $(y_1\, y_1)$ par rapport aux trois cubiques $E = o$, $F = o$, $G = o$ et l'on voit de suite que si ces 3 droites passent par un même point $(x\, y)$, ce point appartient à toutes les autres droites polaires.

Systèmes de cubiques non linéaires.

On peut considérer, comme précédemment des systèmes à 1, 2 ou 3 paramètres ; nommons encore *faisceaux* les systèmes à un seul paramètre. En général, un tel faisceau n'a pas de base ; par exemple le faisceau du second ordre $m^2 R + 2mS + T = o$, si R, S, T représentent des cubiques générales quelconques, a, au lieu d'une base, une enveloppe qui est du 6me ordre et a pour équation $E \equiv S^2 - ST = o$.

On démontrerait (comme on a fait pour les faisceaux linéaires) que le nombre des courbes à point double est ici 24. Mais les droites polaires de l'un des points doubles, par rapport à toutes les cubiques du système, au lieu de coïncider, forment un faisceau linéaire.

L'équation de la droite polaire de $x_1\, y_1\, z_1$ étant, en effet :

$$(m^2 R'_{x_1} + 2m S'_{x_1} + T'_{x_1})\, x + (m^2 R'_{y_1} + 2m S'_{y_1} + T'_{y_1})\, y + (m^2 R'_{z_1} + 2m S'_{z_1} + T'_{z_1}) = 0$$

si le point $x_1\, y_1\, z_1$ est point double de la cubique pour laquelle le paramètre a la valeur $m = k$, on a

$$k^2 R'_{x_1} + 2k S'_{x_1} + T'_{x_1} = 0, \quad k^2 R'_{y_1} + \ldots = 0,$$
$$k^2 R'_{z_1} + \ldots = 0$$

Tirant de ces égalités les valeurs de $T'_{x_1}, T'_{y_1}, T'_{z_1}$ et portant dans l'équation de la droite, on voit que l'on peut diviser par $m - k$ et que l'équation ne contient plus le paramètre qu'au premier degré ce qui démontre les propositions.

Les 3 cubiques qui définissent le faisceau ne jouent pas ici le même rôle comme il arrive pour 2 cubiques définissant un faisceau linéaire. On voit que l'enveloppe $E = 0$ passe par les points $R = 0$, $S = 0$ et les points $S = 0$, $T = 0$ mais non par $R = 0$, $T = 0$.

En chacun des points $R = S = 0$ la tangente est celle de la cubique $R = 0$ et en chacun des points $S = T = 0$, la tangente est celle de la cubique $T = 0$.

Si les 3 cubiques ont un point commun $(x_1\, y_1\, z_1)$, l'enveloppe $E = 0$ a un point double en ce point.

On voit de même que le faisceau de l'ordre k, c'est-à-dire tel que par chaque point du plan il passe k courbes du faisceau n'a pas en général des points de base, mais une enveloppe, qu'il possède des points doubles ayant la propriété que les droites polaires de chacun d'eux par rapport à toutes les cubiques du système forment un faisceau de l'ordre $k - 1$, etc.

La principale question à se poser relativement aux

faisceaux est la suivante : quel est le nombre des courbes du faisceau satisfaisant à une condition ? On sait que cette question, pour les faisceaux de coniques est résolue, dans un grand nombre de cas, par la formule de Chasles $n = aM + bN$ dans laquelle M et N sont les caractéristiques du système et a, b des nombres ne dépendant que de la condition donnée.

Mais, cette condition a été démontrée non générale par Halphen.

L'existence d'une formule *générale* aussi simple est encore moins vraisemblable pour les faisceaux de cubiques.

Des formules importantes ont cependant été établies par M. Maillard, dans lesquelles les éléments qui intéressent sont les caractéristiques M et N, nombres de cubiques passant par un point et de cubiques tangentes à une droite, le degré i du lieu des points d'inflexion, la classe t de l'enveloppe des tangentes d'inflexion, D le nombre des courbes à point double; a le nombre des courbes réduites à deux droites dont l'une double; b le nombre de courbes réduites à trois droites confondues, ainsi que d'autres nombres se rapportant aux cas des faisceaux dont tous les éléments sont des courbes à point double ou à point de rebroussement.

Le rôle des courbes dégénérées, déjà si important dans le cas des coniques l'est plus encore ici, et les courbes dégénérées sont plus variées d'espèce.

Il est évident que si dans un faisceau de courbes générales, lequel est défini par 8 conditions, figure le contact avec une droite donnée, toute courbe à nœud satisfaisant aux 7 autres conditions et dont le point double est sur cette droite, devra être considérée comme appartenant au faisceau car la courbe à nœud est, dans ce cas, la limite d'une courbe générale dont le point de contact avec la droite est infiniment voisin du point double de la courbe à nœud.

Mais, au contraire, si parmi les 7 conditions nécessaires pour définir un faisceau de *courbes à nœud* figure le contact avec une droite donnée, une courbe dont le point double est sur la droite ne doit pas être considérée comme appartenant au faisceau car la courbe voisine obtenue en faisant varier un peu le paramètre est encore une courbe à nœud qui coupe bien la droite en deux points voisins sur la droite mais non voisins sur la courbe.

Mais s'il existe des courbes ayant un point de rebroussement sur la droite et satisfaisant aux 6 conditions définissant le faisceau, autres que le contact avec cette droite, ces courbes doivent être considérées comme tangentes à la droite et, par suite, comme faisant partie du faisceau.

Une cubique dégénérée peut posséder une branche double ou une branche triple. On obtient ces dégénérescences en supposant toutes les ordonnées d'une cubique multipliées par un nombre k que l'on fait tendre vers zéro. Suivant que la cubique a ou n'a pas une asymptote parallèle à l'axe des y, elle se réduira à 2 droites dont l'une est l'axe des x ou à une seule, l'axe des x. Dans le premier cas l'axe des x est droite double et doit être considéré comme contenant 4 (ou 2 ou 1) sommets de la courbe ; dans le second, il est droite triple et doit être considéré comme contenant 6 sommets, ou 4 ou 3, suivant la classe de la courbe primitive.

Cette remarque faite, on peut établir la relation

$$4M = N + 2a + 6b$$

relative au cas où les courbes du faisceau ne sont pas à point double, due à M. Maillard.

Cette formule se complique de deux autres termes lorsque le système est formé de cubiques à point double ou à point de rebroussement.

Elle s'établit en considérant la correspondance de points que le système de cubiques détermine sur une droite. En étudiant la correspondance de droites que le même système détermine autour d'un point o entre les tangentes menées de ce point, on obtient la suivante :

$$2(n-1)N = M + 3t + a + D$$

(Maillard, *Thèse.*)

M Maillard a établi d'autres égalités : 1° en considérant sur une droite la correspondance entre les points d'intersection avec les courbes et les points d'intersection avec les tangentes d'inflexion ; 2° en considérant sur une droite L la correspondance entre les points d'intersection avec les courbes et les points d'intersection avec les tangentes menées aux points où les courbes sont coupées par une autre droite L' ; 3° en considérant autour d'un point O les coïncidences entre les tangentes menées de ce point aux courbes du système et les droites joignant ce point O aux points de contact des tangentes menées par un centre point O'.

Quelques autres enfin sur d'autres considérations. Ces formules ne sont du reste pas toutes distinctes, de sorte que les vérifications sont possibles. (V. les questions).

On aurait évidemment un ensemble de formules symétriques des précédentes pour les courbes de 3me classe.

EXERCICES

1. — *Les droites polaires d'un point relativement aux cubiques d'un faisceau linéaire se coupent en un même point qui, si le faisceau est syzygétique est le tangentiel du point considéré relativement à celle des courbes du faisceau qui passe par ce point.* (V. Durège.)

2. — *Les coniques polaires d'un point p relativement aux cubiques d'un faisceau linéaire forment un faisceau qui, si le faisceau cubique est syzygétique, a pour base les 4 points ayant p pour tangentiel par rapport à celle des courbes qui passe par p.* (Durège).

3. — *En désignant par g le nombre de points d'inflexion des courbes d'un faisceau de caractéristiques M, N, par t la classe de l'enveloppe des tangentes d'inflexion, par i le degré du lieu des points d'inflexion, par a et b les nombres de courbes à branches doubles et à branche triple, par n le nombre des courbes décomposables en une conique et une tangente à cette conique*

$$gM + 3t = 3i + n + 2ga + 3gb$$

(Maillard.)

CHAPITRE VII

FOYERS
TRANSFORMATIONS DES CUBIQUES PLANES
POLAIRES RÉCIPROQUES
COURBES ANALLAGMATIQUES

Généralités sur les foyers dans les cubiques planes

Une cubique générale a 36 foyers puisque, de chaque ombilic du plan l'on peut mener 6 tangentes à la courbe.

De ces foyers, 6 sont réels ; si, en effet, $y - ix + mz = o$ est une tangente passant par l'un des ombilics, la droite $y + ix + mz = o$, conjuguée de la première, le sera aussi.

Si la cubique est circulaire, il n'y a plus que 16 foyers, dont 4 réels et, en outre un foyer singulier, savoir le point de rencontre des tangentes aux ombilics.

Si la cubique est circulaire et possède un point double, il y a 4 foyers, dont 2 réels et si le point double est de rebroussement, il n'y a plus qu'un foyer.

Si la cubique possède un point de rebroussement mais n'est pas circulaire, elle a 9 foyers dont 3 réels.

THÉORÈME DE HART. — *SALMON*. — Les 16 foyers d'une cubique circulaire sont situés sur 4 cercles dont chacun contient 4 foyers.

Soient A_1 et A_2 deux points d'une cubique, m_1, n_1, p_1, q_1 les tangentes menées de A_1, m_2, n_2, p_2, q_2, les tangentes menées de A_2. On a vu que ces deux faisceaux de tangentes ont un même rapport anharmonique.

FOYERS, TRANSFORMATION DES CUBIQUES PLANES. 95

Donc les 6 points A_1, A_2, $(m_1\,m_2)$, $(n_1\,n_2)$, $(p_1\,p_2)$, $(q_1\,q_2)$ sont sur une même conique.

Mais les 4 rapports anharmoniques $(m_1\,n_1\,p_1\,q_1)$, $(n_1\,m_1\,q_1\,p_1)$, $(p_1\,q_1\,m_1\,n_1)$, $(q_1\,p_1\,n_1\,m_1)$ sont égaux, donc chacun de ces groupes combiné avec le groupe $(m_2\,n_2\,p_2\,q_2)$ donne une conique et ces 4 coniques passent par A_1 et A_2.

Supposons maintenant que A_1 et A_2 soient les deux ombilics du plan et que la cubique soit circulaire, les points d'intersection des tangentes homologues sont des foyers, les 4 coniques deviennent des cercles, ce qui démontre le théorème.

Foyers des cubiques à axe de symétrie.

Supposons que cet axe soit pris pour axe Ox, l'équation peut s'écrire :

$$(1) \qquad (mx + p)\,y^2 = x^3 + ax^2 + bx + c$$

On trouve sur l'axe de symétrie les 6 foyers dont les abscisses sont données par les racines de l'équation en z qui suit :

$$(2)\; 4(m+1)(mz^2 - 2pz + b)^3 + 4(pz^2 + c)(p + a - 2mz)^3$$
$$+ 27(m+1)^2(pz^2+c)^2 - (p+a-2mz)^2(mz^2-2pz+b)^2$$
$$- 18(m+1)(p+a-2mz)(mz^2-2pz+b)(pz^2+c) = 0$$

et se réduit, si l'on prend l'origine sur la courbe, à

$$(3)\; 4(m+1)(mz^2 - 2pz + b)^3 + 4pz^2(p+a-2mz)^3$$
$$+ 27\,p^2 z^4 (m+1)^2 - (p+a-2mz)^2(mz^2-2pz+b)^2$$
$$- 18(m+1)\,pz^2(p+a-2mz)(mz^2-2pz+b) = 0$$

Si la cubique est circulaire, on a $m = -1$ et l'équation (2) se décompose en

$$\left(z + \frac{a+p}{2}\right)^2 = 0$$

et

$$(4pz^2 + c)(2z + a + p) - (z^2 + 2pz - b)^2 = 0$$

La solution double $z = -\dfrac{a-p}{2}$ donne le foyer singulier et l'équation suivante, les 4 foyers proprement dits situés sur Ox.

(4) $\quad (z^2 + 2pz - b)^2 - (4pz^2 + c)(2z + a + p) = 0$

Si, de plus l'origine est sur la courbe et en est un point double ($c = b = 0$), deux foyers viennent se confondre avec ce point double et les deux autres sont donnés par l'équation

(5) $\quad\quad\quad\quad z^2 - 4pz - 4ap = 0$

Si, la courbe n'ayant pas de point double, l'origine est transportée au foyer singulier l'équation (4) devient

(6) $\quad z^4 - pz^3 + (4p^2 - 2b)z^2 - (4bp + 2c)z + b^2 = 0$

Contrairement à ce qui arrive pour une conique ayant l'un de ses axes de symétrie sur Ox, on voit que l'on ne peut pas choisir arbitrairement toutes les racines de l'équation (2), cette équation ne contenant que 5 paramètres et que 5 foyers étant choisis, le sixième n'est plus indéterminé, bien que l'on puisse lui attribuer plusieurs positions. De même, pour la cubique circulaire, les 5 foyers situés sur l'axe ne peuvent être choisis arbitrairement puisque l'équation (4), lorsque le foyer singulier est choisi, ne contient plus que 3 paramètres.

Supposons l'origine en ce foyer, et soient S, P, T les fonctions $z_1 + z_2 + z_3 + z_4$, $z_1 z_2 z_3 z_4$, $z_1 z_2 + \ldots$ où les z désignent les coordonnées des 4 foyers ordinaires ; en éliminant p et b entre les relations

$$S = p, \quad P = b^2, \quad T = 4p^2 - 2b,$$

on a

$$(S^2 - 4T)^2 - 64P = 0$$

ou

$$(z_1^2 + \ldots - 2z_1 z_2 - \ldots)^2 - 64 z_1 z_2 z_3 z_4 = 0$$

La relation est du 4me degré, non seulement par rapport à l'ensemble des coordonnées, mais par rapport à chacune, de sorte que 3 des foyers étant choisis, il y a 4 positions possibles pour le quatrième. En désignant, du reste, par z, z', z'', z''' les 4 valeurs de z_1 qui peuvent correspondre à 3 valeurs données z_2, z_3, z_4 des autres abscisses, on a la relation

$$z + z' + z'' + z''' = (z_2 + z_3 + z_4)$$

L'équation (1), dans le cas des cubiques circulaires rapportées au foyer singulier comme origine devient

$$(p - x)(x^2 + y^2) = bx + c$$

Si cette courbe a un point double $x = x_0$, on a les relations

$$2 p x_0 - b = 3 x_0^2$$
$$p x_0^2 - 2 b x_0 = 3 c$$

l'équation devient :

$$(p - x)(x^2 + y^2) = 2 p x_0 - 3 x_0^2) x + x_0^2 (2 x_0 - p)$$

Transformations les plus simples des cubiques planes

On peut se poser, au sujet des transformations les deux principales questions suivantes : quelles sont les propriétés conservées par une transformation donnée, quelles sont les transformations conservant une propriété donnée.

En particulier on peut chercher quelles transformations transforment une courbe en elle même ou quelles courbes sont transformées en elles-mêmes par une transformation donnée.

On se bornera ici à quelques généralités sur les transformations ponctuelles du 1er et du 2e degré et sur la transformation corrélative dite par polaires réciproques.

Transformations du premier degré.

Les formules générales

$$x = a_1 x' + b_1 y' + c_1 z', \quad y = a_2 x' + b_2 y' + c_2 z', \quad z = a_3 x' + b_3 y' + c_3 z'$$

98   FOYERS, TRANSFORMATION DES CUBIQUES PLANES,

contiennent 8 paramètres distincts. Si l'on porte ces valeurs dans l'équation d'une cubique $Ax^3 + 3Bx^2y + \ldots = o$ et que l'on égale les coefficients de x'^3 de x'^2y à Ar, $3Br$ etc., on obtient 10 équations entre les 10 coefficients de la courbe et la variable r. Eliminant les coefficients $A, B, \ldots$ entre ces équations, on a une équation du 10ᵉ degré en r. Pour chaque valeur de r satisfaisant à cette condition, les 10 équations en $A_1\, B_1\ldots$ ont un système de racines communes non nulles et 9 d'entre elles donnent les rapports des coefficients à l'un d'entre eux.

Il est facile de s'assurer qu'étant donnée une cubique plane C, il existe des transformations homographiques qui la transforment en elle-même.

Soit I l'un de ses points d'inflexion réels, h, la polaire harmonique du point I; nous avons vu (chap. III, p. 41) que toute sécante Ix menée par I est coupée harmoniquement par la courbe C et la polaire harmonique h.

Considérons alors la transformation *homologique* pour laquelle I est centre d'homologie et h l'axe d'homologie, le rapport anharmonique de la transformation étant le rapport des 4 points $I, (Ix, h)$ et (Ix, C) elle donnera évidemment pour transformée la courbe C elle-même.

Si l'on rapporte la figure à un triangle de référence ayant pour côtés la tangente It au point I (axe $y = o$), la polaire harmonique h (axe $z = o$) et l'une des tangentes menées de I à la courbe (axe $y = o$) tangentes dont le point de contact est situé sur h, l'équation de la courbe a la forme

$$Ax^3 + 3Bx^2y + 3Cxy^2 + 3Dyz^2 = o$$

et les formules qui définissent la transformation particulière que l'on considère sont :

$$x = ax' \qquad y = ay' \qquad z = -az'$$

Considérons encore les transformations pouvant se représenter par

$$x = x' \cos v - y' \sin v, \qquad y = x' \sin v + y' \cos v$$

et équivalant, par suite à une rotation autour de l'origine.

Si $v = 180°$, elles se réduisent à $x = -x'$, $y = -y'$.

Les courbes coïncidant avec leurs transformées ont l'origine pour centre de symétrie et, pour équation

$$A x^3 + 3 B x^2 y + 3 C x y^2 + D y^3 + 3 H x + 3 K y = 0$$

Si $v = 120°$, elles deviennent

$$x = -\frac{1}{2} x' - \frac{\sqrt{3}}{2} y' \qquad y = \frac{\sqrt{3}}{2} x' - \frac{1}{2} y'$$

Les courbes coïncidant avec leur transformée présentent une symétrie ternaire. Or l'équation générale peut s'écrire :

$$A x^3 + 3 B x^2 y + 3 C x y'^2 + D y^3) + 3(E x^2 + 2 F x y + G y'^2) + 3 (H x + K y) + L = 0$$

on voit de suite que les termes du 1er degré doivent disparaître et que l'équation se ramène à avoir la forme

$$\Lambda (y^2 - 3 x^2) y + 3 E (x^2 + y^2) + L = 0$$

Pour $v = 90°$, les coefficients A, B, C, D s'annulent, de sorte que la symétrie quaternaire ne peut se produire dans les courbes du 3ᵐᵉ ordre et l'on voit aisément qu'il en est de même des symétries d'ordre supérieur.

Considérons la transformation $x = x'$, $y = -y'$ qui a, comme les précédentes, un sens cinématique. Les courbes qu'elle laisse invariables ont l'axe ox pour axe de symétrie ou au moins pour axe de symétrie oblique. Leur équation peut se ramener à la forme

$$3 y^2 = A x^3 + 3 B x^2 + 4 C x + D$$

Ce sont les 5 cubiques paraboliques.

Chacune des 3 classes de cubiques planes contient ainsi une courbe à axe de symétrie, une à centre de symétrie binaire, mais non une à centre de symétrie ternaire. On voit, en effet, par l'équation de ces dernières courbes que si la courbe possède un point double, celui-ci qui est nécessairement le centre de symétrie est un point isolé. Quant aux asymptotes, elles sont réelles. Un point de rebroussement ne peut exister dans de telles courbes.

Transformations du second degré.

Considérons seulement la transformation par rayon vecteurs réciproques. La transformée est, en général du 6me degré ; elle est du 5me si le centre d'inversion est sur la courbe, du 4me si la cubique est circulaire, du 3me si, de plus, le centre d'inversion est sur la courbe. Dans ce dernier cas seulement, il peut donc arriver que la courbe coïncide avec ses transformées. L'équation est, si l'on prend l'origine sur la courbe, de la forme

$$(x^2 + y^2) mx + ny) + ax^2 + 2 bxy + cy^2 + px + qy = 0$$

La transformée, si l'origine est le centre d'inversion et si K^2 est la puissance d'inversion, a pour équation :

$$(x^2+y^2)(px+qy) + K^2(ax^2+ 2 bxy + cy^2) + (mx+ny)K^4 = 0$$

Pour qu'il y ait identité entre les courbes, il faut donc que la première équation ait la forme

$$(x^2 + y^2 + K^2)(mx + ny) + ax^2 + 2 bxy + cy^2 = 0$$

ou par une rotation convenable des axes

$$(x^2 + y^2 + K^2) y + ax^2 + 2 bxy + cy^2 = 0 \qquad (1)$$

Telle est l'équation par laquelle on peut représenter les courbes *anallagmatiques* du 3me ordre.

THÉORÈME. — **Toute courbe anallagmatique du 3me ordre est l'enveloppe d'un cercle orthogonal à un cercle fixe et dont le centre décrit une parabole.**

Soit C une telle courbe, O le point centre et K^2 la puissance d'inversion. Le système des cercles coupant orthogonalement le cercle I de centre O et de rayon K est, à lui-

---

(¹) *La courbe passe par les ombilics du plan. Ces points sont, en effet les seuls de la droite de l'infini dont la distance à l'origine soit nulle et qui puissent être leurs propres inverses. Or, pour une courbe qui aurait 3 points à distance infinie, la transformée aurait un point triple à l'origine, ce qui ne peut avoir lieu pour une cubique.*

même son transformé, chacun des cercles de ce système étant son propre transformé. Les points communs à C et à l'un de ces cercles (C) sont donc deux à deux en ligne droite avec O et transformés deux à deux. Le système simplement infini de ceux de ces cercles qui sont tangents à C est donc constitué par des cercles non simplement, mais doublement tangents à C, les deux points de contact étant en ligne droite avec O.

Ainsi, les cercles orthogonaux au cercle d'inversion I et bitangents à C ne sont pas en nombre fini, comme cela aurait lieu si C était une courbe quelconque, mais forment un système simplement infini.

Le lieu des centres se nomme *déférente*.

La déférente est une parabole. Il est évident, en effet, que les points de contact de la courbe C avec chaque cercle bitangent (C) sont, d'après ce qu'on a vu, les intersections de ce cercle avec la perpendiculaire menée de O à la tangente à la déférente au point qui est le centre du cercle (C). La déférente ne doit donc avoir qu'une tangente parallèle à une droite donnée car la courbe n'a que deux points autres que l'origine sur toute droite passant par ce point. Comme il est, d'autre part, évident qu'elle ne peut être une droite, elle est une parabole.

Soient $t_1\ t_2\ t_3\ t_4$ les tangentes communes à la parabole déférente p et au cercle directeur I, les points de contact $a_1\ a_2\ a_3\ a_4$ de ces tangentes avec le cercle sont les 4 points d'intersection situés à distance finie, de ce cercle avec la courbe et les tangentes en ces points sont les rayons Oa_1, Oa_2, Oa_3, Oa_4.

Soient m_1, m_2, m_3, m_4 les points d'intersection du cercle I avec la parabole p, chacun est le centre d'un cercle de rayon nul orthogonal au cercle I, c'est-à-dire est foyer de la courbe.

Définition. — Nommons *foyer singulier* d'une courbe passant par les ombilics du plan, le point de rencontre des tangentes à la courbe en ces points. (Laguerre).

THÉORÈME. — Le foyer de la parabole déférente est foyer singulier de la cubique.

Soit i l'un des ombilics du plan, O, le centre du cercle directeur I, p, la parabole déférente, M, le point de la parabole qui donne le point i pour la courbe C. La tangente à p au point M est perpendiculaire à Oi, mais alors, d'après une propriété des ombilics, elle passe par i. Ainsi, Mi est la tangente en M à la parabole. Mais Mi est perpendiculaire à elle-même et, par suite, est à la fois le rayon et la tangente en i au cercle enveloppé et par suite aussi la tangente en i à la courbe enveloppe. Le même raisonnement s'applique à l'autre ombilic, ce qui démontre le théorème.

THÉORÈME. — **Une courbe anallagmatique admet, en général, 4 centres d'anallagmatie ; les 4 déférentes correspondantes sont des paraboles homofocales.**

On a vu qu'aux points a_1, a_2, a_3, a_4, la courbe coupe orthogonalement le cercle directeur. Soit O_1 le point de rencontre des cordes $a_1 a_3$ et $a_2 a_4$, si de O_1 comme centre on décrit un cercle de rayon $K_1 = \sqrt{Oa_1 . Oa_3}$ et que l'on prenne ce cercle pour cercle directeur, la transformée de la courbe C passera par les mêmes 4 points et y aura les mêmes tangentes ; elle passe aussi par les ombilics du plan. Elle a donc, avec la courbe C, $4 \times 2 + 2 = 10$ points communs et coïncide par suite avec elle. La parabole déférente est homofocale à p, car son foyer est, comme pour p, le foyer singulier de la courbe. On voit de plus que les axes ont la même direction car ils sont perpendiculaires à la direction asymptotique réelle de la courbe. On connaît 2 points de cette parabole, savoir le point de concours des tangentes en a_1 et en a_3 et le point de concours des tangentes en a_2 et a_4. Chacun de ces points est, en effet, le centre d'un cercle bitangent à la courbe et orthogonal au cercle de centre O_1 et de rayon K_1. Le point O_2 intersection de $a_1 a_4$ et $a_2 a_3$ est un autre centre d'anallagmatie et le point $O_3 = (a_1 a_2, a_3 a_4)$ en est un quatrième. On voit de suite que les 4 centres sont les points de contact des 4 tangentes à la courbe qui sont parallèles à l'asymptote réelle.

Transformation par polaires réciproques.

Les cubiques planes qui peuvent être autopolaires sont nécessairement des cubiques à point de rebroussement puisque seules elles sont d'une classe égale au degré.

Prenons la tangente de rebroussement pour axe $y = o$ du triangle de référence, la tangente d'inflexion pour côté $z = o$ et la droite joignant les points de contact de ces deux tangentes pour $x = o$, l'équation a la forme

(1) $$a x^3 + 3 y^2 z = o$$

Pour que la courbe se reproduise par la transformation considérée, il faut d'abord que le triangle de référence choisi se reproduise lui-même. Donc la conique directrice doit avoir une équation de la forme

(2) $$m x^2 + n y^2 + p z^2 = o$$

La polaire réciproque de (1) par rapport à (2) est

(3) $$-\frac{4 m^3}{3 a p n} x^3 + 3 y^2 z = o$$

Elle coïncide avec (1), si l'on a l'égalité

$$a^2 = -\frac{4 m^3}{3 p n^2}.$$

Ainsi, lorsque la courbe (1) est donnée, il y a une infinité de conique formant un système non linéaire, permettant la transformation de la courbe en elle-même.

Si les données sont la conique et le triangle, il existe deux cubiques réelles se transformant en elle-même à la condition que m et p soient de signes contraires.

EXERCICES

1. — *Déterminer les foyers des cubiques à axe de symétrie suivantes :*

$$x^3 - 2y^2 + 7x^2 + 3x - 1 = 0$$
$$x^3 - 3xy^2 + 2y^2 - 5x^2 + 2x + 1 = 0$$
$$x^3 - y^2 + 6x^2 + 12x + 8 = 0$$
$$x^3 + 2xy^2 - y^2 + 3x^2 + 3x + 1 = 0$$

2. — *Projeter la courbe à centre de symétrie ternaire*

$$(x^3 + 3x^2)y + 6(y^2 + y^3) - 4 = 0$$

1º Suivant une parabole.
2º Suivant une courbe à centre.

3. — *Déterminer les centres d'anallagmatie des courbes*

$$(x^2 + y^2 + 4)y + 2x^2 - 6xy + y^2 = 0$$
$$(x^2 + y^2 + 1)y + 3x^2 - 2xy + y^2 = 0$$

DEUXIÈME PARTIE
GÉOMÉTRIE DANS L'ESPACE

CHAPITRE VIII

CONSIDÉRATIONS
SUR LES ÉLÉMENTS IMAGINAIRES DANS L'ESPACE
CUBIQUES GAUCHES

L'objet de cette deuxième partie est l'étude des surfaces du 3me ordre, mais, comme les propriétés de l'élément linéaire du 3me ordre de l'espace, savoir la cubique gauche, auront à être utilisées, on rappellera, dans ce chapitre les plus essentielles, ainsi que les propositions relatives aux éléments imaginaires de l'espace.

Ces dernières, dont les démonstrations résultent de calculs très simples seront données ici sans ces démonstrations.

Propositions relatives aux éléments imaginaires dans l'espace.

1. — Un plan imaginaire possède toujours une droite réelle et une seule. Un point imaginaire est toujours situé sur une droite réelle et sur une seule.

2. — Une droite peut être ou bien réelle, ou imaginaire avec un point réel ou complètement imaginaire. Ces 3 cas seront distingués par les symboles (r), (ri), (i). Les droites

ayant un point réel seront dites *ponctuées* ; les droites sans point réel, simplement *imaginaires*.

3. — Par toute droite ponctuée passe un plan réel et un seul ; par une droite imaginaire il n'en passe aucun. Par une droite réelle, en passent une infinité et aussi une infinité de plans imaginaires et sur cette droite sont situés une infinité de points réels et une infinité de points imaginaires.

4. — Deux plans réels ont pour intersection une droite réelle. Un plan réel et un plan imaginaire, une droite ponctuée, à moins qu'ils n'aient en commun la droite réelle du plan imaginaire. Deux plans imaginaires ont une intersection imaginaire à moins que leurs droites réelles ne se rencontrent (l'intersection est alors une droite ponctuée), ou qu'ils n'aient la même droite réelle.

5. — Deux points réels ont une droite de jonction réelle. Un point réel et un point imaginaire, une droite ponctuée, sauf si la droite réelle du point imaginaire passe aussi par le point réel. Deux points imaginaires ont une droite de jonction imaginaire, sauf si leurs droites réelles sont dans un même plan (la droite de jonction est alors ponctuée car elle se trouve dans un plan réel), ou si leurs droites réelles coïncident.

6. — Un faisceau de plans a un axe réel, dès qu'il contient deux plans réels ; il en contient alors une infinité (et aussi une infinité d'imaginaires). Une ponctuelle rectiligne est sur une droite réelle dès qu'elle a deux éléments réels. Elle en a alors une infinité (et aussi une infinité d'imaginaires).

7. — Une quadrique, contrairement à ce qui arrive pour un plan, peut être complètement imaginaire et dans ce cas son équation peut être à termes soit tous réels, soit non tous réels. Elle peut avoir une courbe réelle, le reste de la surface étant imaginaire et dans ce cas l'équation est à termes imaginaires et peut s'écrire $S + iS' = o$ (la biquadrique réelle est $S = o$, $S' = o$). D'ailleurs, toute équation de la forme $S + iS' = o$ ne représente pas une quadrique imaginaire à biquadrique réelle. Si l'on emploie les symboles (r), (ri) et (i) pour distinguer les cas d'une quadrique réelle, d'une quadrique imaginaire à biquadrique réelle et d'une quadri-

que complètement imaginaire, on a le tableau suivant relatif à l'intersection d'un plan P et d'une quadrique Q :

$Q(r)$, $P(r)$. — *Intersection réelle ou complètement imaginaire (sauf cas de dégénérescence)* ;
$Q(r)$, $P(i)$. — *Intersection complètement imaginaire ou à 2 points réels* ;
$Q(ri)$, $P(r)$. — *0, 2 ou 4 points réels, le reste de la courbe imaginaire* ;
$Q(ri)$, $P(i)$. — *Intersection imaginaire, sauf cas particulier* ;
$Q(i)$ et $P(r)$ — *Intersection imaginaire* ;
$Q(i)$ et $P(i)$. — *Intersection imaginaire.*

Les cas particuliers ne sont pas indiqués ici. Ainsi, une quadrique réelle peut avoir en commun avec un plan imaginaire toute la droite réelle de ce plan, etc.

Pour 2 quadriques Q et Q', nous avons le tableau suivant, en écartant aussi les cas particuliers :

$Q(r)$, $Q'(r)$. — *Intersection réelle ou formée de deux parties dont l'une est réelle ou intersection complètement imaginaire* ;
$Q(r)$, $Q'(ri)$. — *Intersection imaginaire avec 0, 2, 4, 6 ou 8 points réels* ;
$Q(r)$, $Q'(i)$. — *Intersection imaginaire* ;
$Q(ri)$, $Q'(ri)$. — *Intersection imaginaire, sauf si les deux biquadriques réelles se coupent* ;
$Q(ri)$, $Q'(i)$. — *Intersection imaginaire* ;
$Q(i)$, $Q'(i)$. — *Intersection imaginaire.*

Cubiques gauches.

Lorsque deux quadriques ont en commun une droite, le reste de l'intersection est, en général, une cubique gauche.

THÉORÈME. — **Une cubique gauche est déterminée par 6 points.**

En effet, ces 6 points peuvent servir à construire deux cones ayant chacun pour sommet l'un des 6 points et ayant en commun une génératrice. Ainsi par les 6 points passe une cubique C. Il n'en passe qu'une, car toute cubique passant par les 6 points doit être en entier sur chacun des deux cones, car s'il n'en était ainsi, elle couperait l'un d'eux au moins en 7 points. Elle se confond donc avec l'intersection C des deux cones.

THÉORÈME. — Cinq points déterminent un faisceau de cubiques gauches, dont deux éléments sont situés sur toute quadrique passant par les 5 points.

Soient A, B, C, D, E les 5 points, Q une quadrique passant par ces points, g_1, g_2, deux génératrices rectilignes non de même système de Q. Considérons deux faisceaux de plans d'axes g_1 et DE et rapportés homographiquement l'un à l'autre à l'aide des points A, B, C. Ils engendrent une quadrique Q' ayant avec Q, en commun la droite g_1 et, par suite aussi une cubique (C_1) passant par les 5 points. En considérant deux faisceaux d'axes g_2 et DE, on trouvera une seconde cubique (C_2) passant par les 5 points et située sur Q.

La première cubique est coupée par DE, par toutes les génératrices de même système de Q' et en particulier par g_1 en deux points. Ainsi, les génératrices qui, sur Q sont de même système que g_1 sont des cordes, les autres sont de simples sécantes. Les conclusions sont renversées pour la seconde cubique.

Il n'y a pas d'autre cubique que (C_1) et (C_2) appartenant au faisceau et située sur Q. En effet, toute cubique (C''') passant par les 5 points et située sur Q étant coupée en 3 points par le plan de 2 génératrices telles que g_1 et g_2 a 2 points sur l'une et un point sur l'autre. Supposons que (C''') ait 2 points sur g_1, (C''') est alors sur la quadrique Q' car elle ne peut avoir avec Q' sept points communs (savoir A, B, C, D, E et les deux points sur g_1) sans être sur cette quadrique. Mais alors (C''') se confond avec (C). On verrait de même qu'elle se confond avec (C') si les génératrices de Q qui sont des cordes sont celles du système auquel appartient g_2.

Corollaire. — *Deux cubiques gauches d'une quadrique ayant les mêmes génératrices rectilignes pour cordes ont 4 points communs au plus.*

Cette proposition résulte immédiatement de ce qui précède. Il existe d'ailleurs sur la quadrique une infinité de cubiques passant par 4 points A, B, C, D et sécantes doubles aux génératrices rectilignes d'un même système, car, pour chaque position, sur la quadrique d'un cinquième point E, on a deux cubiques analogues aux cubiques (C) et (C'). Donc il y en a une infinité qui sont sécantes doubles à un système et une infinité qui sont sécantes doubles à l'autre système de génératrices rectilignes.

THÉORÈME. — **Lorsque deux quadriques ont une droite en commun, les génératrices rectilignes de même système que cette droite sont cordes de la cubique qui complète l'intersection.**

Il suffit de montrer que, si d est la droite commune aux quadriques Q et Q', d est corde de la cubique, car toutes les génératrices d'un même système sont sécantes de même espèce (toutes simples ou toutes doubles). Or, tout plan P passant par d contient une génératrice g de Q autre que d et une g' de Q' ; g et g' décrivent sur d, lorsque P tourne autour de d, deux ponctuelles homographiques dont les deux points doubles sont des intersections de la cubique avec d qui, par conséquent est sécante double c'est-à-dire corde.

Définition. — Deux cubiques d'une quadrique sont dites de *même système* lorsque leurs cordes sont formées du même système de génératrices rectilignes.

THÉORÈME. — **Deux cubiques gauches de même système d'une quadrique, ont 4 points communs.**

Soient (C) et (C') les deux cubiques, projetons-les d'un point de A de (C), la conique projection de (C) et la cubique projection de (C') ont 6 points communs. La génératrice rectiligne passant par A et corde de (C) est aussi, par hypothèse, corde de (C') ; elle fournit un point commun aux deux projections, mais ce point est double pour la projection de (C'). Donc il reste 4 points qui sont des projections de points d'intersection des deux cubiques.

THÉORÈME. — Deux cubiques gauches de systèmes différents d'une quadrique ont 5 points communs.

Projetons encore les cubiques (C) et (C'), de systèmes différents, d'un point A de (C). La génératrice g de la quadrique, qui est corde de C et passe par A, coupe une fois (C'). Elle donne un point d'intersection pour les projections. Mais la génératrice g' qui, passant par A, est corde de (C'), ne rencontre (C) qu'en A et ne donne, par suite, pas de point d'intersection pour les projections. D'ailleurs, le premier est point simple pour les deux projections et par suite est point simple d'intersection. Donc, il y a 5 points d'intersection des projections qui sont des projections de points d'intersection des deux cubiques.

THÉORÈME. — Par tout point de l'espace, on peut mener à une cubique gauche une corde et une seule.

Soit A le point, C la cubique. Joignons A à un point B de (C). Par 7 points de (C) dont on peut prendre l'un en B et par deux autres points de AB passe une quadrique qui contient (C) et AB. Or, par le point A passe une autre génératrice de la quadrique qui est corde de (C) si AB n'est que sécante simple.

Il ne peut passer qu'une corde de (C) par A, car la projection faite de A ne peut avoir qu'un seul point double.

Si l'on classe les cubiques gauches d'après la nature des points à l'infini, on a quatre classes à distinguer :

1º La courbe a trois points réels et distincts à l'infini, c'est l'*hyperbole cubique* ;

2º La courbe a un point réel et deux imaginaires à l'infini, c'est l'*ellipse cubique* ;

3º La courbe a trois points réels à l'infini dont deux coïncident, c'est la *parabole hyperbolique cubique* ;

4° Les trois points à l'infini coïncident, c'est la *parabole cubique*.

THÉORÈME. — Etant donné un hexagone inscrit dans une cubique gauche, si l'on mène par les côtés et par un point O quelconque de la cubique, 6 plans, les couples de plans opposés se coupent suivant 3 droites situées dans un même plan.

Ce théorème résulte du théorème de Pascal appliqué à la projection sur un plan quelconque de la figure, le centre de projection étant le point O. Il a pour conséquences une série de corollaires qui correspondent à ceux du théorème de Pascal.

THÉORÈME. — Une cubique générale est le lieu des points d'intersection des éléments homologues de trois faisceaux de plans deux à deux homographiques.

En effet, si ces faisceaux ont pour axe les droites d_1, d_2, d_3, les deux premiers engendrent une quadrique passant par d_1 et d_2, les deux derniers engendrent une quadrique passant par d_2 et d_3. Par suite les deux quadriques ont en commun la droite d_2. Donc le lieu des points communs aux éléments homologues des trois faisceaux est une cubique gauche.

THÉORÈME. — Une cubique gauche est une courbe unicursale.

On voit d'abord que toute courbe représentée par des équations de la forme

$$x = \frac{a_1 m^3 + b_1 m^2 + c_1 m + d_1}{a m^3 + b m^2 + c m + d}, \quad y = \frac{a_2 m^3 + b_2 m^2 + c_2 m + d_2}{a m^3 + b m^2 + c m + d},$$

$$z = \frac{a_3 m^3 + b_3 m^2 + c_3 m + d_3}{a m^3 + b m^2 + c m + d}$$

est coupée par un plan quelconque en trois points. D'autre part, si sur une cubique donnée nous prenons deux points fixes et que, par la droite d qui les joint nous fassions passer un plan, ce plan coupera la courbe en un point nouveau unique et, si le plan tourne autour de d, ce point, qui décrira la courbe, aura ses coordonnées exprimables en fonctions rationnelles d'un paramètre, ces fonctions ne pouvant du reste être d'un degré autre que le 3me.

THÉORÈME. — Par un point quelconque, on peut mener à une cubique gauche trois plans osculateurs (ou à trois points d'intersection confondus).

Considérons les intersections M_1, M_2, M_3 d'un plan P passant par un point fixe O, avec la cubique, si deux de ces trois points sont donnés, le troisième est déterminé et il y a une réciprocité parfaite entre les trois points. Par suite, si m_1, m_2, m_3 sont les valeurs du paramètre m relatives à ces trois points, ces valeurs sont liées entre elles par une relation de la forme (i)

$$m_1 m_2 m_3 + A(m_2 m_3 + m_3 m_1 + m_1 m_2) + B(m_1 + m_2 + m_3) + C = 0$$

En d'autres termes, ces trois points formant sur la courbe une involution du 3me ordre. Or cette involution a trois points triples, donnés par l'équation :

$$m_3 + 3 A m_2 + 3 B m + C = 0$$

Ce qui démontre évidemment le théorème.

COROLLAIRE. — *Les points de contact des 3 plans osculateurs que l'on peut mener d'un point à une cubique gauche sont dans un même plan passant par ce point.*

On a vu, en effet (Ch. I), que les 3 points triples d'une involution cubique forment un terne de cette involution, si donc m', m'', m''' sont les racines de l'équation du 3me degré qui précède, ces racines satisfont à l'équation d'involution d'où il suit que les 3 points correspondants sont dans l'un des plans qui fourniront l'involution.

THÉORÈME. — Pour toute involution du 3me ordre tracée sur une cubique gauche, les plans contenant les ternes de points correspondants passant par un même point.

En effet, une telle involution peut être représentée par une équation telle que (i), contenant 3 paramètres arbitraires. Or si nous faisons passer 3 plans par 3 ternes de cette involution, ils se couperont en un point O et la gerbe de plans du centre O déterminera sur la cubique une involution qui coïncidera avec l'involution donnée.

Remarque. — On a vu que l'involution cubique sur une droite a 2 points neutres, c'est-à-dire 2 points à l'ensemble desquels on peut associer un point quelconque pour former un terne de l'involution. Or, il en est de même pour l'involution cubique sur une cubique gauche car une telle involution peut être projetée à l'aide d'un faisceau de plans suivant une involution rectiligne sur une droite quelconque et réciproquement (le faisceau de plans ayant pour axe une corde de la cubique). L'involution sur la cubique a donc aussi 2 points neutres et l'on voit de suite que ces points sont les intersections avec la cubique de la corde unique passant par le point O centre de la gerbe de plans qui détermine l'involution.

THÉORÈME. — **Les plans osculateurs aux 3 points d'intersection d'une cubique avec un plan passent par un même point de ce plan.**

Considérons les 3 plans osculateurs que l'on peut mener d'un point A pris dans un plan P ; lorsque A décrit le plan, les 3 plans osculateurs forment un système en involution et les plans triples sont les plans osculateurs aux points d'intersection de la cubique avec le plan P. Or les 3 éléments triples forment un terne du système, il en résulte que ces 3 plans doivent passer par un même point du plan P.

Définition. — On dit d'un point P et d'un plan p, qu'ils sont, le premier *pôle* du second, le second *plan polaire* du premier lorsque p est le plan des trois points de contact des plans osculateurs menés de P à la cubique gauche. D'après ce qui précède, on voit que le plan polaire p passe par le point P.

THÉORÈME. — **Lorsqu'un point P décrit un plan m, le plan polaire de P par rapport à une cubique gauche (C) pivote autour du point M pôle de m.**

On a vu que lorsque P décrit un plan m, les trois plans osculateurs menés de P à la cubique (C) deviennent un système de plans en involution. Or les points de contact de ces trois plans forment un terne de points en involution et, par suite, d'après une proposition précédente, le plan de ces trois points passe par un point fixe F. Mais, parmi les ternes de plans osculateurs, figure le terne des points triples, c'est-à-dire des plans osculateurs aux points d'intersection de la cubique avec le plan m, donc le point fixe F est situé dans le plan m et n'est autre chose que le point M, par lequel passe les plans osculateurs aux points ($C. m.$)

THÉORÈME. — **Lorsqu'un point P décrit une droite d, le plan polaire de P, par rapport à une cubique gauche (C), pivote autour d'une droite.**

Soient m_1 et m_2, deux plans passant par la droite d, et M_1, M_2 les pôles de ces plans, lesquels sont, comme on l'a vu, situés respectivement dans m_1 et m_2. Lorsque le point P décrit la droite d, il reste à la fois dans m_1 et m_2, donc, d'après le théorème précédent, son plan polaire passe constamment à la fois par M_1 et M_2, c'est-à-dire par la droite d' qui joint ces deux points.

On voit aisément que les droites d et d' sont relativement à cette propriété réciproques l'une de l'autre ; elles sont dites *conjuguées* par rapport à la cubique gauche.

THÉORÈME. — **Toute droite rencontrant deux droites conjuguées est à elle-même sa conjuguée.**

Soit s une droite coupant deux droites conjuguées d et d' aux points A et A'. Le plan polaire de A passe par d', mais nous savons aussi qu'il passe par A. Il contient donc la droite s.

Il en est de même du plan polaire de A'. Deux plans polaires de points de s passent par s, tous les autres plans polaires des points de s passent aussi par s, ce qui prouve le théorème.

THÉORÈME. — **Toute droite d rencontrant une droite s conjuguée d'elle-même a pour conjuguée une droite qui rencontre aussi la droite s.**

En effet, le point $A = (d, s)$ a pour plan polaire un plan

passant par *s*, lequel contient la droite conjuguée de *d*; droite qui par conséquent est dans un même plan avec *s*.

Définition. — On nomme *diamètre conjugué* d'une direction de plan le lieu des pôles de ces plans. On voit immédiatement que les plans parallèles à ce même plan pouvant être considérés comme passant par une même droite à l'infini ont pour lieu de leurs pôles une droite

THÉORÈME. — **Tous les diamètres sont parallèles.**

En effet, un diamètre quelconque doit contenir le pôle du plan parallèle à la direction donnée qui s'est éloignée à l'infini, c'est-à-dire le pôle du plan de l'infini ; les diamètres ont donc en commun un point à l'infini, c'est-à-dire sont parallèles.

Remarque. — Si l'on considère la direction du plan perpendiculaire à la direction commune des diamètres, on voit qu'elle aura un diamètre particulier perpendiculaire aux plans correspondants et auquel on a donné le nom d'*axe de la cubique*.

EXERCICES

1. — *Si une droite rencontre l'axe principal d'une cubique et lui est perpendiculaire, elle est à elle-même sa conjuguée.* (Appell, *Thèse*, p. 17.)

2. — *Cinq droites choisies arbitrairement peuvent toujours être considérées comme 5 droites conjuguées d'elles-mêmes par rapport à une certaine cubique gauche.* (Appell, p. 18.)

3. — *Etant donné un mouvement héloïcidal, déterminer les cubiques pour lesquelles le système des pôles et des plans polaires coïncide avec le système des points et des plans relatifs à ce mouvement.* (Appell, p. 24.)

4. — *La condition nécessaire et suffisante pour qu'une cubique plane unicursale puisse être la projection sur ce plan d'une cubique ayant son axe perpendiculaire au plan et que cette courbe ait ses points d'inflexion à l'infini.* (Appell, p. 28.)

5. — *Si une cubique gauche passe par les sommets d'un tétraèdre conjugué à une quadrique, elle est circonscrite à une infinité de tétraèdres conjugués à cette quadrique.* (Duporcq, Géom. mod. page 109.)

6. — *Les cubiques gauches circonscrites à un tétraèdre orthocentrique et passant par son orthocentre sont équilatère.* (Duporcq, p. 110.)

7. — *Construire une cubique gauche dont on donne :*
    2 points et 4 cordes. — 3 points et 3 cordes. — 5 points et une corde. — 4 points et les tangentes à 2 de ces points. — 3 points et leurs tangentes. — 3 points et 3 cordes.

(Reye, *Géom. de Pos.*)

8. — *Une cubique gauche et les 10 couples d'éléments opposés (côtés et faces) d'un pentagone gauche qui leur est inscrit, sont coupés par un plan quelconque ne passant par aucun des sommets de ce dernier, suivant un triangle polaire et 10 couples d'éléments conjugués d'un système polaire.* (Reye, *Géom. de Pos.*)

CHAPITRE IX

LES DROITES DE LA SURFACE GÉNÉRALE

DU 3ᵐᵉ ORDRE

THÉORÈME 1. — Il y a, sur la surface générale du 3ᵐᵉ ordre, des droites réelles ou imaginaires.

En effet, si l'on écrit qu'une droite est sur la surface, on obtient 4 équations de condition, c'est-à-dire un nombre égal à celui des paramètres à déterminer.

THÉORÈME 2. — Toute droite de la surface, réelle ou imaginaire, est coupée par 10 autres réelles ou imaginaires, formant 5 coniques dégénérées.

En effet, soient $x - mz - p = 0$, $y - nz - q = 0$, les équations d'une telle droite, réelle, complètement imaginaire ou imaginaire avec un point réel. L'équation de la surface peut s'écrire :

$$(x - mz - p) F + (y - nz - q) F' = 0$$

F et F' étant des fonctions du 2ᵐᵉ degré en x, y, z que l'on peut supposer exprimées avec z, $x - mz - p = u$ et $y - nz - q = v$.

L'équation devient alors :

$$u F(u, v, z) + v F'(u, v, z) = 0$$

F et F' étant aussi des fonctions du 2ᵐᵉ degré.

Tout plan $v - ku = 0$ passant par la droite, coupe en outre, la surface suivant une conique. Le discriminant de cette conique s'annulera en même temps que celui de la forme quadratique

$$F(u, ku, z) + k\, F'(u, ku, z) = o$$

Or, celui-ci est du 5me degré, sans réduction dans le cas général.

Ainsi, 5 des sections se réduisent à un couple de droites.

THÉORÈME 3. — **Il existe 27 droites réelles ou imaginaires sur la surface générale du 3me ordre.**

En effet, considérons l'un des 5 triangles ayant un de leurs côtés sur une droite d de la surface. Chacun des 3 côtés a 10 sécantes parmi lesquelles sont les 2 autres côtés du triangle; il y a donc 8 sécantes autres que ces 2 autres côtés. Or, d'autre part, toute droite de la surface coupe l'un des côtés du triangle. Donc le nombre total de ces droites est $3 \times 8 + 3 = 27$.

THÉORÈME 4. — **Parmi les droites de la surface, il y en a au moins une réelle.**

En effet, soient

(1) $\qquad A = o, \quad B = o, \quad C = o, \quad D = o$

les équations de condition en m, n, p, q exprimant que la droite

$$x - mz - p = o, \quad y - nz - q = o$$

est sur la surface. Eliminons m et soient

(2) $\qquad\qquad E = o, \quad F = o, \quad G = o$

les équations de condition en n, p, q exprimant que les équations (1) ont une racine commune en m. Cette racine est une fonction rationnelle de $n, p,$ et q. Eliminons n entre les équations (2) et soient

(3) $\qquad\qquad\qquad H = o, \quad K = o$

les équations de condition en p et q exprimant que les équations (2) ont une racine commune en n. Cette racine est une fonction rationnelle de p et q.

LES DROITES DE LA SURFACE GÉNÉRALE DU 3me ORDRE. 119

Eliminons p entre les équations (3) et soit $F'(q) = o$ l'équation résultante. Cette dernière, débarrassée des facteurs étrangers, s'il s'en est introduit doit être du 27me degré. Elle a donc un nombre impair de racines réelles et, par suite, au moins une. Portant cette valeur dans l'expression de la racine en p, commune aux équations (3), nous aurons une valeur réelle en p. Portant q et p dans l'expression de la racine en n commune aux équations (2), nous aurons une valeur réelle et il en sera de même pour m.

Les 4 coefficients des équations de la droite étant réels, la droite est réelle.

Remarque. — Ce raisonnement suppose qu'il s'agit d'une surface sans singularité. — On verra plus loin qu'il peut arriver que les 27 droites soient réelles et que la surface générale possède toujours au moins un triangle réel.

Conventions. — Nous nommerons Doubles, Triples, Quadruples, Quintuples, Sextuples et désignerons par Db, Tp, Qdp, Qtp, Stp. les systèmes de 2, 3, 4, 5, 6 droites gauches 2 à 2 c'est-à-dire n'ayant aucun point commun.

Nous appellerons Paire et désignerons par P un système de 2 droites dans un même plan. — Une sécante ayant avec un système de droites le nombre maximum de points d'intersection sera dite sécante complète. — Un triangle sera souvent désigné par T.

Toute droite de la surface ayant 10 sécantes, il y a
$$\frac{27 \times 10}{2} = 135 \text{ P}.$$

Toute droite ayant 5 paires de sécantes, il y a
$$\frac{27 \times 5}{3} = 45 \text{ T}.$$

Les plans des T sont des plans triplement tangents.

Le nombre des droites ne coupant pas une droite donnée étant de $27 - 10 - 1 = 16$, il y a sur la surface
$$\frac{27 \times 16}{2} = 216 \text{ Db}.$$

Les Db, Tp, ..., peuvent être dits d'une manière générale des systèmes agones.

On considérera dans ce qui suit les systèmes agones, ensuite les polygones de la surface, puis quelques lignes polygonales non fermées.

1° *Systèmes agones de la surface générale.*

THÉORÈME 5. — **Un Db** a 10 sécantes simples, 5 sécantes complètes, 10 droites non sécantes.

Soit le **Db** (d, d'), d'après le théorème 2, d appartient à 5 triangles de la surface. Or d' coupe chacun d'eux et en un seul point puisque, par hypothèse, elle n'est dans aucun des 5 plans. Ainsi d' coupe 5 des 10 sécantes à d. Il reste alors 5 droites ne coupant que d; il y en a évidemment le même nombre ne coupant que d' et, par suite, $25 - 15 - 2 = 10$ ne coupant ni d, ni d'.

Remarque. — Les 5 sécantes complètes forment un **Qtp**, car 2 quelconques d'entre elles ne peuvent être situées dans un même plan; les 5 sécantes simples de d en forment un second; les 5 sécantes simples de d', un troisième.

THÉORÈME 6. — Il y a 720 **Tp** sur la surface générale, répartis sur 360 quadriques. Chaque **Tp** a 3 sécantes complètes, 6 doubles, 9 simples et 7 droites ne le coupant pas.

En effet, d'abord, chaque **Db** ayant 10 droites non sécantes le nombre des **Tp** est $\dfrac{216 \times 10}{3} = 720$.

Soit maintenant le **Tp** (a, b, c). La quadrique Q qu'il détermine coupe la surface S suivant a, b, c et encore suivant une ligne L du 3me ordre. Soit M un point de cette ligne non situé sur a, b ou c. La génératrice a' de Q qui passe par M et coupe a, b et c a 4 points sur la surface cubique et par suite y est toute entière. Soit N un point de l'intersection (S, Q) non situé sur a, b, c, a'. La génératrice b' de Q qui passe par N et coupe a, b, c a 4 points sur la surface et y est toute entière. Ainsi L se compose de a', b' et, par suite, d'une troisième droite c' qui est aussi sécante complète du **Tp** (a, b, c). Les droites a', b', c' forment aussi un **Tp** car elles appartiennent à un même système de génératrices de Q.

Les 720 **Tp** sont donc deux à deux sur 360 quadriques.

Un **Tp** ne peut avoir plus de 3 sécantes complètes car la surface ne peut avoir que 6 droites communes avec une quadrique.

Un **Tp** ayant 3 sécantes complètes et chacun des 3 **Db** qu'il contient ayant 5 sécantes doubles parmi lesquelles sont les 3 sécantes complètes du **Tp**, il reste pour chacun des 3 **Db**, 2 sécantes ne rencontrant pas la troisième droite du **Tp**. Ainsi le **Tp** a $2 \times 3 = 6$ sécantes doubles. Chaque droite du **Tp** a 10 sécantes, parmi lesquelles sont : 1° les 3 sécantes complètes du **Tp** ; 2° les 4 sécantes doubles correspondant aux 2 **Db** dont la droite considérée fait partie. Il reste donc 3 sécantes ne coupant que cette droite du **Tp**.

Le **Tp** a donc $3 \times 3 =$ sécantes simples. Par suite, il reste $27 - 3 - 3 - 6 - 9 = 6$ droites non sécantes.

THÉORÈME 7. — Il y a, sur la sécante générale 1080 **Qdp**. Chacun d'eux a 2 sécantes complètes, 4 triples, 6 doubles, 8 simples et 3 droites non sécantes.

En effet, d'abord chaque **Tp** ayant 6 droites non sécantes, le nombre des **Qdp** est $\dfrac{720 \times 6}{4} = 1080$, chacune de ces 6 droites donnant avec le **Tp** un **Qdp** et chaque **Qdp** pouvant être fourni ainsi par chacun des 4 **Tp** qu'il contient.

Tout **Qdp** a 2 sécantes complètes, car on sait que tel est le nombre des sécantes de 4 droites non situées sur une même quadrique, et, si les 4 droites sont sur une surface cubique, les 2 sécantes y ayant 4 points y sont aussi situées.

L'un des 4 **Tp** contenus dans le **Qdp** a 3 sécantes complètes dont 2 sont les sécantes complètes du **Qdp** et dont la troisième ne coupe que les 3 droites du **Qdp** formant ce **Tp**.

Il y a donc $4 \times 1 = 4$ sécantes triples pour le **Qdp**.

L'un des 6 **Db** contenus dans le **Qdp** a 5 sécantes complètes dont 2 sont les sécantes complètes de **Qdp**, 2 autres les sécantes complètes des 2 **Tp** des **Qdp** qui contiennent ce **Db**. Il y a donc une cinquième sécante ne coupant que les 2 droites de ce Db et par suite, le Qdp a $1 \times 6 = 6$ sécantes doubles.

L'une des droites du Qdp a 10 sécantes dont 2 sont les sécantes complètes du Qdp, 3 les sécantes triples du Qdp se rapportant aux 3 Tp contenant cette droite, 3 les sécantes doubles du Qdp se rapportant aux 3 Db qui contiennent cette droite. Il reste donc 2 sécantes ne coupant que cette droite et, par suite, le nombre des sécantes simples du Qdp est $2 \times 4 = 8$. Celui des droites non sécantes est alors $27 - 4 - 2 - 6 - 8 = 3$.

THÉORÈME 8. — Il y a sur la surface générale 648 **Qtp** parmi lesquels sont 432 **Qtp$_1$** ayant une sécante complète et une droite non sécante et 216 **Qtp$_2$** ayant 2 sécantes complètes et 0 droite non sécante.

D'abord, chaque Qdp ayant 3 droites non sécantes, appartient à 3 Qtp; chaque Qtp, d'autre part, contient 5 Qdp; le nombre des Qtp est donc $\dfrac{1080 \times 3}{5} = 648$.

Soit (a, b, c, d, e) l'un de ces Qtp. Il a au moins une sécante complète, car les 2 Qdp (a, b, c, d) et $(a\,b,\,c\,e)$ ont chacun 2 sécantes quadruples et si ces 4 droites étaient distinctes, le Tp (a, b, c) aurait 4 sécantes complètes et l'on sait qu'il n'en a que 3.

Les 2 Qdp ayant au moins une sécante complète en commun, le Qdp a au moins une sécante complète.

Soit maintenant l une droite de la surface et (a, a'), (b, b'), (c, c'), $d, d')$, (e, e') les 5 paires de sécantes de l. Le Qdp (a, b, c, d) a 2 sécantes complètes dont l'une est l. Soit m la seconde; la droite m coupe l'un des côtés du triangle (l, e, e') et par suite e ou e' car elle ne peut couper l. Supposons qu'elle coupe e; le Qtp (a, b, c, d, e) est alors un Qtp à 2 sécantes complètes.

Il en résulte que le Qtp $(a'\,b'\,c'\,d'\,e')$ est à une seule sécante complète, car s'il en avait une autre que l, par exemple p, le Tp (l, m, p) aurait au moins 10 sécantes doubles, savoir a, b, c, d, e qui coupent le Db (l, m) et $a'\,b'\,c'\,d'\,e'$ qui coupent le Db (l, p). Or, un Tp n'a que 6 sécantes doubles.

Ainsi, à chaque Qtp à 2 sécantes complètes, fourni par l,

en correspond un autre à une seule sécante complète et pour lequel il existe une droite non sécante, savoir la seconde sécante du premier Qtp.

Soit maintenant un Qtp (a', b', c', d', e') à une seule sécante complète l. Désignons par a, b, c, d, e les 5 autres sécantes de l, chacune étant désignée par la même lettre que celle des premières qu'elle coupe. Le Qdp (a, b, c, d) a 2 sécantes complètes, l'une est l, soit m la seconde.

La droite m coupe le triangle (l, e, e'), or elle est gauche à l; supposons qu'elle coupe e'. Le Qtp (a, b, c, d, e') ayant 2 sécantes complètes, le Qtp (a', b', c', d', e) n'en a qu'une qui est l. Or le Qtp $(a' b' c' d' e')$ n'en a aussi qu'une seule l, par hypothèse. Par suite, la seconde sécante complète du Qdp $(a' b' c' d')$ commun à ces 2 Qtp ne couperait ni e, ni e', ce qui est impossible, puisqu'elle doit couper l'un des côtés du triangle (l, e, e') et que ce côté ne peut être l. Ainsi, la seconde sécante complète m du Qdp (a, b, c, d) coupe e et le Qtp (a, b, c, d, e) est à 2 sécantes complètes, sa seconde sécante m étant la droite qui ne coupe pas le premier Qtp.

Chaque Qtp$_1$ à une sécante complète l et à une droite non sécante s ne correspond qu'à un seul Qtp à 2 sécantes complètes l, s. Mais un Qtp$_2$ à 2 sécantes complètes (l, l') fournit 2 Qtp à une sécante, l'un a pour sécante l et pour droite une non sécante l' l'autre pour sécante l' et pour une droite non sécante l. Il en résulte que le nombre des Qtp$_1$ est double de celui des Qtp$_2$. Ce dernier est donc 216 et le premier 432. Les Qtp$_1$ seuls donneront des Stp, puisque seuls ils ont une droite non sécante.

THÉORÈME 9. — Un **Qtp**$_1$ a 2 sécantes complètes, 0 sécante quadruples, 10 sécantes triples, 0 double, 10 simples, 0 droite non sécante. — Un **Qtp**$_1$ a 1 sécante complète, 5 quadruples, 0 triple, 10 doubles, 5 simples et 1 droite non sécante.

Soit d'abord un Qtp$_2$. Chacun de ses Qdp n'ayant que 2 sécantes complètes qui sont nécessairement les 2 sécantes complètes de Qtp$_2$, il n'y a pas pour le Qtp$_2$ de sécante quadruple.

Chacun de ses 10 Tp a 3 sécantes complètes, dont 2 sont

les sécantes complètes de Qtp_2 ; le nombre des sécantes qui ne sont que triples est donc $1 \times 10 = 10$. Chacun des 10 Db a 5 sécantes complètes dont 2 sont les sécantes complètes de Qtp_2, et les 3 autres les sécantes complètes des Tp qui contiennent le Db. Il n'y a donc pas de sécante qui ne soit que double. Les 10 droites qui restent sont donc sécantes simples, car on sait déjà qu'il n'y a aucune droite non sécante.

Soit maintenant un Qtp_1 et l sa sécante complète. Chacun de ses 5 Qdp a 2 sécantes complètes dont l'une est l ; il y a donc $1 \times 5 = 5$ sécantes quadruples. Chacun de ses 10 Tp a 3 sécantes complètes ; l'une est l, les 2 autres sont les secondes sécantes des 2 Qdp du Qtp_1 qui contiennent le Tp considéré. Ainsi, il n'y a pas de sécante triple. Chacun de ses 10 Db a 5 sécantes complètes, l'une est l, 3 autres sont les secondes sécantes des 3 Qdp du Qtp_1 qui contiennent le Db considéré ; il y en a donc une cinquième qui n'est que double et, par suite le nombre des sécantes doubles est $1 \times 10 = 10$. Des 6 droites qui restent, une est non sécante et 5 sont sécantes simples.

THÉORÈME 10. — Il y a sur la surface 72 **Stp**. Chacun d'eux a 0 sécante complète, 6 quintuples, 0 quadruple, 0 triple, 15 doubles, 0 simple et 0 droite non sécante.

On a déjà remarqué que les Qtp_1 seuls fournissent des Stp puisque les Qtp_2 n'ont pas de droite non sécante. Chaque Qtp_1 en fournit un seul et, d'autre part, chaque Stp contient 6 Qtp_1. Il y a donc $432 : 6 = 72$ Stp.

Un Stp n'a pas de sécante complète, car s'il en avait une s, cette droite étant coupée par les 6 droites a, b, c, d, e, f, du Stp, le serait encore par 6 autres droites de la surface situées dans les plans $(l, a), (l, b), (l, c), (l, d), (l, e), (l, f)$. Or une droite ne peut avoir 12 sécantes.

Les 6 Qtp du Stp n'ont donc pas de sécante complète en commun ; ils sont tous des Qtp_1. Ainsi le Stp a 6 sécantes quintuples.

Chacun des 15 Qdp du Stp a 2 sécantes complètes qui sont nécessairement les sécantes complètes des 2 Qtp_1 qui le contiennent ; il n'y a donc pas de sécante quadruple.

LES DROITES DE LA SURFACE GÉNÉRALE DU 3me ORDRE. 125

Chacun des 20 Tp du Stp a 3 sécantes complètes qui sont celles des 3 Qtp_4 ayant ce Tp en commun ; il n'y a donc pas non plus de sécante triple.

Chacun des 15 Db du Stp a 5 sécantes complètes, dont 4 sont les sécantes complètes de Qtp_4 du Stp qui contiennent ce Db. Le Stp a donc $1 \times 15 = 15$ sécantes doubles.

Il n'y a, par suite, pas de sécante simple et l'on sait déjà qu'il n'y a pas de droite non sécante puisqu'un Qtp_4 en a une au plus.

Remarque 1. — Il y a 4 groupements pour lesquels existe une réciprocité particulière :

1° Les sécantes complètes d'un Tp forment un autre Tp et ces 2 Tp sont sur une même quadrique.

2° Les sécantes triples d'un Qdp forment un autre Qdp, (si 2 d'entre elles se rencontraient, leur plan contiendrait 4 droites de la surface). Les sécantes triples de ce nouveau Qdp sont les droites du premier.

3° Les sécantes quadruples d'un Qtp_4 forment un second Qtp (car, si 2 d'entre elles étaient dans un même plan, ce plan contiendrait 5 droites de la surface). Ce Qtp a 5 sécantes quadruples qui sont les 5 droites du premier. Il est donc aussi un Qtp_4.

4° Les sécantes quintuples d'un Stp forment un second Stp dont les sécantes quintuples sont les 6 droites du premier.

Nommons **Double-Triple, Double-Quadruple, Double-Quintuple, Double-Sextuple**, et désignons, pour abréger, par DTp, DQdp, DQtp, DStp, les doubles systèmes que l'on vient de considérer.

On voit que, non seulement les 720 Tp se répartissent en 360 DTp, mais que les 1080 Qdp se répartissent en 540 DQdp, les 432 Qtp en 216 DQtp et les 72 Stp en 36 DStp.

Remarque 2. — Un DStp ne contient aucun $DQtp_4$, aucun DQdp, mais il contient 20 DTp, car les 6 droites, composant l'un des Stp dont il est la réunion peuvent se combiner de 20 manières et, pour chacun de ces groupements il existe 3 sécantes complètes appartenant au second Stp de ce DStp.

Il résulte de là que, des 360 quadriques qui coupent la surface suivant un système de 6 droites, 20 correspondent à un DStp donné. Le nombre des DStp étant 36, chaque quadrique correspond à 2 DStp, ce qui revient à dire que chaque DTp appartient à 2 DStp.

Considérons, par exemple, le DTp (a, b, c, d', e', f') formé des 2 Tp (a, b, c) et (d', e', f'); il appartient à 2 DStp que nous pouvons désigner ainsi :

$$(a\ b\ c\ d\ e\ f\ -\ a'\ b'\ c'\ d'\ e'\ f')$$
et $$(a\ b\ c\ d_1\ e_1\ f_1\ -\ a'_1\ b'_1\ c'_1\ d'_1\ e'_1\ f'_1)$$

chaque droite de l'un des Stp étant représentée par la même lettre que la droite du Stp conjugué qu'elle ne coupe pas.

THÉORÈME 11. — **Chacune des 15 droites qui ne font pas partie d'un DStp donné coupe 4 droites de ce DStp, savoir 2 droites de chacun des Stp dont il se compose.**

Soient (a, b, c, d, e, f) et (a', b', c', d', e', f') les 2 Stp dont se compose le DStp, chaque droite étant désignée par la même lettre que celle qu'elle ne coupe pas.

Le Db (a, b), a 5 sécantes complètes dont 4 sont c', d', e', f'; il y en a donc une cinquième s qui ne coupe d'ailleurs aucune des 4 premières. Elle ne peut couper non plus l'une des droites c, d, e, f, car l'une de ces droites aurait alors 6 sécantes gauches 2 à 2 et, par suite, 12 sécantes en tout, ce qui est impossible. Mais cette droite s coupe au contraire a' et b'; elle est la troisième droite de la surface dans chacun des deux plans (a, b') et (a', b). Chacun des 15 Db de l'un des Stp peut ainsi s'associer à l'un des 15 Db de l'autre et correspond à une même droite s.

Les théorèmes suivants font connaître les dispositions des droites non sécantes pour un système agone donné formé de 2, 3 ou 4 droites.

THÉORÈME 12. — **Les 10 droites non sécantes à un Db donné forment 30 Db entre elles.**

Soient (a, b) le Db donné, u_1, u_2, u_3, u_4, u_5 les sécantes simples à a, v_1, v_2, v_3, v_4, v_5 les sécantes simples à b,

s_1, s_2, s_3, s_4, s_5 les sécantes complètes, $n_1, n_2, \ldots, n_{10}$ les 10 droites non sécantes. L'ensemble des 216 Db de la surface se répartit, par rapport au Db (a, b) dans les groupements suivants :

(a, b), (a, v), (b, u), (u, v), (u, s), (v, s), (u, u'), (v, v'), (s, s'), (a, n), (b, n), (u, n), (v, n), (s, n), (n, n')

Il est facile de voir que, pour les 11 premiers groupes les nombres sont respectivement

1, 5, 5, 5, 20, 20, 10, 10, 10, 10, 10

Pour trouver les 3 nombres suivants, remarquons que chaque droite n forme avec a et b un Tp dont les 3 sécantes complètes sont 3 droites s. Si, par exemple, n_1 a pour sécantes complètes s_1, s_2, s_3, elle ne sera coupée ni par s_4 ni par s_5. Il y a donc $2 \times 10 = 20$ Db de la forme (n, s).

D'autre part, n ne peut être coupée par les 3 droites u situées dans les plans (a, s_1), (a, s_2), (a, s_3), mais l'est au contraire par les 2 autres droites u parce qu'elle ne coupe ni a, ni s_4, ni s_5. Il y a, par suite, $3 \times 10 = 30$ Db de la forme (n, u) et aussi 30 Db de la forme (n, v).

Il reste bien alors un nombre de Db de la forme (n, n') égal à

$216 - (1 + 5 + 5 + 5 + 20 + 20 + 10 \times 5 + 20 + 30 + 30 = 30$.

Remarque 1 — Les 10 droites n peuvent être groupées 2 à 2 de 45 manières. Or, 2 droites n qui ne sont coupées que par une seule des droites s ne forment pas un Db car, si elles en formaient un, le Qdp qu'elles formeraient avec a et b n'aurait qu'une sécante complète, les sécantes complètes d'un tel Qdp ne peuvent être que des droites coupant a et b, c'est-à-dire des droites s. Ainsi les 15 groupements de 2 droites n dans lesquels les 2 droites ne sont coupées que par une droite s sont des *paires* et les 30 groupements dans lesquels les 2 droites sont coupées par 2 droites s sont des Db.

Remarque 2. — La démonstration donnée pour le théorème a l'avantage de faire connaître les diverses catégories de Db

128 LES DROITES DE LA SURFACE GÉNÉRALE DU 3me ORDRE.

par rapport au **Db** considéré. Mais on peut trouver directement le nombre de **Db** formés par les droites n de la manière suivante. Chacun des 1080 **Qdp** de la surface contient 6 **Db**; le nombre des **Db**, d'autre part, n'est que 216, donc chaque **Db** figure dans $\dfrac{1080 \times 6}{216} = 30$ **Qdp**. En d'autres termes, les droites n non sécantes à un **Db** donné forment 30 **Db** qui associés au **Db** considéré donnent 30 **Qdp** le contenant.

THÉORÈME 13. — **Les 10 droites non sécantes à un Db donné forment entre elles 30 Tp.**

Conservons les notations précédentes. L'ensemble des 720 **Tp** de la surface se répartit, par rapport au **Db** (a, b) dans les 27 groupes suivants :

$(a\ v\ v')$ $(b\ u\ u')$ $(u\ u'\ u'')$ $(v\ v'\ v'')$
$(u\ u'\ v)$ $(u\ v\ v')$ $(u\ u'\ s)$ $(v\ v'\ s)$
$(u\ v\ s)$ $(u\ s\ s')$ $(v\ s\ s')$ $(s\ s'\ s'')$

$(a\ b\ n)$ $(a\ v\ n)$ $(b\ u\ n)$
$(u\ u'\ n)$ $(v\ v'\ n)$ $(u\ v\ n)$
$(u\ s\ n)$ $(v\ s\ n)$ $(s\ s'\ n)$

$(a\ n\ n')$ $(b\ n\ n')$ $(u\ n\ n')$ $(v\ n\ n')$ $(s\ n\ n')$
$(n\ n'\ n'')$

On trouve aisément pour les 12 premiers groupes les nombres 10, 10, 10, 10; 0, 0, 30, 30; 20, 30, 30, 10.

Il y a donc 190 **Tp** ne contenant aucune droite n.

Les nombres relatifs aux 9 groupes suivants sont :

10, 30, 30 ; 30, 30, 30 ; 60, 60, 60

Il y a donc 290 **Tp** contenant une droite n.

Les nombres relatifs aux 5 groupes suivants sont :

30, 30, 60, 60, 30

C'est-à-dire qu'il y a 210 **Tp** contenant 2 droites n.

Il reste alors 30 **Tp** constitués par 3 droites n.

Remarque. — Ce dernier nombre pouvait se trouver directement en remarquant que chacun des 648 **Qtp** de la surface contient 10 **Db**, que le nombre des **Db** étant 216, chacun figure dans $\frac{648 \times 10}{216} = 30$ **Qtp**.

THÉORÈME 14. — Les 10 droites non sécantes à un **Db** donné forment entre elles 5 **Qdp**.

En effet, chacun des 72 **Stp** de la surface contient 15 **Db**, le nombre total des **Db** est 216, donc chacun figure dans $\frac{72 \times 15}{216} = 5$ **Stp**, ce qui démontre évidemment le théorème.

Remarque. — Ces 10 droites ne forment aucun **Qtp** car l'existence d'un tel groupe entraînerait celle d'un système agone formé de 7 droites, système que l'on a vu ne pas exister.

THÉORÈME 15. — Les 6 droites non sécantes à un **Tp** donné forment entre elles 9 **Db** et 2 **Tp**.

D'abord, chacun des 648 **Qtp** de la surface contient 10 **Tp**, mais le nombre total des **Tp** étant 720, chacun d'eux figure dans $\frac{648 \times 10}{720} = 9$ **Qtp**. En d'autres termes, parmi les $\frac{6 \times 5}{2} = 30$ groupements 2 à 2 des 6 droites ne coupant pas par le **Tp** donné, il y en a 9 formés de 3 droites sans point commun.

D'autre part, chacun des 72 **Stp** contient 20 **Tp**. Donc chaque **Tp** appartient à $\frac{72 \times 20}{720} = 2$ **Stp** et par suite, les 6 droites non sécantes à ce **Tp** forment entre elles 2 **Tp**.

THÉORÈME 16. — Les 3 droites non sécantes à un **Qdp** donné forment entre elles un seul **Db**.

Car chaque **Stp** contenant 15 **Qdp**, chaque **Qdp** appartient à $\frac{72 \times 15}{1080} = 1$ **Stp**.

La troisième des droites est donc une sécante commune aux deux autres.

2° *Polygones fermés sur la surface générale.*

Ces polygones, à l'exception du triangle sont en partie au moins, gauches, une section plane ne pouvant contenir plus de 3 droites.

On sait déjà qu'il y a 45 triangles, dont chaque côté a 4 paires de sécantes autres que les deux qui complètent le triangle.

Il est aisé de voir que, des 216 Db de la surface, 48 contiennent l'un des côtés du triangle, 72 sont formés de 2 sécantes à un même côté et 96 par 2 sécantes à des côtés différents.

Des 720 Tp de la surface, il y en a 96 dont l'une des droites est un des côtés du triangle, les 2 autres étant des sécantes coupant les deux autres côtés ; 144 dont l'une des droites est côté du triangle, les 2 autres sécantes d'un même second côté ; 96 formées de sécantes à 3 côtés différents (car chacun des 32 Db formés par 2 sécantes à 2 côtés a et b du triangle a, parmi ses 10 droites non sécantes, 3 droites qui coupent le côté c du triangle) ; 288 sont formés par des sécantes dont 2 coupent un même côté ; enfin 96 sont formés de 3 sécantes à un même côté.

Quadrilatères.

THÉORÈME. — Il y a, sur la surface générale 1080 quadrilatères. Chacun a 4 sécantes coupant 2 côtés consécutifs, 6 coupant 2 côtés opposés, 12 ne coupent qu'un côté ; il y a une droite ne coupant aucun côté.

On voit d'abord que chaque DTp contient 9 quadrilatères. D'autre part, chaque quadrilatère appartient à 3 DTp. En effet, soient a, b, c, d les côtés consécutifs d'un quadrilatère, le Db (a, c) a 5 sécantes complètes dont 2 sont b et d ; soient e, f, g les 3 autres. Les 3 Tp (b, d, e), (b, d, f), (b, d, g), déterminent chacun un DTp contenant le quadrilatère.

Le nombre des DTp étant 360, celui des quadrilatères est $\dfrac{360 \times 9}{3} = 1080$.

LES DROITES DE LA SURFACE GÉNÉRALE DU 3me ORDRE. 131

Soient maintenant $s(ab)$, $s(bc)$, $s(cd)$, $s(dc)$, les troisièmes droites dans le plan (ab), (bc), (cd), (da).

Elles sont 4 sécantes à 2 côtés consécutifs. Ces droites s sont 2 à 2 concourantes car l'intersection des plans (ab) et (cd) ne coupe la surface qu'en 3 points dont 2 sont les points (b, c) et (d, a) et le troisième, nécessairement le point de concours de $s(ab)$ et $s(cd)$.

On a vu que le quadrilatère appartient à 3 DTp ; soient $t(a, c)$, $t(b, d)$ les 2 droites qui complètent l'un d'eux, la première étant sécante à a et c, la seconde à b et à d, de même soient $t'(a, c)$, $t'(b, d)$ celles qui complètent le second, $t''(a, c)$, $t''(b, d)$ celles qui complètent le troisième.

Des 3 droites $t(a, c)$, chacune ne coupe des droites $t(b, d)$ que celle qui porte le même accent.

Chaque côté du quadrilatère ayant 10 sécantes parmi lesquelles sont les 2 côtés adjacents, 2 droites s et 3 droites t il y a 3 droites ne coupant que ce côté et, par suite, il y a pour le quadrilatère $3 \times 4 = 12$ sécantes simples.

Il reste donc $27 - 4 - 4 - 6 - 12 = 1$ droite non sécante.

Soit l cette droite, $u(a)$, $u'(a)$, $u''(a)$,......$u''(d)$, les 12 sécantes simples. Les droites u sont les troisièmes droites dans les 12 plans contenant une droite t et un côté du quadrilatère.

Supposons, par exemple que $u(a)$, $u'(a)$, $u''(a)$ soient les troisièmes droites dans les plans $(a, t(ac))$, $(a, t'(ac))$, $(a, t''(ac))$ et, de même pour les côtés b, c et d.

Il est alors aisé de dresser un tableau donnant la situation par rapport au quadrilatère des divers systèmes de droites, par exemple des Db.

12 Db (l, u) le coupent en 1 point ;
12 Db $[u(a), u'(a)]$ en 2 points sur un même côté ;
24 Db $[u(a), u'(b)]$ en 2 points sur les côtés adjacents ;
 6 Db $[u(a), u(c)]$ en 2 points sur les côtés opposés ;
24 Db $[u(a), s(ab)]$ en 3 points sur les côtés adjacents ;
24 Db $[u(a), t(a, c)]$ en 3 points sur les côtés opposés ;
12 Db $[u(a), t(b, d)]$ en 3 points sur 3 côtés ;

132 LES DROITES DE LA SURFACE GÉNÉRALE DU 3me ORDRE.

4 Db $[s(ab), s(cd)]$ en 4 points sur 3 côtés (2 sur celui du milieu ;

24 Db $[s(ab), t(ac)]$ en 4 points sur 3 côtés (1 sur celui du milieu) ;

6 Db $[t(ac), t'(ac)]$ en 4 points sur 2 côtés opposés ;

6 Db $[t(ac), t(bd)]$ en 4 points sur les 4 côtés ;

8 Db $[a, s(bc)]$;   24 Db $a, u(b)$;

12 Db $[a, u(c)]$;   12 Db $[a, t(bc)]$;

4 Db (a, l) et les 2 Db (a, c) et (b, d).

En résumé, il y a 12 Db à 1 point d'intersection ;

42 Db à 2 points ;

60 Db à 3 points ;

40 Db à 4 points.

60 contenant 1 côté et 2 formés de 2 côtés.

Remarque. — Pour établir facilement ce tableau, on pourra se servir des résultats suivants :

Les 10 sécantes d'un côté a forment les paires :

$[b, s(a,b)], [d, s(ad)], [t(ac), u(a)], [t'(ac), u'(a)], [t''(ac), u''(a)]$

Les 10 sécantes de la droite non sécante l, forment les paires :

$[t(ac), t(bd)], \quad [t'(ac), t'(bd)], \quad [t''(ac), t''(bd)],$
$[s(ab), s(cd)], \quad [s(bd), s(da)]$

Les 10 sécantes d'une droite s, par exemple $s(ab)$, les paires :

$(a, b), \quad [l, s(cd)], \quad [u(c), u(d)], \quad [u'(c), u'(d)], \quad [u''(c), u''(d)]$

Les 10 sécantes d'une droite t, soit $t(a, c)$, les paires :

$[t(bd), l], \quad [a, u(a)], \quad [c, u(c)], \quad [u'(b), u''(d)], \quad [u''(b), u'(d)]$

Et les 10 sécantes d'une droite u, par exemple $u(a)$, les paires :

$[a, t(ac)], \quad [s(bc), u(d)], \quad [s(cd), u(b)],$
$[u'(c), t''(bd)], \quad [u''(c), t'(bd)].$

THÉORÈME 18. — **Les droites u sécantes simples du quadrilatère forment 3 autres quadrilatères tels que chaque côté de l'un quelconque des quadrilatères ne coupe qu'un seul côté de l'un des 3 autres; les droites s et t jouent les mêmes rôles dans chacun des 4 quadrilatères et il en est de même de l.**

En effet, d'après ce qui précède, u_a par exemple a pour sécantes $u(b)$, $u(d)$ mais non $u(c)$; $u(b)$ a pour sécantes $u(a)$ et $u(c)$; $u(c)$ a pour sécantes $u(b)$ et $u(d)$.

Les droites $u(a)$, $u(b)$, $u(c)$, $u(d)$ forment donc un quadrilatère.

De même $u'(a)$, $u'(b)$, $u'(c)$, $u'(d)$ et $u''(a)$, $u''(b)$, $u''(c)$, $u''(d)$.

On voit que chaque côté de l'un ne coupe que celui des côtés du quadrilatère (a, b, c, d) indiqué par son indice. De plus il ne coupe qu'un seul côté de l'un de deux autres quadrilatères.

Par exemple $u(a)$ ne coupe du second que $u'(c)$ et du troisième que $u''(d)$. Il suffit pour le voir de se reporter au tableau des 10 sécantes de $u(a)$.

Les droites s jouent dans chacun de ces 3 nouveaux quadrilatères le même rôle que dans le premier. Ainsi $s(ab)$, $s(bc)$, $s(cd)$, $s(d\,a)$ coupent respectivement les côtés $u(c)$ et $u(d)$, $u(d)$ et $u(a)$, $u(a)$ et $u(b)$, $u(b)$ et $u(c)$, du premier.

Les droites t jouent aussi dans les 3 quadrilatères le rôle de sécantes de côtés opposés. Ainsi, dans le quadrilatère $[u(a), u(b), u(c), u(d)]$, les sécantes communes à $u(a)$ et $u(c)$ sont $t(a,c)$, $t'(bd)$, $t''(bd)$ et les sécantes communes à $u(b)$ et $u(d)$ sont $t(b,d)$, $t'(ac)$, $t''(ac)$.

La droite l est aussi droite non sécante pour chacun des 3 nouveaux quadrilatères, comme le montre le tableau de sécantes donné précédemment.

THÉORÈME 19. — **Il existe 40 quadrilatères sur la surface générale, qui ne sont pas coupés par une droite donnée de cette surface. Ils sont tous constitués par les sécantes simples de l'un quelconque d'entre eux.**

En effet, remarquons d'abord que chaque quadrilatère a toujours une droite non sécante et une seule. Le nombre de quadrilatères étant 1080, chaque droite de la surface est non sécante pour $1080 : 27 = 40$ quadrilatères. Remarquons ensuite que, pour une droite l de la surface, non sécante pour un quadrilatère (a, b, c, d), les autres quadrilatères analogues ne peuvent être constitués ni par les 6 droites t, ni par les 4 droites s. Ils le sont donc par a, b, c, d et les 12 sécantes simples u. Il est aisé de voir que, pour la droite l, considérée précédemment, les 40 quadrilatères non sécants sont :

1° Les 4 quadrilatères déjà cités.

2° Les quadrilatères

$[a, b, u(b), u(a)]$, $[a, b, u'(b), u'(a)]$, $[a, b, u''(b), u''(a)]$,

et 9 autres analogues ; 12 en tout.

3° Les quadrilatères

$[u(a), u(b), u'(c), u'(d)]$, $[u(a), u(b), u''(c), u''(d)]$,

et 10 analogues ; 12 en tout.

4° Les quadrilatères

$[a, u'(a), u(c), u''(a)]$, $[a, u''(a), u'(c), u(a)]$,
$[a, u(a), u''(c), u'(a)]$,

et 9 analogues ; 12 en tout.

Si, au lieu de considérer les 4 premiers quadrilatères, on considère l'ensemble de ces 40 quadrilatères, rien ne distingue plus les droites s des droites t.

L'une quelconque des 5 paires de sécantes à l joue le rôle de droite s pour certains quadrilatères et de droite t pour d'autres.

Par exemple, la paire $s(ab)$, $s(cd)$ joue le rôle de droites s dans les 4 quadrilatères primitifs et dans les 12 suivants :

$[a, b, u(b), u(a)]$, $[a, b, u'(b), u'(a)]$, $[a, b, u''(b), u''(a)]$
$[c, d, u(d), u(c)]$, $[c, d, u'(d), u'(c)]$, $[c, d, u''(d), u''(c)]$
$[u'(c), u'(d), u(a), u(b)]$, $[u''(c), u''(d), u(a), u(b)]$
$[u(c), u(d), u'(a), u'(b)]$, $[u(c), u(d), u''(a), u''(b)]$
$[u(c), u(d), u''(a), u''(b)]$, $[u''(c), u''(d), u'(a), u'(b)]$

et celui de droites t dans les 24 autres.

LES DROITES DE LA SURFACE GÉNÉRALE DU 3me ORDRE. 135

Pentagones.

Les pentagones de la surface sont de deux espèces :

1° Trois côtés consécutifs sont dans un même plan.

De tels pentagones peuvent être déduits soit des triangles, soit des quadrilatères de la surface. Si l'on prend pour les former les quadrilatères, on voit que chacun en donne 4, par exemple (a, b, c, d) donne :

$$(a, s(ab), b, c, d), \quad (a, b, s(bc), c, d)$$
$$(a, b, c\ s(cd)\ d), \quad (a, b, c, d, s(da))$$

Chaque pentagone de cette espèce ne pouvant être fourni que par un seul quadrilatère, le nombre en est $1080 \times 4 = 4320$.

2° Trois côtés consécutifs ne sont jamais dans un même plan. Nommons ces pentagones : **Pentagones complètement gauches** et désignons-les par la notation **PCG**.

THÉORÈME 20. — Il existe sur la surface générale 2592 pentagones complètement gauches.

Soit (a, b) une paire de droites, g la troisième droite dans le plan (a, b), c l'une des 8 sécantes à b autres que a et g. Des 8 sécantes à g autres que a et b, 4 seront coupées par c, savoir une de chacune des 4 paires qu'elles forment ; soit d l'une d'elles. Des 8 sécantes à a, autres que b et g, 4 sont coupées par d, mais l'une d'elles est la troisième droite du plan (c, d), de sorte que 3 seulement peuvent donner avec a, b, c, d un PCG. De là résulte que la paire de droites $(a\ b)$ nous conduit à $8 \times 4 \times 3 = 96$ PCG.

Comme d'autre part un pentagone peut provenir de l'une quelconque des 5 paires formées par ses côtés, et que la surface contient 135 paires, le nombre total des PCG est $\dfrac{135 \times 96}{5} = 2592$.

136 LES DROITES DE LA SURFACE GÉNÉRALE DU 3ᵐᵉ ORDRE.

THÉORÈME 21. — Les 22 droites de la surface qui ne font pas partie d'un **PCG** donné se répartissent ainsi : 5 droites coupant 2 côtés consécutifs, 10 droites ne coupant que 2 côtés consécutifs, 5 ne coupant qu'un côté, 2 n'en coupant aucun.

Soient $m(ab)$ $m(bc)$ $m(cd)$ $m(de)$ $m(ea)$, les troisièmes droites dans les plans (ab), (bc), (cd), (de), (ea) ; elles sont les 5 premières droites annoncées et chacune d'elles est coupée par un troisième côté du PCG. Ainsi, $m(ab)$ est coupée par d puisque d coupe l'un des côtés du triangle $(a, b, m(ab))$ et ne coupe ni a, ni b.

Considérons le Db (ac) ; il a 5 sécantes complètes dont 3 sont b, $m(cd)$, $m(ae)$. Il en a donc 2 que nous pouvons désigner par $s(ac)$, $s'(ac)$. De même chacun 5 Db formés par les côtés du PCG a 2 sécantes particulières. Soient

$s(ac)$, $s'(ac)$, $s(ad)$, $s'(ad)$, $s(bd)$, $s'(bd)$, $s(be)$, $s'(be)$,
$s(ce)$, $s'(ce)$,

ces 10 droites. Chaque droite s coupe une droite m, savoir celle qui n'a avec elle aucun de ses deux indices en commun.

On voit, par ce qui précède que le côté a est coupé par les 9 droites b, e, $m(ab)$, $m(ae)$, $m(cd)$, $s(ac)$, $s'(ac)$, $s(ad)$, $s'(ad)$.

Il y a donc encore une sécante qui ne coupe que ce côté du PCG et 4 droites analogues pour les autres côtés. Soient $t(a)$, $t(b)$, $t(c)$, $t(d)$, $t(e)$ ces cinq droites. Chaque droite t coupe 3 droites m, savoir les 3 qui n'ont pas d'indice en commun avec cette droite t. Ainsi $t(a)$ coupe $m(bc)$, $m(cd)$, $m(de)$.

Il reste donc $27 - 5 - 5 - 10 - 5 = 2$ droites non sécantes au PCG. Ces droites, que nous nommerons v, v' forment un Db, car si elles se coupaient, les 5 points d'intersection de leur plan avec le PCG seraient sur une même droite, savoir la troisième droite dans leur plan, ce qui est impossible.

Remarques. — Des 5 paires de sécantes à a, 3 sont $[b, m(ab)]$, $[e, m(ae)]$, $[t(a), m(cd)]$. Par suite, les 2 autres sont formées par les droites $s(ac)$, $s'(ac)$, $s(ad)$, $s'(ad)$. Or, $s(ac)$, $s'(ac)$ ne sont pas dans un même plan, donc les deux dernières paires sont $[s(ac), s(ad)]$, $[s'(ac), s'(ad)]$ ou bien $[s(ac), s'(ad)]$, $[s'(ac), s(ad)]$.

Des 5 paires de sécantes à $m(ab)$, 2 sont (a, b) et $(d, t(d))$; les autres sont formées avec $t(c)$ $t(e)$, v, v' $s(ce)$ et $s'(ce)$. Or v et v' ne se coupent pas, ni $s(ce)$ et $s'(ce)$. Au contraire, 2 droites t ne se rapportant pas à 2 côtés consécutifs du pentagone, telles que $t(c)$, $t(e)$ se coupent, car $t(c)$ coupe l'un des côtés du triangle $[e, t(e), m(bc)]$ et ce côté n'est ni e, ni $m(bc)$. Une troisième paire de sécantes à $m(ab)$ est donc $[t(c), t(e)]$. Chacune des deux autres est formée d'une droite v et d'une des droites $s(ce, s'(ce)$. Supposons que ces 2 paires soient $[v, s(ce)]$ et $[v', s'(ce)]$. Chaque droite v coupera évidemment 4 des 8 autres droites s. Supposons que les sécantes de v soient représentées par les s non accentuées et celles de v' par les s'.

Les 5 paires de sécantes à v sont alors:

$[s(ac), m(de)]$, $[s(ce), m(ab)]$, $[s(eb), m(cd)]$,
$[s(bd), m(ae)]$, $[s(da), m(bc)]$,

et celles de v' sont

$[s'(ac), m(de)]$, $[s'(ce), m(ab)]$, $[s(eb), m(cd)]$,
$[s'(bd), m(ae)]$, $[s'(da), m(bc)]$.

Une droite s ne peut couper une droite s, car leur plan contiendrait en outre v et 2 droites m. Elle ne peut couper la droite s' se rapportant aux deux mêmes côtés du PCG. Mais elle rencontre les 4 autres droites s'. Soit, par exemple $s(ac)$: elle coupe chacun des triangles $[v', s'(ad), m(bc)]$, $[v', s'(bd), m(ae)]$, $[v' s'(ce), m(ab)]$, $[v' s'(eb), m(ce)]$. Or, elle ne coupe ni v' ni $m(bc)$, $m(ae)$, $m(ab)$, $m(cd)$; donc elle coupe les 4 droites s'.

Il résulte de là que les 2 dernières paires de sécantes à a sont $[s(ac), s'(ad)]$, $[s'(ac), s(ad)]$.

On trouve aussi que les 5 paires de sécantes à $t(a)$ sont

$[m(bc), t(d)]$, $[m(cd), a]$, $[m(de), t(c)]$, $[s(bd), s'(ce)]$,
$[s'(bd), s(ce)]$

et que celles de $s(ac)$ sont:

$[a, s'(ad)]$, $[c, s'(ce)]$, $[t(e), s'(bd)]$, $[t(d), s'(be)]$, $[v, m(de)]$

THÉORÈME 22. — Les 5 sécantes simples d'un **PCG** forment un nouveau **PCG** et chaque côté de l'un de ces deux **PCG** coupe un seul côté de l'autre. Les 10 sécantes à des côtés non consécutifs forment des décagones non complètement gauches. Les 5 sécantes à 2 côtés consécutifs forment un **Qtp**$_2$ dont les sécantes complètes sont les droites de v et v' qui ne coupent pas les 2 **PCG**.

Chaque droite t coupe, en effet, deux autres droites t, savoir celles qui ne se rapportent pas aux côtés adjacents à celui auquel se rapporte la première. Elles forment donc le pentagone $[t(a), t(c), t(e), t(b), t(d)]$ qui est PCG et nous savons que chaque côté ne coupe qu'un seul côté du premier.

Les 10 s forment le décagone

$[s(ac), s'(ad), s(bd), s'(be), s(ec), s'(ac), s(ad), s'(db), s(be), s'(ec)]$

qui n'est pas complètement gauche car $s(ac)$, par exemple, coupe non seulement $s'(ad)$ et $s'(ec)$ mais aussi $s'(be)$ et $s'(bd)$.

Les 5 droites m forment un **Qtp**, car l'une quelconque d'entre elles ne coupe aucune des 4 autres, comme le montre le tableau des 5 paires de sécantes à une droite m. Ce **Qtp** est un **Qtp**$_2$ car il a les deux sécantes complètes v et v'.

THÉORÈME 23. — Il existe pour chaque **Db** de la surface 12 **PCG** formés avec les 10 droites ne coupant pas ce **Db**.

En effet, le nombre des **PCG** étant 2592 et celui des **Db**, 216, et chaque **PCG** ayant un **Db** non sécant, chaque **Db** est le **Db** non sécant de $2592 : 216 = 12$ **PCG**.

Par exemple, aux 2 droites v et v' considérées précédemment, correspondent non seulement les 2 **PCG** déjà cités mais encore :

$[a, b, c, t(c), t(a)]$, $[b, c, d, t(d), t(b)]$, $[c, d, e, t(e), t(c)]$, $[d, e, a, t(a), t(d)]$, $[e, a, b, t(b), t(e)]$.

et

$[d, e, t(e), t(b), t(d)]$, $[e, a, t(a), t(c), t(e)]$, $[a, b, t(b), t(d), t(a)]$, $[b, c, t(c), t(e), t(b)]$, $[c, d, t(d), t(a), t(c)]$.

LES DROITES DE LA SURFACE GÉNÉRALE DU 3me ORDRE. 139

Les 5 droites m jouent dans les 12 PCG, le même rôle de droites coupant deux côtés consécutifs, mais leur ordre varie quand on passe d'un PCG à un autre.

Hexagones

Il y en a de plusieurs sortes. Soient a, b, c, d, e, f les côtés consécutifs.

1° Les côtés sont contenus dans 2 plans, par exemple a, b, c dans l'un, d, e, f dans l'autre. Les côtés opposés b et e concourent alors sur la diagonale joignant le sommet (a, f) au sommet (c, d). De tels hexagones sont au nombre de $\frac{45 \times 32}{2} = 720$, nombre de combinaisons 2 à 2 des triangles de la surface n'ayant pas de côtés communs;

2° Les côtés consécutifs déterminent 4 plans, de la manière suivante : a, b, c dans un premier plan; c, d, e dans un second; e, f dans un troisième; f, a dans un quatrième. Les deux plans (a, b, c), (c, d, e), ont c pour intersection et le côté est une des sécantes doubles du Db (a, e).

Cherchons le nombre des hexagones de cette espèce dont le côté c intersection des deux plans contenant 3 côtés chacun est une droite donnée l de la surface. Soient (a, b), (d, e), 2 des 4 paires de sécantes à l. Le Db (a, e) a 4 sécantes complètes autres que l; soit f l'une d'elles. Le Db (a, d) a 4 sécantes complètes autres que l, soit g l'une d'elles. Soient, de même h, l'une des 4 sécantes au $\overline{\text{Db}}$ (b, d) et k une des sécantes au Db (b, e) autres que l.

Nous avons 4 hexagones de chacune des formes

[$a\ b\ l\ d\ e\ f$], [$a\ b\ l\ e\ d\ g$], [$b\ a\ l\ e\ d\ h$], [$b\ a\ l\ d\ e\ k$].

Les 5 paires de sécantes à l présentent 5 combinaisons 2 à 2, le nombre des hexagones cherché est $16 \times 5 = 80$.

Chaque droite de la surface donnera ainsi 80 hexagones et le même n'est pas répété 2 fois. Le nombre des hexagones de cette espèce est donc $80 \times 27 = 2160$;

3° On n'a qu'une seule fois 3 côtés consécutifs dans un même plan, par exemple a, b, c. Le côté e coupera b car il coupe le triangle (a, b, c) et ne rencontre ni a ni c. Dans tous les hexagones de cette espèce, dans lesquels a, b, c sont 3 côtés consécutifs d est l'une des 8 sécantes de c autres que a et b, f est l'une des 4 sécantes de a autres que b et c et ne coupant pas la sécante d de c que l'on a choisie, enfin e est l'une des 3 sécantes du Tp (b, d, f). Il y a donc $8 \times 4 \times 3 = 96$ hexagones de cette espèce ayant a, b, c pour côtés consécutifs.

Chaque triangle en donne autant pour les 3 ordres analogues à a, b, c ; $b\ c\ a$; $c\ d\ b$ de ses côtés. Le même hexagone n'est pas obtenu deux fois. Le nombre des hexagones de cette espèce est donc $96 \times 3 \times 45 = 12960$.

4° Considérons maintenant les hexagones n'ayant pas plus de 2 côtés dans un plan. Il peut arriver alors :

1° Que les couples de côtés opposés soient dans un même plan. (Les 6 côtés ont alors 9 points communs ou 6 de moins que pour l'hexagone plan) ;

2° Que cette circonstance ne se produise que pour deux couples ;

3° Qu'elle ne se présente que pour un seul ;

4° Qu'elle ne se présente pour aucun.

Des 4 espèces sont formées par les DStp, en associant 3 droites de l'un des Stp composants à 3 droites de l'autre.

Suivant que le nombre des points d'intersection de ces 6 droites sera 9, 8, 7 ou 6, elles donneront des hexagones de la première, de la seconde, de la troisième ou de la quatrième sorte.

Nous désignerons ces derniers par le nom d'hexagones complètement gauches et par la notation HCG.

THÉORÈME 24. — Il existe sur la surface générale 720 **HCG**.

Soient 2 Stp (a, b, c, d, e, f), (a', b', c', d', e', f') composant un DStp, chaque droite de l'un étant désignée par la même lettre que la droite de l'autre qu'elle ne coupe pas. Les 3 Db (a, a'), (b, b'), (c, c') donnent un HCG, savoir $(a\ b'\ c\ a'\ b\ c')$. Il y en a autant d'analogues qu'il y a de manières de grouper 3 à 3 les 6 Db (a, a'), (b, b'), (c, c'), (d, d'), (e, e'), c'est-à-dire 20.

Or chaque HCG n'appartient qu'à un seul DStp.

Considérons, par exemple, l'hexagone $(a\ b'\ c\ a'\ b\ c')$. Le Tp (a, b, c) a 3 sécantes complètes qui sont d', e', f'. Le Tp (a', b', c') a, de même 3 sécantes complètes d, e, f, et avec ces droites d, e, f, d', e', f', seulement l'on peut former un DStp contenant l'hexagone considéré. Le nombre de HCG est donc bien $20 \times 36 = 720$, c'est-à-dire qu'il y a autant de Tp que de HCG.

Remarque. — Dans tout HCG, la troisième droite du plan de 2 côtés consécutifs est identique à la troisième du plan de 2 côtés opposés. En effet, l'intersection des plans de ces 2 paires contient 4 points de la surface ; elle est donc entièrement sur celle-ci et constitue la troisième droite dans chacun des plans de ces paires.

THÉORÈME 25. — **Les 21 droites de la surface qui ne font pas partie d'un HCG donné, se répartissent ainsi : 3 droites coupant chacune 2 paires de côtés opposés ; 6 droites coupant 3 côtés non consécutifs ; 9 droites coupant 2 côtés opposés ; 3 droites n'en coupant aucun.**

Soient a, b, c, d, e, f les côtés consécutifs d'un HCG, g, h, k, les troisièmes droites dans les plans (a, b), (b, c), $(c\ d)$, qui sont aussi, d'après la remarque précédente, les troisièmes droites dans les plans (d, e), (e, f), $f(a)$. Ces 3 droites sont les 3 premières de l'énoncé.

Des 5 sécantes complètes du Db (a, c), 2 sont b et k, il y en a donc 3 autres : $r(a, c)$, $r'(a\ c)$, $r''(a, c)$; de même pour les Db (b, d), (c, e), (d, f), (e, a). Mais le Tp (a, c, e) a 3 sécantes complètes parmi lesquelles ne sont ni b, ni k. Ces sécantes sont donc les droites r que nous pouvons désigner par $r(a\ c\ e)$, $r'(a\ c\ e)$, $r''(a\ c\ e)$. De même le Tp (b, d, f) a 3 sécantes complètes r, r', r''. Des 5 sécantes complètes du Db (a, d), 2 sont g et k ; il y en a donc 3 autres $u(ad)$, $u'(ad)$, $u''(ad)$. De même pour les Db (b, e) et (c, f).

Les droites u sont donc au nombre de 9.

Il reste 3 droites ne coupant aucun côté de l'hexagone. Ces 3 droites forment un **Tp** car si 2 d'entre elles se coupaient, les intersections de leur plan avec les 6 côtés de l'HCG seraient sur une même droite, la troisième droite de leur plan.

Chaque HCH ayant un **Tp** non sécant et le nombre des **Tp** étant égal à celui des HCG, réciproquement chaque **Tp** n'est Tp non sécant que pour un seul HCG.

THÉORÈME 26. — Il n'y a pas sur la surface générale du 3me ordre, de polygone complètement gauche de plus de 6 côtés.

En effet, soient a, b, c, d, 4 côtés consécutifs d'un polygone complètement gauche ; s'il avait plus de 6 côtés, le plan (b, c) contiendrait indépendamment des droites b et c plus de 2 points de la surface qui ne seraient pas sur une même troisième droite (puisque, par hypothèse, le polygone est complètement gauche), savoir les intersections avec les côtés autres que a, b, c et d. La section par ce plan serait alors d'un ordre supérieur au 3me.

Ainsi, tous les polygones de plus de 6 côtés ont donc au moins une fois 3 côtés (qui ne sont pas nécessairement consécutifs), dans un même plan.

Ce théorème est à rapprocher de cet autre résultat : il n'y a pas de système agone de plus de 6 droites.

3° *Lignes polygonales non fermées.*

Tout polygone de la surface donne, par la suppression de l'un des côtés, une telle ligne et si le polygone est complètement gauche, cette ligne l'est aussi. Les quadrilatères, pentagones, exagones, donnent respectivement des lignes de 3, 4, 5 côtés. Nous nommons les premières **cubiques gauches brisées** à cause de certaines analogies et les noterons CGB. Les lignes à 4 côtés complètement gauches ne sont pas, au contraire, assimilables aux biquadratiques car l'une d'elles ne peut se placer sur une quadrique, ni, *à fortiori* servir de base à un faisceau de quadriques.

THÉORÈME 27. — Il y a, sur la surface générale, 1080 cubiques gauches brisées, chacune a 6 sécantes doubles, 14 simples et 4 droites non sécantes.

Chaque Db a 5 sécantes et forme avec chacune d'elles une cubique brisée ; chaque cubique brisée ne provient du reste que d'un seul Db. Donc le nombre des cubiques brisées est $216 \times 5 = 1080$.

Les 6 sécantes doubles d'une CGB (a, l, b), l étant une sécante complète du Db (a, b) sont : 1° les troisièmes droites a' et b' dans les plans (a, l) et (b, l), et, 2° les 4 sécantes du Db (a, b) autres que l. Les 14 sécantes simples sont : 1° les 3 paires de sécantes à l ne contenant ni a, ni b ; 2° les 8 sécantes simples du Db (a, b) autres que a' et b'.

Remarque. — Chaque CGB appartient à 4 HCG. En effet, chacun des 720 HCG contient 6 CGB évidemment. Or le nombre de ces dernières est 1080. Donc chacune appartient à $\dfrac{720 \times 6}{1080} = 4$ HCG.

On peut encore le voir de la manière suivante :

Considérons la cubique brisée précédente (a, l, b). Le Db (a, b) a 4 sécantes complètes autres que l ; soit d l'une d'elles m et n les troisièmes droites dans les plans (a, d) et $(b\,d)$. Les 4 HCG analogues à $(a\,l\,b\,n\,d\,m)$ contiennent la CGB et aucun autre ne la contient.

THÉORÈME 28. — Il y a, sur la surface générale, 4320 lignes brisées gauches non fermées à 4 côtés. Chacune a 2 sécantes triples 10 sécantes doubles, 8 sécantes simples et 3 droites non sécantes.

On voit d'abord que chaque CGB peut fournir 4 de ces lignes par adjonction d'un article à l'une des extrémités et 4 par l'adjonction d'un article à l'autre extrémité, mais, d'autre part, chacune des lignes à 4 côtés est fournie par 2 CGB. On a donc $\dfrac{1080 \times 8}{2} = 4320$.

On peut encore obtenir ce résultat en remarquant que chaque PCG donne 5 de ces lignes par la suppression de l'un des côtés, que, d'autre part, chacune des lignes brisées à 4 côtés est donnée par 3 PCG. On a donc $\dfrac{2592 \times 5}{3} = 4320$ de ces lignes à 4 côtés.

Soient a, b, c, d les côtés consécutif de l'une et l une sécante à a et d complètant un PCG. Les 2 droites m coupant a et b et d et c sont sécantes triples car la première coupe aussi d et la seconde coupe aussi a. (V. la notation du théorème sur le PCG).

Les sécantes doubles sont : la troisième droite du plan (bc), les sécantes $s(ac)$, $s'(ac)$, $s(ad)$, $s'(ad)$, $s(bd)$, $s'(bd)$, la droite l et les troisièmes droites des plans (a, l) et (d, l), lesquelles coupent respectivement c et b.

Les sécantes simples sont : les 4 sécantes simples $t(a)$, $t(b)$, $t(c)$, $t(d)$, et les droites $s(lb)$, $s'(lb)$, $s(lc)$, $s'(lc)$, qui dans le pentagone $(a\ b\ c\ d\ l)$ jouent le rôle de sécantes doubles.

Les 3 droites non sécantes sont : les 2 droites v et v' non sécantes au pentagone et la droite sécante simple au côté l.

Remarque 1. — On verrait facilement que le nombre des lignes gauches brisées à 5 côtés est aussi 4320 et enfin qu'il n'y a pas de ligne complètement gauche de plus de 5 côtés.

Remarque 2. — Si l'on nomme **élément** ou **groupe opposé** d'un groupe de droites de la surface, on voit que l'élément opposé est :

Pour un **Db**   un système de 10 droites formant un **PCG** avec 5 sécantes simples formant un second **PCG**.
Pour un **Tp**   un système de 6 droites formant un **HCG**.
Pour un **Qdp** un système de 3 droites formant une **CGB**.
Pour un **Qtp$_1$** une droite unique.
Les **Qtp$_2$** et les **Qtp** n'ont pas d'élément opposé.

L'élément opposé d'une droite isolée est un quadrilatère gauche et les 12 sécantes simples de ce quadrilatère, l'ensemble de ces 16 droites formant 40 quadrilatères gauches. Mais chaque quadrilatère gauche n'a pour élément opposé qu'une seule droite.

LES DROITES DE LA SURFACE GÉNÉRALE DU 3me ORDRE.

De même chaque PCG a pour élément opposé un seul Db et chaque HCG, pour élément opposé un seul Tp.

L'élément opposé d'une ligne brisée gauche à 5 éléments est un Tp.

EXERCICES

1. — *Les 16 droites non sécantes d'une droite donnée sur la surface forment entre elles* 80 Db, 160 Tp, 120 Qdp, 16 Qtp.

2. — *Les 10 droites non sécantes à un* Db *donné forment entre elles* 30 Db, 30 Tp, 5 Qdp.

3. — *Quelles figures agones forment entre elles les 6 droites non sécantes à un* Tp *donné.*

4. — *Déterminer les droites des surfaces suivantes :*

$$9x^2z + y^2z - 10yz^2 - 9x^2 + 3xy + 12xz + 14yz - 12x = 0$$
$$18x^2z - xy^2 + xz^2 - 18yz^2 - 18x^2 + 5xy + 21xz + 24yz - 22x = 0$$
$$x^3 + y^3 + z^3 = 8$$
$$9xy^2 = x^3 - z^3\sqrt{2} - 3zx^2\sqrt{2} + 1 + (x + z\sqrt{2})^2(2x - z\sqrt{2}$$
$$\tfrac{5}{2}x^3 + y^3 + z^3 + 5(x^2y + xy^2 + y^2z + yz^2 + z^2x + xz^2) = 3$$

CHAPITRE X

PRINCIPAUX MODES DE GÉNÉRATION

DE LA

SURFACE GÉNÉRALE DU 3me ORDRE

Les modes de génération que l'on considérera ici se rapportent à 2 types :

1° *Génération par des lignes (seront dits linéaires)* ;
2° *Génération par des points (seront dits ponctuels).*

Les modes de génération tangentiels présentent évidemment une moins grande simplicité puisque la surface générale est, comme on le verra, de 12me classe et ne présenteront vraisemblablement d'intérêt réel que dans les cas des surfaces à singularités ponctuelles, cas où la classe s'abaisse.

Les deux modes les plus importants du premier type sont ceux dans lesquels la ligne génératrice d'un degré égal ou inférieur à 3 (conique, cubiques planes, cubiques gauches).

Parmi les seconds : 1° la génération à l'aide de 3 gerbes de plans homographiques 2 à 2, c'est-à-dire à l'aide d'une gerbe de plans et d'une congruence de droites ; 2° la génération à l'aide de 3 faisceaux de plans liés par une relation trilinéaire ; 3° la génération à l'aide de 2 faisceaux de plans et d'une gerbe de plans ; 4° la génération à l'aide de 2 gerbes de plans et d'un faisceau de plans ou d'un complexe de droites et d'un faisceau de plans.

Le nombre de paramètres de la forme homogène de n ordre à 4 variables est donné par la formule :

$$N = \frac{(n+1)(n+2)(n+3)}{6} - 1 \quad \text{ou} \quad \frac{n^3 + 6n^2 + 11n}{6}$$

Pour $n = 3$, $N = 19$.

Nous considérerons comme accordée cette proposition que 19 points *quelconques* déterminent une seule surface cubique et nous pouvons, grâce à ce postulat, montrer l'équivalence de certains modes de génération.

I. — Modes de génération linéaires

1° A l'aide de coniques

THÉORÈME 1. — **Deux faisceaux, l'un de quadriques, ayant pour base une courbe biquadrique C, l'autre de plans ayant pour axe une droite A, rapportés homographiquement, engendrent par l'intersection des éléments homologues une surface cubique passant par A et par C. (Steiner.)**

En effet, les deux faisceaux déterminent sur une droite quelconque une correspondance avec (1, 2) qui a, par suite, 3 points de coïncidence qui sont les points d'intersection de la droite et de la surface engendrée. D'ailleurs chaque point de A détermine une quadrique du faisceau qui fournit ce point pour le lieu, et de même chaque point de C détermine un plan du second faisceau qui fournit ce point pour le lieu, de sorte que A et C sont lignes de la surface et lignes simples.

(Steiner avait indiqué en 1856 ce mode de génération, sans en prouver d'ailleurs la généralité.)

THÉORÈME 2. — **Une surface générale du 3me ordre donnée, peut toujours être engendrée à l'aide d'un faisceau de quadriques et d'un faisceau de plans rapportés homographiquement l'un à l'autre.**

Soit S une surface générale du 3me ordre donnée. Prenons pour base d'un faisceau de quadriques un quadrilatère de la surface S et pour axe d'un faisceau de plans, la droite l de la surface qui ne coupe pas ce quadrilatère. Rapportons ces deux faisceaux homographiquement l'un à l'autre ; il suffit pour cela, de prendre 3 points, a, b, c, sur S et de faire passer par chacun d'eux une quadrique du premier faisceau et un plan du second. Les deux faisceaux engendrent une surface cubique. Or, cette surface a, en commun avec S :

1° Les 3 points a, b, c ;
2° La droite l qui équivaut à 4 points ;
3° Le quadrilatère, qui équivaut à 12 points (car si l'on considère 2 côtés opposés, chacun équivaut à 4 points, mais les deux autres n'équivalent plus alors chacun qu'à 2 points.)

On peut donc considérer les surfaces comme ayant en commun 19 points ; elles coïncident donc, ce qui démontre la proposition.

Remarque 1. — On a vu qu'une droite donnée est droite non sécante pour 40 quadrilatères de la surface, donc, si la surface a ses 27 droites réelles, on a 40×27 ou 1080 constructions analogues à la précédente.

Remarque 2. — Il n'est évidemment pas nécessaire de prendre pour base du faisceau de quadriques l'un des quadrilatères de la surface et l'on peut prendre une courbe biquadratique de celle-ci pourvu qu'elle puisse être base d'un faisceau.

Soit l une droite de la surface cubique S, (a, a') l'une des paires de sécantes à l, Q une quadrique passant par (a, a'), le reste de l'intersection est une biquadratique C. Toute génératrice rectiligne de Q coupe S en un point sur a ou sur a', donc en 2 autres points situés sur C et, en particulier, chacune des génératrices a et a' coupe C en 2 points. Or, on démontre dans la théorie des quadriques qu'une biquadratique coupée par chaque génératrice de la quadrique en 2 points est telle qu'on peut la placer sur une seconde quadrique et que, par conséquent, elle peut être la base d'un faisceau.

Considérons alors ce faisceau de base C et le faisceau de plans d'axe l et soient (b, b'), (d, d') 2 autres paires de sécantes à l et A, B, D les centres des 3 paires. Rapportons les deux faisceaux l'un à l'autre de façon que les quadriques

(C, A), (C, B), (C, D) aient pour homologues les plans (l, A), (l, B), (l, D), la surface engendrée par les 2 faisceaux aura en commun avec S, la droite l et les trois couples (a, a'), (b, b'), (d, d') dont l'ensemble équivaut à $4 + 5 \times 3 = 19$ conditions simples ou 19 points. Les 2 surfaces coïncident donc.

Remarque 3. — Il résulte de ce qui précède que la donnée d'une biquadratique de l'espèce C équivaut à 12 conditions. En effet, l'ensemble de la biquadratique, de la droite l et les 3 points qui servent à rapporter les 2 faisceaux l'un à l'autre équivaut à 19 conditions puisqu'il détermine la surface, donc la biquadratique seule équivaut à $19 - 4 - 3 = 12$ conditions.

Remarque 4. — Si l'on considère les plans polaires d'un point P par rapport à un faisceau de quadriques, ces plans forment, comme on sait un faisceau et ce faisceau est rapporté homographiquement à celui des quadriques ; en effet, d'abord à chaque quadrique correspond un plan unique ; puis réciproquement à tout plan p du faisceau correspond une quadrique unique ; si l'on joint, en effet, le point P à un point a de la biquadratique C base du faisceau de quadriques et que l'on prenne le conjugué b de a par rapport au couple formé par P et par le point d'intersection de aP avec p, la courbe C et le point b détermineront une quadrique unique qui est l'élément homologue de p dans le faisceau de base C.

Les deux faisceaux étant rapportés homographiquement engendrent une surface cubique. On a ainsi un mode de génération qui est un cas particulier du précédent, c'est le troisième mode de Steiner.

On peut remarquer que l'on dispose ici d'un paramètre de moins que dans le mode précédent, car dans ce dernier, on dispose complètement de la droite A dont la détermination dépend de 4 nombres, tandis que l'axe du faisceau des plans polaires du point P ne dépend que de 3 nombres, les coordonnées de P.

Remarque 5. — Le problème de la détermination des

droites de la surface quand on la suppose engendrée par un faisceau de quadriques dont la base n'est pas composée de droites est du 5me degré puisqu'on ne connaît qu'une droite, savoir l'axe du faisceau de plans, que cet axe est coupé par 5 paires de droites et que celles-ci une fois déterminées, les autres s'obtiennent par des constructions linéaires.

Géométriquement, il équivaut à celui de la détermination des points d'intersection de deux courbes gauches particulières de degrés 3 et 5, qui ont 7 points d'intersection dont 5 importent ici.

Soient a l'axe du faisceau de plans, C la biquadratique base du faisceau de quadriques ; les plans polaires d'un point M de a par rapport aux quadriques forment un faisceau dont l'axe est une droite m dite conjuguée du point M par rapport au faisceau.

Ce faisceau, rapporté homographiquement à celui des quadriques, engendre avec ce dernier une surface S' du 3me ordre. Les droites m, m', m''..... conjuguées des points M, M', M''.... de a engendrent une quadrique Q, dont le second système de génératrices est constitué par les polaires réciproques a_1, a_2, a_3.... de a par rapport aux quadriques Q_1, Q_2, Q_3.... du faisceau. L'intersection (S', Q) se compose de m et d'une courbe du 5me ordre, C_5, qui est le lieu des points de contact des plans tangents menés de a aux quadriques Q_1, Q_2, Q_3....

Considérons le faisceau de plans d'axe m' formé des plans polaires d'un point M' de a. Ce faisceau est rapporté homographiquement au faisceau d'axe a ; ils engendrent donc une quadrique Q'. Or l'intersection (Q, Q') se compose de m' et d'une cubique gauche C_3 qui est le lieu géométrique des intersections des droites a_1, a_2 avec les plans correspondants du faisceau d'axe a.

Ainsi, tout point commun à C_4 et à C_5 étant à la fois point de contact d'un plan tangent mené de a aux quadriques Q_1, Q_2 et point d'intersection de ce plan avec la droite a_i qui lui correspond est centre d'un des couples de droites de la surface qui rencontrent a. Or les 3 surfaces S', Q, Q', ont 12 points communs répartis sur les systèmes (m, C_3),

(m', C_5), (C_3, C_5) car m et m' n'ont pas de point commun étant d'un même système de génératrices de Q. Mais m' et C_5 ont 3 points communs puisque m' coupe S' en 3 points répartis nécessairement sur m et C_5 et que d'autre part m' ne rencontre pas m.

D'un autre côté m et C_3 ont 2 points communs car m coupe Q' en 2 points situés sur C_3 puisqu'il n'y en a aucun sur m'.

Ainsi C_3 et C_5 ont en commun $12 - 3 - 2 = 7$ points. De ces 7 points il faut déduire les 2 points doubles de l'involution déterminée sur a par les quadriques du faisceau de base C lesquels sont fournis par les deux quadriques tangentes à a.

Il reste donc 5 points qui donnent des couples de sécantes à a.

2° A l'aide de cubiques planes.

THÉORÈME 3. — Etant donnés deux trièdres et un point P fixes, un plan mobile p passant par ce point, les 9 intersections de p avec les 9 droites suivant lesquelles se coupent les deux trièdres, déterminent avec P une cubique plane dont le lieu, lorsque p pivote autour de P est une surface cubique contenant les 9 droites et le point P. (*Steiner*, 1er mode).

En effet, soient a, b, c les faces du premier trièdre t, a', b', c' celles du second t'. Remarquons d'abord que les 9 droites d'intersection de t et t' sont coupées par le plan p suivant 9 points qui ne déterminent pas une cubique car, par ces 9 points passent les 2 cubiques dégénérées (p, t) et (p, t') et, par suite une infinité d'autres. Les 9 points constituent donc la base d'un faisceau de cubiques planes et l'une d'elles est déterminée par un point de plus. Prenons P pour ce point et soit C la cubique correspondante. Lorsque p pivotera autour de P, on obtiendra un ensemble doublement idéterminé de courbes C qui néanmoins engendrent une surface du 3me ordre.

Considérons, en effet, l'un des faisceaux de plans contenus dans la gerbe de centre P ; l'ensemble des courbes qu'il fournit est simplement indéterminé, ces courbes engendrent donc une surface passant d'ailleurs par les 9 droites (t, t').

Soit l l'axe du faisceau de plans, toutes les courbes fournies par ce faisceau coupent l aux 3 mêmes points. Considérons, pour le prouver, le faisceau de cubiques ayant pour bases les 9 points d'intersection des droites (t, t') avec un plan particulier p du faisceau d'axe l ; il détermine sur l une involution du 3me ordre ; les 2 triangles (t, p), (t', p) fournissent 2 ternes de cette involution qui est alors entièrement déterminée.

Or, ces ternes sont les 6 points (t, l) et (t', l), lesquels sont indépendants du plan p choisi. Ainsi, toutes les involutions analogues qui correspondent aux divers plans p du faisceau d'axe l ayant 2 ternes en commun, coïncident. Il résulte de là que dans chaque plan, celle des cubiques qui passe par P, passe aussi par 2 autres points fixes de l.

La droite l n'ayant que 3 points sur la surface n'y est pas contenue, d'où il suit que tout plan du faisceau ne coupe la surface que suivant une cubique. La surface engendrée quand on se borne à considérer le faisceau d'axe l est donc du 3me ordre.

Considérons un second faisceau contenu dans la gerbe de centre P. La surface engendrée sera aussi du 3me ordre. Or, elle a en commun avec la première le point P et les 9 droites t et t'. Ces 9 droites forment par exemple les 3 triangles

a ;	a', b', c'	ou	(a, t)
b ;	a', b', c'	ou	(b, t)
c ;	a' b' c'	ou	(c, t)

L'un d'eux équivaut à $4 + 3 + 2 = 9$ conditions. Mais le second seulement a $3 + 2 + 1 = 6$ points, car chacun de ses côtés coupant l'un de ceux du premier, compte pour un point de moins. Le troisième équivaut à $2 + 1 + 0 = 3$ points. Les deux surfaces ont donc en commun $1 + 9 + 6 + 3 = 19$ points communs et coïncident, c'est-à-dire que l'on a une surface malgré la double indétermination et cette surface est du 3me ordre.

THÉORÈME 4. — Une surface générale du 3me ordre donnée peut toujours être engendrée à l'aide de cubiques planes dont les plans passent par un point fixe, chaque cubique passant par ce point et par les 9 points d'intersection de son plan avec les 9 arêtes d'un hexaèdre autres que les 6 qui aboutissent à 2 sommets opposés de cet hexaèdre.

En effet, choisissons sur la surface S 3 triangles n'ayant pas de côtés communs ; chaque côté de l'un coupe un côté et un seul de chacun des 2 autres. On voit de suite que ces 3 triangles sont placés de façon qu'ils sont situés à la fois sur 2 trièdres dont ils constituent l'intersection. Prenons alors sur la surface un point P ; la surface du 3me ordre engendrée à l'aide de ces éléments aura en commun avec S le point P et les triangles et, par suite, coïncidera avec elle.

Remarque 1. — Soit (a, b, c) un triangle t de la surface, les triangles n'ayant avec t aucun côté commun sont au nombre de $45 - 1 - 4 \times 3 = 32$. Soit $(a', b', c' = t')$ l'un de ces triangles, a' étant le côté sécant à a, b' le côté sécant à b, et c' celui qui coupe c. Ces 2 triangles choisis, le troisième t'' est déterminé, il a pour côtés les troisièmes droites a'', b'', c'' dans les plans (a, a'), (b, b'), (c, c'). A chaque triangle t' en correspond donc un seul dans les 31 qui restent, de sorte que chaque triangle t fournit 16 systèmes ou 16 hexaèdres pouvant servir à engendrer la surface. Mais on peut arriver à l'un de ces systèmes (t, t', t'') en prenant pour point de départ l'un quelconque des 3 triangles, de sorte que le nombre des systèmes ou des hexaèdres est $\dfrac{16 \times 45}{3} = 240$.

Remarque 2. — Dans ce mode de génération, 9 des droites de la surface sont connues immédiatement ; elles sont telles que chacune est coupée par 4 des 8 autres, ces 4 sécantes forment entre elles 2 des paires de sécantes à la droite considérée. Elles forment aussi, de 9 manières différentes. un système constitué par un quadrilatère, sa droite opposée et les 4 sécantes à 2 côtés consécutifs du quadrilatère, lesquelles coupent, comme on sait, la droite opposée.

Par exemple, le quadrilatère (a, b, b', a') a pour droite non sécante c'' et les 4 droites c, b'', c', a'' coupent respectivement les paires $(a\,b)$, $(b\,b')$, $(b'\,a')$, $(a'\,a)$ et rencontrent toutes la droite c''. Il résulte de là qu'il est aisé de passer de ce mode de génération au précédent. Prenons, en effet, pour base du faisceau de quadriques (a, b, b', a') et pour axe du faisceau de plans c'' ; faisons correspondre à la quadrique dégénérée $(a\,b\,c,\,a'\,b'\,c')$ le plan $((c'',\,c\,c')$, à la quadrique $(a\,a'\,a'',\,b\,b'\,b'')$ le plan $(c''\,a''b'')$ et à la quadrique (a, b, c, d, P) le plan (c'', P), les deux faisceaux sont rapportés homographiquement l'un à l'autre et engendrent la surface.

On s'assure aisément que le problème de la détermination des droites de la surface n'est plus ici du 5me mais du 3me degré.

II. — Modes de génération ponctuels

1° Génération par 3 gerbes de plans homographiques deux à deux

THÉORÈME 5. — **Le point d'intersection des éléments homologues de 3 gerbes de plans homographiques deux à deux a pour lieu géométrique une surface cubique.** *(Grassmann).*

En effet, les 3 gerbes déterminent sur une droite quelconque une homographie du 3me ordre et de 2me espèce dont les points triples sont points du lieu. Une droite quelconque coupe donc la surface en 3 points et par suite, celle-ci est du 3me ordre. Cette surface passe d'ailleurs par les centres des 3 gerbes. Si, en effet A, B, C, sont ces centres, et que l'on considère dans la gerbe A le faisceau d'axe AB et les faisceaux correspondants d'axes By, Cz, parmi les plans de ce dernier, l'un passera par B et un seul et donnera avec les plans correspondants le point B comme point du lieu. On voit de même que A et C sont points du lieu.

On voit immédiatement l'analogie de ce mode de génération avec celui des coniques par deux faisceaux de droites homographiques.

THÉORÈME 6. — **Une surface générale du 3me ordre donnée peut être engendrée à l'aide de 3 gerbes de plans homographiques deux à deux.**

En effet, soient B, C et m, n, p, q, 3 points et 4 droites de la surface donnée, les 4 droites formant un Qdp. Nous savons que deux gerbes de plans sont rapportés homographiquement l'une à l'autre quand on donne dans l'une les éléments correspondants de 4 éléments de l'autre. (Voir Chasles ou Reye, *Géom. de posit.*) Prenons pour éléments correspondants des 4 plans (A, m), (A, n), (A, p), (A, q), de la première gerbe, les 4 plans (B, m), (B, n), (B, p), (B, q) de la seconde et les plans (C, m), (C, n), (C, p), (C, q) de la troisième.

La surface cubique engendrée par les 3 gerbes aura en commun avec la proposée A, B, C et le Qdp (m, n, p, q) ce qui équivaut à $3 + 4 \times 4 = 19$ points. Les deux surfaces coïncident donc.

Remarque 1. — Deux des 3 gerbes engendrent une congruence de droites, de sorte que la surface peut être considérée comme engendrée par la troisième gerbe et par cette congruence.

Remarque 2. — Comme pour les modes précédents, des hypothèses particulières sur les données fournissent des surfaces particulières.

Ainsi, lorsque les 4 faces d'un tétraèdre pivotent autour de 4 points fixes et que 3 sommets se meuvent sur 3 droites concourantes, le troisième décrit une surface cubique, mais non générale. Elle a un point double, savoir le point de concours des 3 droites fixes.

Remarque 3. — L'une des formes particulières du mode considéré ici est le mode dit : *4me Mode de génération de Steiner* (V. R. Sturm). *Le pôle d'un plan fixe relativement à toutes les surfaces d'une gerbe de quadriques décrit une surface cubique.*

Le pôle P du plan p par rapport à l'une des quadriques Q du faisceau peut, en effet, être considéré comme donné par l'intersection des plans polaires a, b, c de 3 points

A, B, C du plan p. Lorsque la quadrique Q décrit la gerbe, les plans polaires a, b, c décrivent 3 gerbes deux à deux homographiques. Chaque point de cette surface peut aussi être considéré comme l'intersection des plans polaires d'un certain point du plan par rapport à 3 quadriques du faisceau.

En effet, tous les plans polaires d'un point M par rapport aux quadriques du faisceau passent par un même point M' dit conjugué de M et réciproquement. Considérons le point P, il est le point conjugué d'un point P' qui est dans le plan p puisque l'un des plans polaires de P, savoir le plan polaire par rapport à Q n'est autre que p. Pour construire le point P d'après cette définition, il suffit des plans polaires de P' par rapport à 3 quadriques Q_1 Q_2 Q_3 de la gerbe. Lorsque P' décrit le plan p, les 3 plans polaires décrivent 3 gerbes de plans ayant pour centres les pôles P'_1 P'_2 P'_3 de p par rapport aux 3 quadriques.

La surface cubique est donc le lieu des points conjugués du plan p par rapport à la gerbe.

Elle contient les sommets de tous les cônes de la gerbe. On le voit de suite, d'après la première définition ; mais ces sommets de cônes ne constituent qu'une ligne sur la surface car il n'y a qu'une simple infinité de cônes dans la gerbe.

Cette courbe Γ est du 6me ordre, car elle fait partie de l'intersection des 2 surfaces cubiques S_3, S_3' correspondant à deux plans p et p' mais cette intersection contient déjà la cubique gauche lieu des points conjugués de la droite (p, p') par rapport à la gerbe. La courbe Γ est dite *courbe nodale de la gerbe*.

Chaque point de Γ étant sur S_3 et sur S_3' est conjugué par rapport à la gerbe, de 2 points, l'un sur p, l'autre sur p' ; il est donc conjugué à tous les points de la droite qui joint ceux-ci.

Ainsi, la courbe Γ est le lieu des points qui ont pour conjugué non un point unique, mais tous les points d'une droite.

2° *Génération par 3 faisceaux de plans liés par une relation trilinéaire*

THÉORÈME 7. — **Trois faisceaux de plans liés par une relation trilinéaire engendrent une surface cubique.** *(Grassmann).*

Considérons 3 faisceaux de plans liés de telle façon que l'un des plans de l'un d'eux étant choisi, les plans des deux autres qu'il faut lui associer soient indéterminés, mais qu'il suffise de choisir l'un d'eux pour que le troisième soit déterminé sans ambiguïté. Les 3 faisceaux détermineront sur une droite quelconque une homographie du 3me ordre.

$$xyz + ayz + bzx + cxy + dx + ey + fz + g = 0$$

ayant 3 points triples qui sont point du lieu. Le lieu est donc du 3me ordre.

Cette surface peut être considérée comme obtenue par le premier mode étudié (2me *Mode de Steiner.* V. R. Sturm.) En effet, soient A, B, C, les axes des 3 faisceaux, p un plan du premier. Les plans des deux autres qui lui correspondent sont indéterminés, mais se correspondent homographiquement; les deux faisceaux engendrent alors une quadrique Q passant par B et C. Elle passe en outre par 2 autres droites formant avec B et C un quadrilatère car la relation précédente peut s'écrire :

$$x(yz + bz + cy + d) + ayz + ey + fz + g = 0$$

et l'on voit que les valeurs de y et z satisfaisant à la fois à

$$yz + bz + cy + d = 0 \quad \text{et à} \quad ayz + fz + ey + g = 0$$

pourront s'associer à une valeur quelconque de x. Or ces équations donnent deux solutions (y_1, z_1) et (y_2, z_2). Donc, à tout plan de faisceau d'axe A, on peut associer deux plans p_1 et q_1 dans les 2 autres et aussi 2 plans p_2, q_2. Les droites (p_1, q_1) et (p_2, q_2) forment avec B et C un quadrilatère qui est la base du faisceau de quadriques Q.

Si l'on fait une réserve pour le cas où la surface n'aurait pas un nombre suffisant de droites réelles, on voit que les deux modes ont le même degré de généralité, c'est-à-dire que réciproquement toute surface S fournie par le premier mode peut l'être par celui-ci. En effet, prenons pour base du faisceau de quadriques l'un des 1080 quadrilatères de la surface et pour axe du faisceau de plans la droite opposée ; soient a, b, c, d, les côtés consécutifs du quadrilatère, l la droite opposée. Nous pouvons supposer chaque quadrique du faisceau engendrée à l'aide de 2 faisceaux de plans ayant pour axes 2 côtés opposés a et c du quadrilatère. Soit p un plan du faisceau d'axe l. La quadrique correspondante est déterminée par hypothèse. Donc, si l'on associe à p un plan arbitraire q du faisceau d'axe a, le plan du faisceau d'axe c sera déterminé. Soient, au contraire, choisis tout d'abord un plan de chacun des faisceaux d'axes a et c. La droite d'intersection de ces plans appartient à une seule quadrique du faisceau ; on peut donc dire qu'elle détermine cette quadrique. Or, par hypothèse, le plan correspondant du faisceau d'axe l est alors déterminé.

Ainsi, les faisceaux d'axes a, c, l sont liés par la relation trilinéaire, ce qui démontre la proposition.

Remarque.— En donnant à la relation trilinéaire les formes

$$y(xz + az + cx + e) + bzx + dx + fz + g = 0$$
$$z(xy + ay + bx + f) + cxy + dx + ey + y = 0$$

on met encore en évidence 4 autres droites.

3° Génération par deux faisceaux de plans et une gerbe de plans ou par une congruence de droites et une gerbe de plans.

THÉORÈME 8. — Etant données 2 droites gauches entre elles a et b, un point P et deux autres droites gauches entre elles c et d ne coupant pas les premières, si p est un plan passant par P, que X et Y soient les points (p, c), (p, d) et x, y les plans (a, X), (b, Y), les trois plans p, x, y, engendrent par leur intersection une surface cubique lorsque p décrit la gerbe du centre P. *(Schröter).*

Le lieu du point (p, x, y) peut, à volonté, être considéré comme défini par une gerbe de centre P et deux faisceaux d'axes a et b, ou par cette gerbe et une congruence de droites, savoir la congruence des sécantes communes à a et b. A chaque plan p de la gerbe correspondent des plans déterminés x et y et par suite une droite déterminée de la congruence. Réciproquement, si l'on se donne une droite f de la congruence, les plans (a, f), (b, f) déterminent sans ambiguïté les points X et Y et par suite le plan p. Donc chaque droite f de la congruence fournit un seul point du lieu. Mais elle contient, en outre, deux autres points, savoir (f, a) et (f, b).

Soient A et B ces 2 points; considérons dans la gerbe de centre P le faisceau d'axe PA; il décrit sur c et d 2 ponctuelles homographiques et les deux faisceaux d'axes a, b, qu'elles déterminent sont alors homographiques et engendrent une quadrique Q passant par a et b.

Les génératrices de Q qui appartiennent au système autre que celui de a et b sont droites de la congruence. Or l'une d'elles passe par A et coupe donc en A le plan du faisceau d'axe PA qui lui correspond. On voit de même que B est point du lieu. Ces points sont d'ailleurs points simples. En effet, tout plan de la gerbe P qui contient A, par exemple, appartient au faisceau d'axe PA; or, les droites de la congruence qui correspondent au plan de ce faisceau sont les génératrices de Q autres que celles du système de a et b et une seule passe par A. Ainsi, A est point simple et de même B. Il en résulte que la surface lieu est du 3me ordre.

Remarque 1. — Si X_1, Y_1 désignent les points (p, a), (p, b), le point (p, x, y) peut aussi être défini comme l'intersection des droites (X, X_1), (Y, Y_1) qui sont dans le plan p. Ainsi, le mode de génération considéré peut être défini de la manière suivante :

Etant donnés un point P et 4 droites a, b, c, d, formant un Qdp, si p est un plan passant par P et que X_1, Y_1, X, Y, les 4 points (a, p), (b, p), (c, p), (d, p), les 2 droites $X X_1$ et $Y Y_1$ se coupent en un point M dont le lieu est une surface cubique si p décrit la gerbe du centre P.

Remarque 2. — Tout point de a ou de b est sur la surface donc d'après ce nouvel énoncé, il y a symétrie entre ces couples de droites (a, b) et (c, d), ce dernier couple est lui-même sur la surface, ce qui peut, du reste, aisément se prouver en partant du premier énoncé.

Remarque 3. — Le lieu contient encore la sécante h à a et à c menée par P et la sécante à b et à d menée par ce même point P. Considérons, en effet, dans la gerbe P, le faisceau d'axe h, il détermine sur b et d 2 ponctuelles homographiques de points Y_1, Y. La droite $Y Y_1$ coupe h, successivement en tous ses points de sorte que h fait partie du lieu et il en est de même de k. Le point P est donc aussi sur la surface.

Ainsi, sont mises en évidence 6 droites de la surface dont l'ensemble équivaut à $4 \times 4 + 3 = 19$ points. Les 2 sécantes complètes s et s' du Qdp (a, b, c, d) sont sur la surface.

La troisième droite h_1 dans le plan (a, h) s'obtiendra en joignant les points d'intersection de ce plan avec les droites b et d. On obtient de même les troisièmes droites dans les plans (c, h), (b, k), (d, k). Soient h_2, k_1, k_2 ces droites.

La troisième droite l du plan (h, k) s'obtient en joignant les intersections de ce plan avec les droites s et s'. On voit que h_1 coupe d et b, que h_2 coupe aussi d et b, k_1 et k_2 coupent a et c.

Ainsi, le Tp (a, d, b) a pour sécantes complètes s, s' et h_1,
le Tp (c, d, b) a pour sécantes complètes s, s' et h_2,
le Tp (a, c, b) a pour sécantes complètes s, s' et k_1,
et le Tp (b, c, d) a pour sécantes complètes s, s' et k_2.

Remarque 4. — Si a et b sont dans un même plan, le point de concours o est un point conique de la surface ; si nous considérons dans la gerbe de centre P, le faisceau d'axe Po, les deux points X_1, Y_1 sont confondus en o et toutes les droites $X X_1$, $Y Y_1$, relatives à ce faisceau se coupent en o. La troisième droite dans le plan (a, b) est la droite CD, C et D étant les intersections du plan (a, b) avec c et d ; elle est fournie par celui des plans p qui passe par cette droite. La droite CD est l'une des droites s du cas général, l'autre droite s' est la sécante à c et d menée de o.

DE LA SURFACE GÉNÉRALE DU 3ᵐᵉ ORDRE.   161

On voit de même que si a et d sont dans un même plan, leur intersection o est point conique de la surface ; de même pour c et b, pour c et d.

Pour obtenir une surface à 4 points coniques, il faut que les 4 droites forment un quadrilatère gauche.

THÉORÈME 9. — Etant donnée une surface générale du 3ᵐᵉ ordre, on peut l'engendrer à l'aide d'une gerbe de plans p et d'une congruence de droites f, sécantes communes à 2 droites fixes a et b formant un **Db**, la gerbe et la congruence étant liées de telle sorte que les plans p et (a, f) se coupent constamment sur une droite c et les plans p et (b, f), constamment sur une droite d, les 4 droites formant un **Qdp**.

En effet, si l'on prend a, b, c, d ainsi que P centre de la gerbe sur la surface, P étant à l'intersection d'une sécante commune h à a et à c, et d'une sécante commune k à b et à d, la surface engendrée aura, avec la proposée, en commun, a, b, c, d, h, k, ce qui équivaut à $4 \times 4 + 2 + 1 = 19$ points communs. Les deux surfaces coïncident donc. *(On suppose que la surface possède un Qdp réel.)*

*4° Génération par un faisceau de plans
et 2 gerbes de plans ou par un faisceau de plans
et un complexe de droites*

THÉORÈME 10. — Etant donnés deux points A, B, une droite d, deux plans, P, Q, une droite l et un point O ; si m est un plan mené par O, que p et q soient les droites (m, P), (m, Q) et L le point (m, l), les trois plans (A, p), (B, q), (d, L) se coupent en un point dont le lieu est une sécante cubique lorsque m décrit la gerbe de centre O. *(Schröter.)*

A tout plan de l'une des gerbes de centre A et B correspond un plan unique de l'autre et la droite d'intersection engendre un complexe linéaire ; le lieu peut donc être considéré comme engendré par un complexe et un faisceau de plans.

Les droites de ce complexe qui correspondent à un plan

déterminé du faisceau d'axe d sont fournies par ceux des plan m qui passent par un même point L de l, c'est-à-dire par les plans du faisceau d'axe OL. Soit C le point (OL, P) et D le point (OL, Q). Le plan (A, p) contient C et le plan (B, q) contient D ; l'intersection de ces deux plans est donc une sécante commune aux droites (P, Q), AC et BD. Donc les droites de la congruence qui correspondent aux plans (d, L) considérés sont les génératrices d'une même quadrique Q définie par AC, BD et (P, Q), savoir celles du système qui ne contient pas ces 3 droites.

Toutes les quadriques (Q) contiennent la droite (P, Q) et passent par A et B. Mais elles passent en outre par 2 autres points qu'il est facile de construire. Dans chaque faisceau, tel que le faisceau d'axe OL, l'un, m_1 des plans passe par A ; soient p_1 son intersection avec P, q_1 son intersection avec Q ; le plan $(p_1 A)$ coïncide avec le plan m_1 de sorte que son intersection avec $(q_1 B)$ est la droite q_1. Or, tous les plans analogues à m_1 contiennent la droite OA et, par suite, toutes les droites analogues à q_1 passent par un même point (OA, Q). Soit A_1 ce point ; il appartient à toutes les quadriques Q. On démontrerait de même que toutes ces quadriques contiennent le point $B_1 = (OB, P)$.

Chaque faisceau d'axe OL, L étant un point de la droite l, contient le plan (o, l) ; soit m_0 ce plan et K le point $(m_0 P, Q)$ et I, J les intersections de l avec P et Q ; la droite h suivant laquelle se coupent les plans AKI, BKJ appartient à toutes les quadriques Q. Ces quadriques ayant (P, Q) en commun, ainsi que h et les 4 points A, A_1, B, B_1 situés dans un même plan, savoir le plan (O, A, B), ont aussi en commun l'intersection de ce plan avec (P, Q) et avec h. Elles passent donc par une conique située dans le plan (O, A, B) et coupent les droites h et (P, Q), de sorte qu'elles forment un faisceau de quadriques (faisceau particulier dont la base est formée d'une conique H et de 2 droites qui se coupent et coupent la conique.)

Le lieu engendré par ce faisceau et par le faisceau de plans d'axe d est (*2me mode de Steiner*) une surface cubique. Elle contient h, (P, Q), la conique (H) et aussi la droite d.

La droite de la surface située dans le plan (O, A, B) s'obtient en considérant celui des plans m qui passe par A et B, c'est-à-dire (O, A, B) ; l'intersection des plans (p, A), (q, B) est alors indéterminée puisque ces deux plans coïncident avec (O, A, B), de sorte que tout point de l'intersection de ce dernier plan avec (d, L_0), L_0 étant l'intersection de (O, A, B) avec L est sur la surface. Nous connaissons ainsi une quatrième droite r de la surface ; cette droite ne coupe pas h et (P, Q) puisque ces dernières coupent la conique H mais elle coupe d.

En résumé, des 4 droites construites, h et (P, Q) forment une paire, d et r une autre paire, chacune des droites h et (P, Q) coupe une fois la conique, tandis que dans la paire (d, r), la droite d est non sécante, la droite r, sécante double.

L'intersection s des plans des 2 paires à 4 points sur la surface, elle y est donc toute entière et cette droite s est la troisième de la surface dans le plan de chaque paire.

L'ensemble des 2 paires et de la conique équivaut à 17 conditions simples, mais il était aisé de trouver l'équivalant de 2 conditions de plus.

Soit J le point (l, Q) ; considérons le plan AOJ ; les plans p et q qu'il fournit se coupent suivant la droite $A_1 J$. Cette droite est coupée par le plan (d, J) qui lui correspond dans le faisceau d'axe d, au point J. On verrait de même que le point I est sur la surface.

Mais les droites KI et KJ coupent encore la surface en K, de sorte qu'il ne reste à construire, pour chacune d'elles qu'un seul de leurs points d'intersection avec la surface. Quant à la droite IJ ou l, son troisième point d'intersection avec la surface est L_0 puisque r, droite de la surface passe par L_0.

La droite $C_0 D_0$, intersection des plans OAB et (O, l) coupe la surface en L_0 et en 2 autres points qui sont les intersections avec la conique (H). Cette droite est la droite de Pascal de l'hexagone $S_0 A_0 A K_0 B B_1$, S_0 étant le point S du plan OAB et K_0 l'intersection de h avec OAB.

La conique de la surface située dans le plan p peut se

construire comme intersection de 2 faisceaux homographiques, l'un de centre B_1, l'autre de centre (d, P) et, de même, la conique qui forme avec Oy l'intersection de la surface avec le plan q est l'intersection de 2 faisceaux, l'un de centre A_1, l'autre de centre (d, Q).

THÉORÈME 11. — Etant donné un point P, 2 droites d_1 et d_2, 2 plans p_1 et p_2 et un point O, on mène par O une droite quelconque x) Soient X_1, X_2 les points (x, p_1), (x, p_2) ; les 3 plans (d_1, X_1), (d_2, X_2) et (P, x) se coupent en un point M dont le lieu est une surface du 3me ordre. *(Schröter)*.

Le point M est l'intersection de 3 faisceaux, car les plans (P, x) passent par 2 points fixes P, O et forment ainsi un faisceau. Considérons celles des droites x qui sont dans un même plan Q du faisceau d'axe PO. Les plans correspondants (d_1, X_1), (d_2, X_2) des 2 autres faisceaux deviennent 2 faisceaux homographiques car ils sont rapportés l'un à l'autre à l'aide des 2 ponctuelles rectilignes décrites l'une sur p_1 par X_1, l'autre sur p_2 par X_2, lesquelles sont perspectives l'une à l'autre. Ces 2 faisceaux $(d_1 X_1)$, (d_2, X_2) engendrent donc une quadrique S qui coupe le plan Q suivant une conique qui appartient au lieu. La droite PO étant évidemment droite du lieu, et droite simple, celui-ci est une surface du 3me ordre.

Pour une position quelconque du plan Q, la quadrique S passe par d_1 et d_2, par le point $C = (Q, p_1, p_2)$, par le point $(O D_1, p_2)$ et par $(O D_2, p_1)$, D_1 et D_2 étant les points des droites d_1 et d_2 sur le plan Q.

Soient A et B les points (OP, p_1) et (OP, p_2) et l la droite d'intersection des plans (A, d_1) et (A, d_2) ; cette droite l, qui coupe d_1 et d_2 est sur la quadrique.

Soient D'_1 et D'_2 les points (d_1, p_1), (d_2, p_2), et r le plan (O, D'_1, D'_2), et l_1, l_2 les 2 droites (r, p_1), (r, p_2), enfin F le point (r, p_1, p_2).

L'un quelconque Q des plans de la gerbe d'axe OP, coupe le plan r suivant une droite $\xi_1 \xi_2$. Or, quelle que soit la droite $\xi_1 \xi_2$ du plan r que l'on considère, les plans (ξ_1, d_1), $(\xi_2 d_2)$ sont les mêmes, de sorte que leur intersection t est située sur toutes les quadriques S. Cette droite t passe par le point F et forme avec d_1, d_2 et l un quadrilatère base du faisceau de quadriques S. On est ainsi ramené au second mode de génération de Steiner.

CHAPITRE XI

SINGULARITÉS DES SURFACES DU 3me ORDRE

SURFACES RÉGLÉES

SURFACES A POINTS CONIQUES

En général, une surface peut avoir des points coniques, des lignes multiples et corrélativement des plans tangents le long d'une ligne et des développables tangentes dont chaque plan tangent touche la surface en plus d'un point. Dans le cas des surfaces cubiques, ces deux singularités tangentielles (qui supposent le degré $\geqq 4$) n'existent pas, mais on peut avoir les 2 sortes de singularités ponctuelles.

1° *Surfaces réglées.*

THÉORÈME 1. — **Une surface du 3me ordre non dégénérée (en quadrique et plan), peut avoir une ligne de points doubles, laquelle est une droite et la surface est alors réglée.**

On voit d'abord qu'il existe des surfaces cubiques à droite double ; telle est la surface engendrée par une droite mobile x assujettie à rencontrer constamment une conique fixe C et 2 droites l et d, l'une d'elles, d par exemple rencontrant la conique.

Soit A le point (d, C) et I le point où l perce le plan P de la conique. Le lieu complet des droites x se compose du plan (A, l) et d'une surface S qui n'a dans le plan P que les points de C et ceux de la droite IA, lesquels sont d'ailleurs points simples car, par chaque point de C autre que A

passe une seule droite x et dans le plan P ne se trouve qu'une fois la droite mobile, si l'on fait abstraction de la position (A, l) du lieu complet. La surface est donc du 3me ordre. Or, par chaque point M de d passent 2 droites x, savoir les 2 droites qui joignent M aux points d'intersection de la conique C avec le plan (M, l). Ainsi, d est droite double.

On voit de suite qu'une surface cubique ne peut avoir une ligne double courbe car l'intersection d'une telle ligne avec une de ses cordes est au moins du degré 4.

Enfin, toute surface cubique à droite double est réglée, car tout plan passant par cete droite ne coupe plus la surface que suivant une droite simple dont l'ensemble des positions constitue un système de génératrices de la surface.

THÉORÈME 7. — **Réciproquement, une surface réglée du 3me ordre qui n'est ni cône, ni cylindre, ni dégénérée a une droite double.**

Soit d l'une des génératrices d'une telle surface, S, qui en soit une droite simple, P un plan passant par d, C la conique de la surface complétant l'intersection (P, S), a et b les points (C, d).

Par chaque point de C passe une génératrice rectiligne. Soient d' celle qui passe par a' point de la conique infiniment voisin de a et D' celle qui passe par b', point de la conique infiniment voisin de b. De ces 2 génératrices, l'une est infiniment voisine de d, non seulement en position, mais en direction, mais elles ne peuvent l'être toutes deux, car s'il en était ainsi, la droite génératrice passant 2 fois par la position d, d serait droite double de la surface, ce qui est contraire à l'hypothèse. Supposons que d' soit la position de la droite mobile infiniment voisine de d à la fois en position et en direction. Le point b de la surface est alors l'intersection de 2 droites génératrices se coupant sous un certain angle dont l'une est dans le plan de la conique, il est donc au point double. On trouverait de même un point double sur chaque génératrice. Or la continuité exige que ces points doubles forment une ligne et l'on sait qu'elle ne peut être qu'une droite.

Remarque. — Dans chaque plan passant par la droite double ne se trouve qu'une génératrice, mais par chaque point double passent, en général 2 génératrices, savoir les 2 droites qui complètent les intersections de la surface par les 2 plans tangents en ce point.

Il peut arriver cependant que l'une des génératrices passant par un point A de la droite double se confonde constamment avec celle-ci, quel que soit A. Dans ce cas, une section quelconque par un plan contenant une génératrice mais non la droite double, ne se complète jamais par une conique dégénérée. Ces surfaces sont dites *surfaces de Cayley*. Lorsque par chaque point de la droite double passent 2 génératrices, la surface possède une seconde directrice qui est droite simple, savoir la troisième droite de la surface dans le plan de 2 génératrices partant d'un même point de la droite double.

On voit de suite que cette troisième droite est la même pour tous les couples que l'on peut considérer.

Dans les surfaces de Cayley, cette directrice simple n'existe plus.

THÉOREME 3. — **Toute surface réglée du 3me ordre donnée qui n'est ni cône, ni dégénérée, ni surface de Cayley, peut être engendrée par une droite mobile x coupant constamment une conique C, une droite d sécante à C et une droite l non sécante à C et non sécante à d.**

Soit S la surface, d sa droite double, P un point de d, a et b les génératrices passant par P. Le plan (a, b) contient une troisième droite l de la surface, laquelle ne peut couper d. Menons par l'une des droites a, b, par a par exemple un plan différant de (a, b). Il coupe encore la surface suivant une conique C qui rencontre d, mais non l car si C coupait l, le point de rencontre serait un point double de la surface, situé hors de la droite d, ce qui est impossible.

Prenons maintenant d, C, l comme directrices du mouvement d'une droite x. Nous savons que celle-ci engendre une surface cubique déterminée, contenant d'ailleurs C et l et ayant l pour droite double. Cette surface coïncide avec la proposée.

Remarque 1. — Il ne peut exister 2 directrices simples l, l', car avec la directrice double d, elles détermineraient une quadrique.

Remarque 2. — On peut imaginer, comme cas particuliers :

1° Celui où la directrice simple l est à l'infini ;
2° Celui où la directrice double d est à l'infini.

Supposons la directrice double à distance finie, prenons-la pour OZ ; l'équation de la surface peut alors être écrite :

(1) $$Ax^2 + 2Bxy + Cy^2 = 0$$

où C, B, C sont des fonctions linéaires.

$ax + 3cz + 3d$, $a_1 x + b_1 y + 2c_1 z + 2d_1$, $b_2 y + 3c_2 z + 3d_2$

Les plans tangents au point $x = y = 0$, $z = h$ ont pour équation

(2) $$(ch + d)x^2 + 2(c_1 h + d_1)xy + (c_2 h + d_2)y^2 = 0$$

Si l'on exprime que l'une des racines de cette équation en $\frac{y}{x}$ a une valeur indépendante de h, en écrivant, par exemple que les équations $cx^2 + 2c_1 xy + c_2 y^2 = 0$, $dx^2 + 2d_1 xy + d_2 y^2 = 0$ ont une racine commune, on a :

$$(c_2 d - c d_2)^2 + 4(c_2 d_1 - c_1 d_2)(c d_1 - c_1 d) = 0$$

et si l'on prend pour zox le plan tangent fixe, on a $c = d = 0$, de sorte que l'équation de la surface devient :

(3) $x^3 + y[3x(a_1 x + b_1 y + 2c_1 z + d_1) + y(b_2 y + 3c_2 z + 3d_2)] = 0$

Un plan $y = kx$, contient une génératrice dont l'intersection avec la droite double est donnée par

$$h = -\frac{d_1 + K d_2}{2c_1 + K c_2}$$

Or cette valeur de h ne peut pas être donnée par 2 valeurs différentes de k, à moins que l'on ait : $\dfrac{d_1}{d_2} = \dfrac{2c_1}{c_2}$ et dans ce cas h est indépendant de k, c'est-à-dire que toutes les génératrices passent par un même point de oz et que l'on a un cône. Si cette condition n'est pas remplie, l'équation (3) représente une surface dont il ne passe qu'une génératrice par chaque point de la droite double, c'est-à-dire une surface de Cayley.

Si l'on a non seulement $c = d = o$, mais $c_1 = d_1 = o$, on a 2 plans tangents confondus tout le long de la droite double ; on a un cône.

Pour une surface réglée générale, il existe 2 points de la droite double, pour lesquels les 2 plans tangents n'en font qu'un.

THÉORÈME 4. — **Une surface réglée de Cayley peut être engendrée par une droite s'appuyant sur 2 coniques ayant un point commun et une droite passant par ce point et située dans le plan tangent aux 2 coniques en ce point, pourvu que les 2 coniques satisfassent à une certaine condition (savoir que la projection de l'une sur le plan de l'autre, faite d'un point de la droite, soit osculatrice à cette autre).**

Remarquons d'abord qu'une surface réglée générale peut être engendrée ainsi. Soient C et C' les 2 coniques situées dans des plans P et P' et ayant en commun le point A. Soit t le plan tangent commun en A et d une droite menée dans t par le point A. Si d'un point I de d on projette C' sur le plan P, la projection C''' est tangente en A à C et coupe C en 2 points M_1, M_2 ; les 2 droites IM_1, IM_2 sont les génératrices de la surface passant par I.

Pour qu'il n'y ait qu'une génératrice passant par I, il faut que C''' soit osculatrice à C. Or, si cette condition est satisfaite pour le point I, elle le sera pour tout autre point de d. En effet, soit A' un point de C' infiniment voisin de A et A'' sa projection sur P. D'après l'hypothèse, la distance de A'' à la courbe C est infiniment petite du 3me ordre. Or, si le point I se déplace sur d d'une quantité finie, le déplacement de la projection A'' sur le plan P est infiniment petit du 1er ordre et s'effectue dans une direction faisant avec la tangente à C au point A de C, un angle infiniment petit du 2me ordre. La distance de A'' à C ne varie donc que d'une quantité du 3me ordre et reste, par suite, du 3me ordre.

SURFACES RÉGLÉES; SURFACES A POINTES CONIQUES. 171

Ainsi, la projection de C' faite d'un point quelconque de d est osculatrice à C. On a bien dans ce cas une surface de Cayley.

On vérifie aisément ces résultats par le calcul en prenant par exemple d pour axe oz, t pour plan zoy et le plan P de la conique C pour xoy.

THÉORÈME 5. — **Les plans tangents à la surface le long de la droite double constituent un système involutif de plans.** *(Il s'agit des surfaces autres que les surfaces de Cayley).*

Soit encore d la droite double, l la directrice simple, C la conique directrice coupant d en A, I le point (l, P), P étant le plan de la conique, Ax l'intersection avec P du plan mené par d, parallèlement à l.

Considérons un plan tangent passant par d; pour obtenir son point de contact; il suffit de joindre son intersection M_1 avec la conique (autre que A) au point I et de mener par le point (IM_1, Ax) une parallèle à l jusqu'à sa rencontre T avec d.

Or, si M_2 est la seconde intersection de IM_1 avec C, le plan (d, M_2) est le second plan tangent en T. Ces 2 plans sont réciproques l'un de l'autre, chaque droite menée de I en fournit un couple analogue et les 2 plans doubles de l'involution sont fournis par les tangentes menées de I à C.

Remarque 1. — Les cônes et cylindres du 3me ordre n'ont, en général, pas de droite double. Mais s'ils en ont une les deux mêmes plans sont tangents tout le long de cette droite. Une seule directrice et le sommet (ou la direction des génératrices) suffit pour les définir.

Remarque 2. — Une surface réglée du 3me ordre ne peut présenter de point double isolé, la droite joignant un tel point à un point de la droite double ayant en effet 4 points communs avec la surface.

Remarque 3. — Une surface réglée du 3me ordre ne peut être une développable à arête de rebroussement. Car tout plan passant par une tangente t à cette arête qui est nécessairement une courbe gauche, couperait encore la surface suivant une conique. Si ce plan était tangent, la section devrait avoir t pour tangente de rebroussement, d'où il suit que la conique devrait se décomposer en droites confondues avec t, quelle que soit la tangente t.

Les seules surfaces développables du 3me ordre sont donc coniques ou cylindriques. Le théorème suivant montre une différence essentielle entre ces cônes et ceux du 2me ordre qui ne forment qu'une classe.

THÉORÈME 6. — **Il existe 5 formes de cônes du 3me ordre.**
(*Chasles*).

Cette proposition équivaut au théorème démontré dans le chapitre IV relatif à la projection des cubiques planes et la démonstration est la même.

On voit de plus que le partage des 5 familles de cônes en gemes et en espèce se fera exactement comme dans le cas des cubiques planes.

Remarque. — Etant donnés un cône du 2e degré et une conique, on sait que, certaines conditions d'inégalité étant remplies, on peut toujours placer la conique sur le cône, mais, d'après le théorème précédent, on voit que pour une cubique et un cône du 3me ordre, il y a en outre une condition traduite par une égalité à remplir pour que la courbe puisse être placée sur le cône.

Surfaces réglées à plan directeur

Si l'une des deux directrices d'une surface réglée générale (ou la directrice unique d'une surface de Cayley) s'éloigne à l'infini, on obtient une surface à plan directeur.

On voit qu'il y en a de trois sortes :

1° *Surfaces à deux directrices — directrice simple à l'infini.*

Si l'on prend la directrice double pour oz et un plan passant par la directrice simple pour xoy, on peut ramener l'équation à

$$(az + b) x^2 + (a_1 z + b_1) xy + (a_2 z + b_2) y^2 = o$$

SURFACES RÉGLÉES; SURFACES A POINTES CONIQUES. 173

2° *Surfaces à deux directrices — directrice double à l'infini.*

On peut ramener l'équation à la forme

$$(ax + by) z^2 + (a_1 x + b_1 y) z + (a_2 x + b_2 y) = 0$$

3° *Surfaces de Cayley à plan directeur.*

Représentables par l'équation

$$(ax+by+cz+d) z^2 + (a_1 x + b_1 y) z + a_2 x + b_2 y + c_2 z + d_2 = 0$$

Un cas particulier des surfaces à plan directeur ayant la directrice simple à l'infini est *le conoïde Plücker*.

On peut en donner cette définition : *le conoïde de Plücker est le lieu géométrique des droites perpendiculaires aux rayons de la congruence des droites coupant 2 droites données* d *et* d' *et perpendiculaires de plus à la droite* l *plus courte distance de* d *et* d'.

Si l'on choisit les axes de façon que les équations des 2 directrices soient

$$(d) \begin{cases} z = h_1 \\ y = mx \end{cases} \qquad (d') \begin{cases} z = h_2 \\ y = -mx \end{cases}$$

on trouve pour l'équation de la surface

$$(x + my)(y + mx)(z - h_1) - (x - my)(y - mx)(z - h_2) = 0$$

La section par un plan se projette sur xoy suivant une cubique circulaire ayant un point double à l'origine. Elle peut se décomposer, l'une des parties se projetant alors suivant un cercle.

Surfaces à points singuliers isolés.

En un point isolé, le plan tangent est remplacé par un cône tangent, qui peut se réduire à 2 plans réels ou imaginaires, distincts ou confondus. S'il y a plusieurs points coniques, toute droite joignant 2 d'entre eux est évidemment sur la surface. Il ne peut y avoir 4 points singuliers dans un plan car celui-ci couperait la surface suivant les 6 droites joignant les points deux à deux ce qui est impossible.

Il ne peut y avoir plus de 4 points singuliers, car s'il y en avait 5, a, b, c, d, e, le plan (a, b, c) aurait un point commun avec la surface hors des côtés du triangle (a, b, c), savoir son intersection avec $d\,e$, laquelle ne peut se faire sur l'un des côtés du triangle puisqu'il y aurait alors 4 points singuliers dans un même plan.

Mais on aurait alors pour le plan (a, b, c) une intersection d'un degré supérieur au 3me.

Enfin, une surface cubique peut avoir 4 points doubles formant un tétraèdre. Si l'on prend ce dernier pour tétraèdre de référence, l'équation de la surface a la forme

$$A xyz + B yzt + C ztx + D txy = 0$$

Elle contient 3 paramètres, ce qui pouvait être prévu grâce à cette remarque que la connaissance des 6 arêtes du tétraèdre équivaut à 16 points (2 arêtes opposées étant comptées pour 4 points chacune, les 4 autres doivent l'être pour 2 chacune).

Entre ce cas extrême et celui de la surface sans point double, se placent ceux de 1, 2, 3 points doubles et ceux qui en dérivent.

Cas d'un point double

THÉORÈME 7. — *Par le point double (supposé à cône tangent non dégénéré) passent 6 droites de la surface.*

Soit A ce point; C le cône tangent. Toute génératrice de C coupe la surface en 3 points confondus en A. Coupons la figure par un plan P ne passant pas par A; la cubique et la conique suivant lesquelles sont coupés le cône et la surface ont 6 points communs et les 6 droites joignant ces points à A sont sur la surface car elles y ont chacune 4 points (dont 3 confondus.)

THÉORÈME 8. — *Les droites de la surface ne passant pas par le point double sont au nombre de 15. Chacune d'elles rencontre 2 de celles qui y passent et 6 de celles qui n'y passent pas.*

En effet, soit $d_i\,(i = 1, 2, \ldots 6)$, les 6 droites passant par le point double. Prises deux à deux, elles déterminent 15 plans dans chacun desquels se trouve une troisième droite de la surface. Soient

$$F_{kl} \ (k \geqq l = 1, 2, \ldots \ldots 6)$$

ces 15 droites. Chacune d'elles ne coupe que deux droites d car elle ne rencontre le cône qu'en 2 points. Mais elle est rencontrée par 6 droites f, savoir les 6 n'ayant pas d'indice en commun avec elle. Ces 6 droites sont dans 3 plans. Il n'y a pas d'autre droite sur la surface, car toute droite l ne passant pas par A, détermine avec A un plan coupant la surface suivant l et une conique ayant en A un point double, c'est-à-dire suivant 2 droites d. Cette droite l est donc une des 15 droites f.

Remarque 1. — Pour retrouver le nombre 27 des droites du cas général, il suffit de compter comme double chacune des droites d.

Remarque 2. — Les 6 droites passant par le point singulier peuvent être imaginaires par paires; elles peuvent même l'être toutes.

On voit, en effet, en prenant le point A pour sommet $x = y = z = o$ du tétraèdre de référence et le plan P (th. 7) pour $t = o$, que l'intersection de la surface avec P ne dépend que des termes ne contenant pas t, tandis que l'intersection du cône tangent en A, avec le même plan, ne dépend que des termes contenant t au premier degré. Or les deux séries de coefficients sont indépendantes l'une de l'autre et l'on peut les supposer choisis de telle sorte que la conique et la cubique d'intersection n'aient pas de point d'intersection réel.

Mais, si ces points sont tous imaginaires, ils sont deux à deux conjugués et des 15 droites de jonction, 3 sont réelles. Chacune d'elles détermine avec A un plan réel et toute droite réelle menée par A, dans ce plan devant couper la surface en un troisième point réel, il en résulte que les 3 droites f contenues dans ce plan sont réelles. Il est aisé de voir que ces 3 droites f n'ont pas d'indice commun, donc, d'après une remarque faite (th. 8), chacune coupe les 2 autres ; elles forment donc un triangle. Si l'on prend les côtés de ce triangle pour arêtes du tétraèdre situées dans $t = o$ l'équation de la surface a la forme

(I) $\quad A_{114} x^2 t + A_{224} y^2 t + A_{334} z^2 t + 2 A_{123} xyz + 2 A_{124} xyt$
$\quad\quad + 2 A_{134} xzt + 2 A_{234} yzt = o$

La conique suivant laquelle le cône tangent au point double est coupé par le plan $t = o$ peut être intérieure au triangle $xyz = o$ suivant lequel est coupée la surface. Elle peut même être imaginaire et dans ce cas le point double A est isolé.

Si 2 des droites passant par A sont réelles, on peut les prendre pour arêtes $y = z = o$ et $x = z = o$; si l'on prend alors la troisième droite de leur plan pour $z = t = o$ et un point de la surface pour sommet $x = y = t = o$ l'équation a la forme

(I′) $\quad A_{113} x^2 z + A_{133} xz^2 + A_{223} y^2 z + A_{233} yz^2 + A_{334} z^2 t + A_{123} xyz$
$\quad\quad + 2 A_{124} xyt + 2 A_{134} xzt + 2 A_{234} yzt = o$

Si 4 ou 6 droites passant par A sont réelles, on peut prendre 3 d'entre elles pour axes $xy = o$, $xz = o$, $yz = o$, mais alors les 3 autres arêtes ne peuvent être sur la surface s'il n'y a pas d'autre point double.

Si la troisième droite de $z = o$ est arête du tétraèdre, on a la forme

(I″) $\quad A_{113} x^2 z + A_{133} xz^2 + A_{223} y^2 z + A_{233} yz^2 + 2 A_{123} xyz$
$\quad\quad + 2 A_{124} xyt + 2 A_{134} xzt + 2 A_{234} yzt = o$

On a supposé, dans ce qui précède, que le cône tangent au point singulier est non dégénéré. Un point conique proprement dit est appelé *cnicnode*. Si le cône tangent est décomposé en 2 plans, le point est appelé *binode* ; si les faces du *biplan* sont confondues, on a un *unode*. Les cnicnodes, binodes, unodes seront désignés par C_2, B_3, U_6 (indices justifiés plus tard), dans le cas général. Si l'arête du biplan est sur la surface, on a un binode B_4. Si en outre, l'une des faces coupe suivant 2 droites confondues avec l'arête, on a un binode B_5 et si cette face coupe suivant 3 droites confondues avec l'arête, un binode B_6.

Le plan tangent en un unode, coupe, en général, la surface suivant 3 droites distinctes passant par l'unode. Si 2 de ces droites sont confondues, on a un unode U_7, si les 3 sont confondues, un unode U_8.

Considérons ces cas particuliers.

Binode B_3. — La surface a 15 droites, dont 6 passant par B_3 (3 dans chaque face du biplan et 9 dans les plans déterminés par les premières prises deux à deux, une dans chaque face du biplan.)

Si le biplan est réel, chacune de ses faces contient au moins une droite réelle. En prenant ces 2 droites et l'arête du biplan pour axe $xy = o$, $xz = o$, $xy = o$ et la troisième droite dans le plan $z = o$, pour arête $z = t = o$, l'équation a la forme

(II) $\frac{1}{3} A_{333} z^3 + A_{113} x^2 z + A_{133} xz^2 + A_{223} y^2 z + A_{233} yz^2$
$+ 2 A_{123} xyz + 2 A_{124} xyt = o$

Dans le cas où le biplan n'a que son arête réelle, il n'existe pas de droite réelle de la surface, passant par le binode.

3° *Binode B_4.* — Il reste 10 droites : l'arête du binode, 2 autres droites dans chaque face du biplan, 4 autres droites dans les plans déterminés par ces dernières et une droite coupant l'arête du binode. Si le biplan est réel et que les droites (autres que l'arête) qu'il contient le soient aussi, on peut avoir l'équation :

(III) $A_{113} x^2 z + A_{133} xz^2 + A_{223} y^2 z + A_{233} yz^2 + 2A_{123} xyz$
$+ 2A_{124} xyt = o$

4° *Binode B_5.* — Il n'y a plus que 6 droites : l'arête du biplan, 3 autres droites passant par le binode et 2 n'y passant pas. Si c'est le plan $x = o$ qui coupe suivant 2 droites confondues avec l'arête (qui est ici droite torsale) l'équation peut s'écrire :

(IV) $A_{223} y^2 z + A_{113} x^2 z + A_{133} xz^2 + 2A_{123} xyz + 2A_{124} xyt = 0$

5° *Binode* B_6. — Il n'y a plus que 3 droites, situées dans l'une des faces du biplan, l'une étant l'arête.

Si c'est le plan $x = 0$ qui coupe suivant 3 droites confondues, l'on ne peut plus prendre pour axe $x = z = 0$ une droite de la surface, mais si les 2 droites de l'autre face (différentes de l'arête du biplan) sont réelles, on peut prendre l'une pour arête $y = z = 0$. On a la forme

(V) $\frac{1}{3} A_{222} y^3 + A_{113} x^2 z + A_{133} xz^2 + 2A_{123} xyz + 2 A_{124} xyt = 0$

si l'on suppose le sommet $yzt = 0$ placé au point d'intersection de l'arête $yz = 0$ avec la conique située dans le plan $z = 0$ et, de plus l'arête $zt = 0$ tangente en ce point $yzt = 0$.

Le plan $t = 0$ coupe la surface suivant une courbe dont l'arête $ty = 0$ joint 3 points d'inflexion.

6° *Unode* U_6. — Il y a 6 droites : les 3 situées dans le plan tangent au point U_6 et 3 autres dont chacune coupe une des premières.

Si l'on prend le plan tangent en U_6 pour $x = 0$ et 2 droites (supposées réelles) de ce plan pour arêtes $xy = 0$, $xz = 0$, l'équation a la forme

(VI) $\frac{1}{3} A_{111} x^3 + A_{112} x^2 y + A_{122} xy^2 + A_{113} x^2 z + A_{133} xz^2 + A_{114} x^2 t$
$+ A_{223} y^2 z + A_{233} yz^2 + 2 A_{123} xyz = 0$

Un plan $y - mx = 0$ coupe suivant $xy = 0$ et une conique. Or celle-ci se décompose pour une seule valeur de m en deux droites dont l'une est encore $xy = 0$. Soient $a_1 a_2 a_3$ les 3 droites du plan $x = 0$ (dont 2 ont été prises pour arêtes du tétraèdre) et $b_1 b_2 b_3$ les droites qui rencontrent respectivement $a_1 a_2 a_3$. La droite b_2 ne coupe pas a_1; or elle rencontre la section $(a_1 a_1 b_1)$ et par suite la droite b_1. De même b_3 coupe b_1 et b_2 de sorte que les 3 droites b_1, b_2, b_3 forment un triangle. Prenons 2 côtés de ce triangle pour arêtes $ty = o$, $tz = o$, l'équation se réduit à

(VI') $A_{114} x^2 t + A_{223} y^2 z + A_{233} yz^2 + 2A_{123} xyz = o$

Il y a 2 arêtes opposées du tétraèdre, que la surface ne contient pas.

7° *Unode* U_7. — Il n'y a plus que 3 droites dont 2 dans le plan tangent en U_7 et une autre droite coupant celle des deux premières qui joue dans le plan tangent en U_7 le rôle de droite simple.

Soit encore $x = o$ le plan tangent en U_7, U_7 étant le sommet $xyz = o$ et de plus $xz = o$ la droite double de ce plan, $xy = o$, la droite simple. L'équation a la forme

(VII) $\frac{1}{3} A_{111} x^3 + A_{112} x^2 y + A_{122} xy^2 + A_{113} x^2 z + A_{133} xz^2 + A_{114} x^2 t$
$+ A_{233} yz^2 + 2 A_{123} xyz = o$

Or, en coupant par le plan $z = kx$, on voit que la conique ne se décompose pour aucune valeur de k (sauf $k = \infty$), tandis que si l'on coupe par $y = mx$, on trouve une valeur de m pour laquelle la conique se réduit à 2 droites dont l'une est $xy = o$. Prenons la seconde pour arête $yt = o$, et, dans le plan $z = o$, l'arête $zt = o$ tangente à la conique de la surface située dans ce plan, l'équation se réduit à

(VII') $A_{122} xy^2 + A_{114} x^2 t + A_{233} yz^2 + 2A_{123} xyz = o$

8° *Unode* U_8 — La surface n'a plus qu'une droite.

Si U_8 est le sommet $xyz = o$, la droite de ce plan l'arête $xz = o$, que $xzt = o$ soit sur la surface, $zt = o$ tangente à la section par le plan $z = o$ l'équation se réduit à

(VIII) $\frac{1}{3} A_{333} z^3 + A_{122} xy^2 + A_{113} x^2 z + A_{133} xz^2 + A_{114} x^2 t + 2A_{123} xyz = o$

que l'on peut encore réduire à

(VIII') $A_{333} z^3 + 3A_{122} xy^2 + 3A_{114} x^2 t + 6A_{123} xyz$

en supposant que t soit un plan tangent à la surface et que l'on ait pris pour $y = o$ un plan passant par une tangente à une ligne asymptotique en ce point.

180 SINGULARITÉS DES SURFACES DU 3me ORDRE ;

Cas de deux points doubles

THÉORÈME 9. — Le nombre des droites d'une surface cubique à 2 cnicnodes est 16. Ce sont : 1° la droite qui joint les cnicnodes, 2° 4 autres droites passant par le premier et 4 par le second, formant avec les premières 4 paires ; 3° 6 autres droites ne passant par aucun cnicnode et ne coupant pas la droite qui les joint ; 4° une droite coupant cette droite de jonction.

Soient A et B les cnicnodes, d la droite AB. On sait déjà qu'elle est sur la surface ; elle y tient la place de 2 des 6 droites passant par un cnicnode quand il y en a un seul. Considérons encore le cône C tangent en A. Coupons la figure par un plan passant par B ; la conique d'intersection avec C passe par B, la cubique d'intersection avec la surface a, en B, un point double. Les deux courbes n'ont donc plus que 4 points communs autres que B. Par suite, il passe par A 4 droites de la surface autres que AB. Soient m, n, p, q, ces 4 droites. Il y en a de même 4 passant par B et l'on voit de suite en considérant les plans tels que (AB, m), que chacune coupe l'une des premières. Soient (m, m'), (n, n'), (p, p'), (q, q'), les 4 paires formées.

Le plan tangent au cône C suivant AB est tangent à la surface le long de AB. Il contient encore une droite l de la surface, ne passant ni par A, ni par B.

Les 6 plans (m, n), (m, p)...... fournissent encore 6 droites f de la surface. Il en est de même des 6 plans (m', n'), (m', p')...... mais ces 6 droites sont identiques aux 6 précédentes, car la troisième droite du plan (m, n) doit couper le cône tangent en B en 2 points qui ne peuvent être ni sur m' ni sur n' et qui sont sur p' et q'. Cette droite f et les 5 analogues sont d'ailleurs les seules ne passant ni par A, ni par B et ne coupant pas AB.

Remarque 1. — Pour retrouver le nombre 27 des droites du cas général, il suffirait de compter pour 2 chacune des droites passant par A et B, pour 4 la droite AB, et pour 1 chacune des autres.

SURFACES RÉGLÉES; SURFACES A POINTES CONIQUES. 181

Remarque 2. — La droite AB est nécessairement réelle ainsi que l, mais les couples (m, m')...... peuvent être du genre ellipse. Considérons encore le cône tangent en A et les sections du cône et de la surface par un plan P passant par B. Les 4 points d'intersection autres que celui qui est sur AB, de la conique et de la cubique situées dans P sont imaginaires par paires. Donc, des 6 droites qui les joignent deux à deux, il y en a au moins 2 réelles. Chacune détermine avec A un plan réel lequel contient une droite f réelle. Ainsi, des 6 droites f, 2 au moins sont réelles.

Supposons que 2 des 4 paires (m, m')..... soient réelles nous pouvons les prendre pour arêtes du tétraèdre de référence et ramener l'équation à la forme

(IX) $A_{112} x^2 y + A_{122} xy^2 + 2 A_{123} xyz + 2 A_{124} xyt + 2 A_{234} yzt$
$\qquad + 2 A_{134} xzt = o$

Cas particuliers

10° *Cnicnode C_2 et binode B_3*. — Le cnicnode est sur l'une des droites partant du binode et par suite dans l'une des faces du biplan, lequel est par suite réel. Supposons que B_3 soit $xyz = o$ et C_2 $xyt = o$. L'arête du biplan ne peut être $B_3 C_2$ car elle serait alors sur la surface ce qui est contraire à l'hypothèse, puisque le binode est d'espèce B_3.

Elle peut être choisie pour arête $xz = o$; si, de plus, on prend l'une des faces du biplan pour $z = o$ et l'une des droites de la surface dans ce plan pour arête $zy = o$, on arrive à

(X) $\frac{1}{3} A_{222} y^3 + A_{112} x^2 y + A_{122} xy^2 + A_{113} x^2 z + A_{223} y^2 z + 2 A_{123} xyz$
$\qquad + 2 A_{134} xzt = o$

Si enfin on prend la troisième droite du plan $y = o$ pour arête $yt = o$, on a

(X') $\frac{1}{3} A_{222} y^3 + A_{112} x^2 y + A_{122} xy^2 + A_{223} y^2 z + 2 A_{123} xyz$
$\qquad + 2 A_{134} xzt = o$

La surface a 11 droites : la droite $B_3 C_2$, 4 droites passant par B_3 dont l'une l est dans la face $x = o$, les 3 autres dans $z = o$; 3 autres droites passent par C_2 et enfin 3 droites ne passant ni par B_3 ni par C_2 savoir les troisièmes droites dans les plans déterminés par les précédentes.

11° *Cnicnode C_2 et binode B_4.* — La surface n'a plus que 7 droites savoir $B_4^3 C_2$, 2 paires de droites passant par B_4 et C_2, l'arête du biplan et une droite située dans le plan tangent le long de cette arête.

On s'assure aisément que C_2 ne peut être sur l'arête du biplan, car celle-ci serait alors droite double et l'on aurait une surface réglée. Ainsi C_2 est dans une des faces du biplan. Prenons ces faces pour $x = o$ et $z = o$ et le cnicnode pour $x = y = t = o$, puis l'une des paires supposées réelles de sécantes à $B_4 C_2$ pour $yz = o$ et $yt = o$ nous avons l'équation

(XI) $\quad A_{112} x^2 y + A_{122} xy^2 + A_{223} y^2 z + 2 A_{123} xyz + 2 A_{134} xzt = o$

12° *Cnicnode C_2 et binode B_5.* — La surface a 4 droites : $B_3 C_2$, une droite passant par B_5, une par C_2 coupant la précédente et l'arête du biplan.

Si $x = o$ et $z = o$ sont les faces du biplan, on peut réduire l'équation à

(XII) $\quad A_{112} x^2 y + A_{223} y^2 z + 2 A_{123} xyz + 2 A_{134} xzt = o$

qui ne diffère de la précédente que par la disparition du terme $A_{122} xy^2$.

13° *Cnicnode C_2 et Binode B_6.* — Il reste 2 droites : $B_6 C_2$ et l'arête du biplan. On a aisément la forme

(XIII) $\quad A_{111} x^3 + A_{223} y^2 z + 6 A_{123} xyz + 6 A_{134} xzt = o$

14° *Deux binodes B_3, B_3'.* — La surface a 7 droites : $B_3 B_3'$ et 3 paires de droites dont chacune est formée d'une droite passant par B_3 et d'une passant par B'_3.

Considérons la forme relative au cas $C_2 + B_3$ et exprimons que C_2 devient un binode B_3, nous avons la condition

SURFACES RÉGLÉES; SURFACES A POINTES CONIQUES. 183

$A_{134}^2 \times A_{223} = o$. L'hypothèse $A_{134} = o$ donne un cône, il reste donc $A_{223} = o$ et l'on a l'équation :

(XIV) $\frac{1}{3} A_{222} y^3 + A_{112} x^2 y + A_{122} xy^2 + 2A_{123} xyz + 2A_{134} xzt = o$

Les deux biplans ont une face commune $x = o$. On peut prendre la seconde face du biplan relatif à B' pour $t = o$ et il reste

$\frac{1}{3} A_{222} y^3 + A_{112} x^2 y + A_{122} xy^2 + 2A_{134} xzt = o$

Ces combinaisons de deux points singuliers sont les seules possibles et l'on s'assure aisément que toutes les combinaisons de la forme $B_3 + B_i$ ($i > 3$) conduisent à des dégénérescences et de même les combinaisons $U_k + C_2$ ou $U_k + B_i$.

Cas de 3 points singuliers.

THÉORÈME 10. — Le nombre des droites d'une surface cubique à 3 cnicnodes est 12, savoir : 1° les 3 droites joignant ces points ; 2° 6 droites telles qu'il en passe 2 par chaque point conique ; 3° 3 droites ne passant pas par les cnicnodes, chacune d'elles coupant une des droites qui joignent ces points.

Soient A, B, C, les cnicnodes; les droites AB, BC, CA, sont déjà connues comme droites de la surface. Considérons encore le cône C tangent en A. Coupons la figure par un plan P passant par B et C. La cubique d'intersection avec la surface se compose d'une droite, savoir BC et d'une conique passant par B et C. Deux des 6 génératrices du cône A, qui sont sur la surface sont confondues suivant AB, deux autres suivant AC. Il y a donc encore 2 autres droites m, n de la surface passant par A. De même, deux droites analogues m', n' passent par B et deux m'', n'' par C.

Le plan (AB, m) contient une troisième droite de la surface qui doit nécessairement passer par B; elle est donc l'une des droites m', n', supposons que ce soit m'. La troisième droite du plan (AB, n) sera alors n'.

De même, la troisième droite du plan (AC, m) est m'' ou n'', soit par exemple m''; la troisième de (AC, n) sera n''.

Mais alors m' ne sera pas coupée par m'' mais par n'' car m, m' et m'' ne peuvent être dans un même plan. De même n' n'est pas coupée par m''.

On a ainsi un hexagone $m\, m'\, n''\, n\, n'\, n''$ dont les côtés opposés concourent en A, B et C.

Le plan (m, n) contient une troisième droite s qui ne peut couper ni m' ni n' ni AB. Donc, les deux points d'intersection de cette droite avec le cône tangent en B sont confondus sur BC. Cette troisième droite est donc dans un plan tangent à la surface sur BC. De même, la troisième droite s' dans le plan $(m'. n')$ est dans un plan tangent à la surface sur AC et la troisième s'' dans le plan $(m''\, n'')$ dans un plan tangent sur AB.

Remarque 1. — On retrouve le nombre 27 des droites du cas général en comptant AB, BC, CA comme quadruples, les 6 autres droites passent par les cnicnodes comme doubles et les 3 dernières comme simples.

Remarque 2. — On voit aisément que les 3 droites $s, s'\, s''$ se coupent deux à deux, c'est-à-dire forment un triangle sur la surface.

Remarque 3. — Avec les restrictions convenables relatives à la réalité des éléments, on peut donner à l'équation la forme

(XV) $\quad A_{233}yz^2 + 2A_{123}xyz + 2A_{124}xyt + 2A_{134}xzt + 2A_{234}yzt = 0$

Cas particuliers

16° *Deux cnicnodes C_2, C_2', un binode B_3*. — Il reste 8 droites : $B_3\, C_2$, $B_3\, C_2'$, $C_2\, C_2'$, deux droites passant par B_3, une par C_2, une par C_2' et une droite sécante à $C_2\, C_2'$ située dans un plan tangent le long de $C_2\, C_2'$.

Si $x = 0$, $y = 0$ sont les faces du biplan, on arrive à la forme

(XVI) $\quad A_{333}z^3 + 3A_{133}xz^2 + 3A_{233}yz^2 + 6A_{123}xyz + 6A_{124}xyt = 0$

17° *Deux cnicnodes C_2, C_2', un binode B_4*. — Il y a 5 droites $B_4\, C_2$, $B_4\, C_2'$, $C_2\, C_2'$, l'arête du biplan et une sécante à $C_2\, C_2'$.

En prenant le même tétraèdre que précédemment, l'équation se réduit à

(XVII) $\quad A_{133} xz^2 + A_{233} yz^2 + 2 A_{123} xyz + 2 A_{124} xyt = 0$

Les hypothèses (B_5, C_2, C_2'), (B_6, C_2, C_2') ne donnent que des surfaces dégénérées.

18° *Un cnicnode C_2, deux binodes B_3, B_3'.* La surface a 5 droites $C_2 B_3$, $C_2 B_3'$, $B_3 B_3'$ et une paire de droites passant B_3 et B_3'.

Supposons que B_3 et B_3' soient pris pour sommets $xyz = 0$ et $yzt = 0$ et le cnicnode pour $xzt = 0$, l'équation s'obtiendra en exprimant que pour les surfaces représentées par (XVI), le cône tangent en $yzt = 0$ se réduit à 2 plans. On trouve la condition $A_{124}^2 A_{133} = 0$. L'hypothèse $A_{124} = 0$ donne des surfaces dégénérées; l'hypothèse $A_{133} = 0$ donne les surfaces

(XVIII) $\quad A_{333} z^3 + 3 A_{233} yz^2 + 6 A_{123} xyz + 6 A_{124} xyt = 0$

En écrivant que l'un des binodes est d'un indice supérieur à 3, on trouve des surfaces dégénérées; mais le troisième cnicnode peut se transformer en binode.

19° *Trois binodes $B_3\ B'_3\ B''_3$.* — La surface a 3 droites, les côtés du triangle $B_3\ B'_3\ B''_3$. Son équation peut se réduire à la forme

(XIX) $\quad A_{333} z^3 + 6 A_{123} xyz + 6 A_{124} zyt = 0$

Les plans tangents en $xzt = 0$ sont $x = 0$, $A_{123} z + A_{124} t = 0$. En prenant ce dernier pour face $t = 0$, l'équation se réduit à la forme

(XIX') $\quad z^3 + 6mxyt = 0$

Cas de 4 points singuliers

THÉORÈME 11. — Le nombre de droites d'une surface cubique à 4 cnicnodes est 9, savoir les arêtes du tétraèdre des cnicnodes et 3 droites situées dans un même plan et coupant chacune deux arêtes opposées du tétraèdre.

Soient A, B, C, D les 4 cnicnodes; les 6 arêtes du tétraèdre sont déjà connues comme droites de la surface.

Le plan tangent à la surface le long de AB, la coupe encore suivant une droite l qui doit rencontrer le cône tangent à la surface au point C. Or, elle ne peut le rencontrer sur CA, ni sur CB, car elle n'est pas dans le plan ABC. Donc elle le rencontre sur CD et cette droite est aussi la troisième de la surface dans le plan tangent le long de CD. Il existe une droite analogue l' coupant AC et BD et en outre l'' coupant AC et BD.

Ces 3 droites sont dans un même plan car s'il n'en était pas ainsi, toute sécante commune à ces 3 droites et à l'une des 6 autres serait sur la surface, y ayant 4 points. Il en résulterait l'existence sur la surface de $3 \times 6 \times 2 = 36$ droites nouvelles, ce qui est impossible. Ainsi, les droites l, l', l'' forment un triangle et leur plan est un plan tangent triple.

Remarque 1. — On retrouve encore le nombre 27 en considérant comme quadruples les arêtes du tétraèdre et comme simples les 3 autres droites.

Remarque 2. — Si l'on se borne aux cas des cnicnodes, on voit que la présence d'un point double diminue le nombre de droites de 6, celle d'un second de 5, d'un troisième de 4 et d'un quatrième de 3.

L'équation de la surface dans le cas de 4 cnicnodes peut s'écrire :

(XX) $\quad A_{123} xyz + A_{234} yzt + A_{341} ztx + A_{412} txy = 0$

On s'assure aisément que l'un de ces cnicnodes ne peut se transformer en binode sans que la surface ne se décompose.

EXERCICES

1. — *Etudier les surfaces réglées du 3me ordre ayant pour directrices un cercle, une droite d coupant le cercle et perpendiculaire à son plan et une droite l parallèle au plan du cercle.*

SURFACES RÉGLÉES; SURFACES A POINTES CONIQUES.

2. — *Etudier les surfaces réglées telles que les 2 plans tangents en chaque point de la droite double se confondent constamment.*

3. — *Construire en coordonnées cartésiennes, les surfaces*

$$xyz + yz + zx + xy = 0;$$
$$6xyz - K = 0;$$
$$6xyz + z^3 - 3yz^2 + 6xy = 0;$$
$$2xyz + xz^2 - yz^2 + 4xy = 0.$$

CHAPITRE XII

POLES ET POLAIRES
DANS LES SURFACES DU 3me ORDRE

Tout point O a, comme dans le cas des courbes, deux polaires, qui sont ici un plan et une quadrique.

Menons par O une sécante OX coupant la surface en A, B et C, le plan polaire en P, la quadrique polaire en $Q_1 Q_2$, nous avons, par définition :

$$(1) \quad \frac{3}{OP} - \frac{1}{OA} - \frac{1}{OB} - \frac{1}{OC} = 0$$

$$(2) \left(\frac{1}{OQ} - \frac{1}{OA}\right)\left(\frac{1}{OQ} - \frac{1}{OB}\right) + \left(\frac{1}{OQ} - \frac{1}{OB}\right)\left(\frac{1}{OQ} - \frac{1}{OC}\right) + \left(\frac{1}{OQ} - \frac{1}{OC}\right)\left(\frac{1}{OQ} - \frac{1}{OA}\right) = 0$$

Q désignant l'un quelconque des points Q_1, Q_2.

L'équation (2) peut s'écrire :

$$(2') \quad \frac{OA}{QA} + \frac{OB}{QB} + \frac{OC}{QC} = 0$$

ou

$$(2'') \quad \frac{3}{QO} - \frac{1}{QA} - \frac{1}{QB} - \frac{1}{QC} = 0$$

cette dernière forme montre que si Q est sur la quadrique polaire de O, O sera sur le plan polaire de Q (cas particulier d'un théorème sur les surfaces algébriques.)

Si donc, on se donne le plan polaire d'un point, on construira celui-ci en prenant l'intersection des quadriques polaires de 3 points de ce plan ; donc un plan donné est plan polaire de 8 points en général.

Une quadrique donnée n'est pas, en général, quadrique polaire d'un point ; les quadriques polaires de tous les points de l'espace formant un réseau, de sorte que la condition pour une quadrique d'être polaire équivaut à six conditions simples (c'est-à-dire traduites chacune par une équation entre les coefficients.)

Si l'on exprime que l'équation (2) a 2 racines égales en OQ, on voit que cette racine unique satisfait à l'équation (1). Donc, le plan polaire du point O par rapport à la quadrique polaire est identique au plan polaire par rapport à la surface cubique (ce qui n'est pas particulier aux surfaces du 3me ordre).

Si 2 des points A, B, C sont confondus, l'un des points Q coïncide avec le point double, donc :

La quadrique polaire passe par les points de contact des tangentes menées de O à la surface *ainsi que par tous les points doubles, que ces derniers soient en nombre fini ou forment une droite double.*

Réciproquement, pour qu'un point Q soit sur la surface, il faut que 2 des 3 points A, B, C coïncident. Si les 3 points A, B, C coïncident, les 2 points Q se confondent avec eux. Mais la coïncidence de Q_1 et Q_2 n'entraîne celle de A, B, C que si cette coïncidence a lieu en l'un d'eux.

Or la conique d'intersection de deux surfaces polaires coupe la surface cubique en 6 points, donc :

Par tout point O de l'espace, on peut mener à la surface 6 tangentes inflexionnelles. C'est-à-dire encore qu'un cône circonscrit à la surface a 6 génératrices de rebroussement.

THÉORÈME 1. — **Un cône circonscrit à la surface générale du 3me ordre est de 12me classe et du 6me ordre. La surface générale du 3me ordre est donc de 12me classe.**

En effet, d'abord les points de contact des plans tangents menés à la surface par une droite quelconque sont à l'intersection de cette surface et des quadriques polaires de 2 points quelconques de cette droite. Il y en a donc $2 \times 2 \times 3 = 12$. Ainsi l'on peut mener par une droite quelconque 12 plans tangents à la surface. Un cône circonscrit à la surface étant donné, on peut lui mener par toute droite passant par son sommet 12 plans tangents.

Ce cône de 12me classe est du 6me ordre, car il est de l'ordre de la courbe d'intersection de la surface et de la quadrique polaire. La classe, qui serait 30 pour un cône du 6me ordre général est abaissé de 18 unités par suite de la présence des 6 tangentes inflexionnelles.

Si C est la conique de la surface située dans le plan (O, l) l étant une droite de la surface, les 2 points (C, l) sont sur la quadrique polaire. Mais le plan (O, l), (ainsi que les 26 plans analogues), ne contient que 4 génératrices de ce cône, savoir les 2 tangentes menées de O à C et les 2 génératrices passant par les points (C, l), lesquelles comptent chacune pour 2 droites, le plan (O, l) étant tangent à la surface aux points (C, l).

Ainsi, le cône a 27 plans bitangents ; l'une de ses sections planes a 27 tangentes doubles et l'on voit alors par les formules de Plücker qu'une telle section a 24 tangentes d'inflexion.

Remarque 1. — Si le point O est dans l'un des 54 plans passant par une droite de la surface et fournissant un point double de l'involution que tracent sur cette droite les coniques de la surface, les 2 génératrices de contact du cône et du plan se confondent et le contact est d'ordre supérieur. Si le point O est sur la droite d'intersection de 2 de ces plans, le cône circonscrit, de sommet O, a un contact d'ordre supérieur avec ces 2 plans. Enfin, si le point O est commun à 3 de ces plans, ces 3 plans ont encore le cône de contact d'ordre supérieur.

Remarque 2. — Si le point O est sur la surface, toute sécante menée par O, coupant la surface en ce point, l'équation (1) se réduit à la forme $OP.OB.OC = o$, si l'on suppose que A soit le point confondu avec O. Elle montre que le plan polaire est le plan tangent à la surface, car elle n'est satisfaite que si le second point d'intersection, B ou C se confond encore avec O et montre de plus que le point P

est alors indéterminé. Il résulte de là que la quadrique polaire est aussi tangente en O à la surface, puisque le plan polaire de O est le même par rapport à la surface et à la quadrique polaire.

Si le point O est l'intersection de 2 droites de la surface, le plan et la quadrique polaire passent par ces droites.

Remarque 3. — Lorsque le point O est sur la surface, le cône circonscrit est seulement de 4me ordre car la courbe d'intersection C de la surface et de la quadrique polaire a en O un point double. Il en résulte qu'un plan passant par O ne coupe la courbe qu'en 4 points donnant des génératrices du cône.

Mais ce cône reste de 12me classe, car la courbe C coupe en 12 points la quadrique polaire d'un point quelconque M de l'espace ; donc on peut mener par la droite OM, 12 plans tangents au cône. Le cône étant de 4me ordre et de 12me classe, n'a ni point double, ni arête de rebroussement ; il a 24 plans tangents d'inflexion et 28 plans tangents doubles *(formules de Plücker)*.

Si le point O est sur l'axe des 27 droites de la surface, l, par exemple, la ligne d'intersection C se compose de l et d'une courbe C' du 5me ordre qui passe par O puisque O est point double de l'intersection complète (l, C'). Le cône circonscrit est toujours de 4me ordre, mais il n'est plus que de 10me classe, car la courbe C' coupe en 10 points la quadrique polaire d'un point quelconque M.

Il en résulte que ce cône a une arête double ; cela résulte des formules de Plücker, mais on peut aussi le voir directement.

En effet, la courbe C' coupe l non seulement en O, mais encore en 2 autres points. Pour le voir, remarquons que toute génératrice de la quadrique polaire (q) de O n'appartenant pas au même système que l, coupe la surface S en 3 points dont l'un est sur l et dont, par suite, les 2 autres sont sur C'.

Soit l' l'une de ces génératrices ; le plan (l, l') coupe C' en 5 points dont 2 sur l', par suite, l coupe C' en 3 points (dont l'un est O). Il n'y a pas d'arête de rebroussement, mais une section plane du cône a 18 tangentes d'inflexion et 16 tangentes doubles et par suite le cône a 16 plans tangents doubles. Ce sont les 16 plans passant par les 16 droites de la surface qui ne coupent pas l.

Si le point O est l'un des 135 points de la surface où se coupent 2 de ses droites, l'intersection (S, q) se compose de ces 2 droites l, l' et d'une courbe du 4me ordre C''. On voit, par un raisonnement analogue au précédent, que C'' est coupée en 2 points par l et en 2 points par l'. Le cône de sommet O en passant par C'' est du 4me ordre, les droites l, l' sont génératrices doubles. Il est de 8me classe, a 12 plans tangents d'inflexion et 8 plans tangents doubles.

Ces derniers sont les plans passant par les 8 droites de la surface ne coupant ni l, ni l'.

Soit a la troisième droite de la surface dans le plan (l, l'). La droite l est coupée par 4 paires de droites autres que (l', a) ; soient :

$$(m_1, n_1), \quad (m_2, n_2), \quad (m_3, n_3), \quad (m_4, n_4)$$

ces droites. La droite l', l'est par 4 paires autres que (l', a), soient :

$$(p_1, q_1), \quad (p_2, q_2), \quad (p_3, q_3), \quad (p_4, q_4)$$

ces droites.

Chacune des 8 premières coupe 4 de chacune des 8 autres ; supposons que chaque droite m coupe chaque droite p et que chaque droite n coupe chaque droite q.

Soit $d(ij)$ la droite d'intersection des plans $(m_i\, n_i)$ et $(p_j\, q_j)$. Il passe par O 16 droites d et l'une quelconque contient 3 points analogues à O, dont l'un est O.

Soit $O(ij)$ le conjugué harmonique de O sur la droite $d(ij)$ par rapport aux 2 points $(m_i\, p_j)$ et $(n_i\, q_j)$; les 16 points $O(ij)$ sont sur la quadrique polaire de O.

Chaque plan tel que $(m_i\, n_i)$ ou $(p_j\, q_j)$ contient 4 droites d : ainsi le plan (m_1, n_1) contient les droites

$$d(1,1), \quad d(1,2), \quad d(1,3), \quad d(1,4)$$

et par suite il contient 4 points $O(ij)$, savoir :

$$O(1,1), \quad O(1,2), \quad O(1,3), \quad O(1,4)$$

Ces 4 points O sont donc sur la conique intersection de la quadrique (q) et du plan (m_i, n_i). Or cette conique est dégénérée, car la droite l en fait partie. Comme l ne contient aucun de ces points O, ces derniers sont donc sur une même droite r_1.

De même :

$O(2, 1)$, $O(2, 2)$, $O(2, 3)$, $O(2, 4)$, sont sur une droite r_2 ;
$O(3, 1)$, $O(3, 2)$, $O(3, 3)$, $O(3, 4)$, sont sur une droite r_3 ;
$O(4, 1)$, $O(4, 2)$, $O(4, 3)$, $O(4, 4)$, sont sur une droite r_4.

Ces mêmes 16 points sont, d'une seconde manière, sur 4 droites, savoir :

$O(1, 1)$, $O(2, 1)$, $O(3, 1)$, $O(4, 1)$, sur une droite s_1 située dans le plan $(p_1 q_1)$;

$O(1, 2)$, $O(2, 2)$, $O(3, 2)$, $O(3, 4)$, sur une droite s_2 du plan (p_2, q_2) ;

$O(1, 3)$, $O(2, 3)$, $O(3, 3)$, $O(3, 4)$, sur une droite s_3 du plan (p_3, q_3) ;

$O(1, 4)$, $O(2, 4)$, $O(3, 4)$, $O(4, 4)$, sur une droite s_4 du plan (p_4, q_4).

Les 8 droites r et s sont sur la quadrique (q), les droites r étant d'un système, les droites s, de l'autre.

Si le point O est le sommet de l'un des 240 trièdres ayant pour faces 3 triangles (a, b, c), (a', b', c'), (a'', b'', c''), n'ayant pas de côté commun, les sommets des 3 triangles sont sur (q). (Par exemple le rayon OA, A étant le sommet (b, c) coupe la surface en 2 points confondus en A, A est donc sur (q).) Or ces 3 triangles sont sur un second trièdre dont les faces contiennent les triangles (a, a', a''), (b, b', b''), (c, c', c'') ; soit O' le sommet de ce trièdre. La droite joignant O' au point (a, b) contient aussi les sommets (a', b'), (a'', b''). Donc elle est sur la quadrique polaire de O.

Il en est de même des droites joignant O' aux points (b, c) et (b', c'). Donc la quadrique polaire de O est un cône de sommet O' et réciproquement.

On verra que cette réciprocité caractérise les points dits

conjugués sur la hessienne. Les sommets des 240 trièdres sont donc de tels points conjugués.

On a remarqué déjà que l'ensemble des quadriques polaires forme un réseau. Les quadriques polaires des points d'un plan passent toutes par 8 points ; elles forment une gerbe. Les quadriques polaires des points d'une droite passent toutes par la courbe d'intersection de 2 d'entre elles; elles forment un faisceau. La base de ce faisceau est dite *première polaire de la droite. (Steiner).*

Par un point M passent une infinité de quadriques polaires formant une gerbe, savoir les quadriques polaires des points du plan m polaire de M. Ainsi, tout point M de l'espace peut être dit *associé* de 7 autres points.

Par 2 points, M et M' passent une infinité de quadriques polaires formant un faisceau, savoir les quadriques polaires des points de la droite d intersection des plans polaires de M et de M'. La courbe base de ce faisceau contient M et M'.

En particulier, les quadriques polaires tangentes à une droite en un point donné forment un faisceau.

Enfin, par les 3 points M, M', M'', passe une seule quadrique, et, en particulier, il y a une seule tangente en un point donné à un plan donné.

Il y a lieu de chercher, relativement à la quadrique polaire :

1º Quels sont les points pour lesquels elle subit une première dégénérescence en devenant un cône ;

2º Quels sont ceux pour lesquels la dégénérescence est plus complète, la quadrique se réduisant à un système de 2 plans.

On voit, *à priori*, que les premiers points doivent former une surface, la condition de devenir un cône étant exprimée par une seule équation, tandis que les seconds doivent être en nombre fini, car pour que la quadrique se réduise à 2 plans, il faut que tous les déterminants mineurs du 1er ordre du discriminant soient nuls ; or ils le sont quand 2 mineurs symétriques le sont ; les points ayant des quadriques polaires réduites à 2 plans sont donc à l'intersection des 3 surfaces obtenues en annulant le discriminant et 2 de ses mineurs symétriques.

THÉORÈME 2. — Le lieu des points dont la quadrique polaire est un cône, est une surface du 4me ordre (Hessienne). Cette surface est aussi le lieu des sommets de ces quadriques dégénérées (Steinerienne).

En effet, l'équation de la quadrique polaire de $x\,y\,z\,t$ peut s'écrire symboliquement, soit :

(1) $\qquad (x\mathrm{D_X} + y\mathrm{D_Y} + z\mathrm{D_Z} + t\mathrm{D_T})' = o$

soit

(2) $\qquad (X\mathrm{D_x} + Y\mathrm{D_y} + Z\mathrm{D_z} + T\mathrm{D_t})'' = o$

X, Y, Z, T étant les coordonnées courantes, D le symbole de la dérivation. Or, si l'on écrit que (2) est un cône, on obtient en x, y, z, t une condition du 4me degré $H = o$, H étant le déterminant des 10 dérivées secondes.

En écrivant que (1) contient son centre, c'est-à-dire que les coordonnées de ce centre annulent les 4 dérivées premières, on obtient, pour le lieu de ce centre $X\,Y\,Z\,T$ l'équation $H = o$. Le théorème est donc démontré.

Remarque 1. — L'identé de la hessienne et de la steinerienne, qui a déjà lieu pour les courbes planes du 3me ordre, est caractéristique du 3me ordre. Mais, tandis que dans le cas des courbes, la hessienne-steinerienne est du même degré que la courbe, dans le cas des surfaces elle est d'un degré supérieur.

Remarque 2. — Les points de la surface $H = o$ sont *conjugués* deux à deux; de telle sorte que si A' est le sommet du cône polaire de A, A sera le sommet du cône polaire de A'. En effet, les équations du centre de la quadrique (1) ou (2) sont symétriques par rapport aux deux groupes X, Y, Z, T et x, y, z, t et ces équations ne changent pas par la permutation des deux groupes, on peut considérer indifféremment l'un d'eux comme représentant le sommet du cône, l'autre étant formé des coordonnées du point dont ce cône est la quadrique polaire.

Remarque 3. — La différence de degré de $H = o$ et de

la surface cubique peut faire supposer, le nombre des paramètres de l'équation homogène du 4me degré à 4 variables surpassant de 15 celui de l'équation du 3me degré, que, contrairement à ce qui arrive pour les courbes, la recherche de la surface, connaissant la hessienne, est un problème indéterminé. (On a vu que, pour les courbes, il est déterminé et a 3 solutions). On verra plus loin qu'il y a des conditions restrictives dans le choix de la surface du 4me ordre qui peut être hessienne et que le problème est au contraire déterminé.

Définition. — La courbe d'intersection de la surface cubique avec la hessienne se nomme *courbe parabolique.* Pour chacun de ses points, la quadrique polaire est un cône tangent au plan polaire et à la surface cubique, en ce point. La courbe d'intersection de la surface avec le plan tangent en l'un des points de cette courbe a, en ce point qui est point double, 2 tangentes confondues.

La courbe parabolique, dans le cas général est du degré $4 \times 3 = 12$.

THÉORÈME 3. — *Si A et A' sont deux points conjugués de la hessienne, le plan tangent en A, à cette surface est le plan polaire de A' par rapport à la surface cubique.*

En effet, considérons, sur la hessienne, 2 points voisins de A, A_1 et A_2, formant avec A un triangle. Les 3 quadriques polaires des sommets de ce triangle sont 3 cônes ayant 8 points communs. Or, pris deux à deux, ils ont une courbe d'intersection qui, lorsque les 2 sommets viennent se confondre, a pour limite une courbe passant par le sommet du cône ; donc, lorsque les 3 points A, A_1, A_2 se rapprochent, il arrive que, des 8 points communs aux cônes, il en est qui viennent se confondre avec A' sommet du cône polaire de A. Mais le plan $A A_1 A_2$ est alors tangent à la hessienne. Donc A' est un des pôles du plan tangent en A à H. C. Q. F. D.

COROLLAIRE. — *Les plans tangents à la surface, le long de la courbe parabolique P, sont tangents à la hessienne.*

PÔLES ET POLAIRES DANS LES SURFACES DU 3me ORDRE. 197

En effet, soit A un point de P, p le plan tangent en A à la surface. Ce plan est le plan polaire de A, mais alors il contient A' point conjugué de A sur la hessienne. Le plan tangent en A' à la hessienne est le plan polaire de A par rapport à la surface. Donc, il n'est autre que p.

THÉORÈME 4. — **La hessienne et la courbe parabolique sont tangentes aux 27 droites de la surface.**

En effet, soit $uA + vB = o$, l'équation de la surface, $u = o$, $v = o$ étant celles de l'une de ses droites (réelle ou imaginaire), A et B étant des fonctions du second degré en x, y, z, que nous supposons exprimées en u, v, z. Le déterminant des 10 dérivées secondes est le même, à un facteur constant près, quand on prend les variables u, v, z, t (t variable d'homogénéité).

Or, si dans ce déterminant l'on fait $u = o$, $v = o$, il se réduit à $(A'_z B'_t - A'_t B'_z)^2$. Il en résulte que les 4 points d'intersection de la hessienne avec $u = o$, $v = o$ sont confondus en 2 points. La droite est bitangente à la hessienne, car ces deux points ne peuvent être points doubles de la hessienne.

Or, la droite étant sur la surface cubique, est aussi tangente à la courbe parabolique en ces points.

THÉORÈME 5. — **Chaque point de la hessienne, dont le cône polaire est dégénéré en 2 plans, est point double (point conique) de la hessienne. Son plan polaire est tangent à la hessienne tout le long de l'intersection des 2 plans.**

En effet, soit P un tel point, p_1 et p_2 les 2 plans constituant sa quadrique polaire, d leur intersection. Tout point de d peut être considéré comme le sommet du cône dégénéré (p_1, p_2). Donc la droite d est toute entière sur la hessienne.

Chacun de ses points est point conjugué de P de sorte que le plan polaire de P, lequel passe par d est tangent à la hessienne tout le long de d.

D'autre part, les plans polaires des points de d qui passent tous par P et qui sont tous tangents à la hessienne, enveloppent un cône de 2e degré, car, les coordonnées d'un point de d étant exprimées à l'aide d'un paramètre k, celui-ci figure au second degré dans l'équation du plan polaire, d'où il suit que, sauf exception, le cône est du 2e degré.

Ainsi P est point conique de la hessienne.

Le théorème suivant fait connaître les points pour lesquels la dégénérescence de la quadrique polaire est complète.

6. — THÉORÈME DE SYLVESTER. — Il existe 10 points (qui sont situés sur la hessienne et qui en sont des points coniques) dont la quadrique polaire se réduit à 2 plans. Ils sont 3 à 3 sur 10 droites et ces droites concourent 3 à 3 en ces 10 points.

On a vu que de tels points existent ; soit A l'un d'eux, p et p' les 2 plans constituant sa quadrique polaire, d la droite (p, p'). Exprimons les coordonnées d'un point de la droite d à l'aide d'un paramètre k et substituons-les dans le déterminant symétrique du 3me ordre qui, égalé à zéro, exprime que la quadrique polaire coupe le plan de l'infini suivant 2 droites.

Cette quadrique ne pourra être un paraboloïde, car elle a un centre à distance finie, savoir A. Elle se réduit donc à un système de 2 plans. Or, la condition sera du 3me degré en k. Ainsi sur la droite d se trouvent 3 points B, C, D jouissant de la même propriété que A.

Pour chacun d'eux, la droite d'intersection des 2 plans formant leur quadrique polaire, passe par A. Soient Ax, Ay, Az, les droites correspondant respectivement à B, C, D.

Chacune de ces 3 droites, comme d, est sur la hessienne et contient 3 points analogues à A. L'un d'eux est A. Soient B' et B'' les 2 autres sur Ax ; C' et C'' les 2 autres sur Ay ; D' et D'' les 2 autres sur Az. Ces 3 droites forment un trièdre, car la hessienne ne peut être coupée par un plan suivant 3 droites concourantes.

Par tout point double, d'après ce qui précède, passent donc 3 droites, situées sur la hessienne, contenant chacune 3 points doubles dont l'un est leur point de concours et il en passe 3 seulement.

PÔLES ET POLAIRES DANS LES SURFACES DU 3me ORDRE.

Or, il n'y a pas d'assemblage de points jouissant de la double propriété d'être 3 à 3 sur des droites, chacun d'eux étant le point de concours de 3 de ces droites, formant un trièdre, plus simple que les 10 sommets d'un pentaèdre.

Donc, un tel assemblage constitue un *élément* relativement à cette double propriété et l'on peut considérer toute figure qui la possède comme une réunion de ces éléments.

Ainsi, s'il y avait plus de 10 points doubles sur la hessienne, on pourrait les considérer comme étant les sommets de deux ou d'un plus grand nombre de pentaèdres.

Or, considérons-en deux : les 10 arêtes de l'un ne peuvent couper une face donnée de l'autre sur les 4 arêtes de celui-ci que cette face contient et d'autre part, s'il y avait un point d'intersection en dehors de ces 4 arêtes, la face considérée couperait la hessienne suivant une ligne d'un degré supérieur au 4me.

Les 2 pentaèdres ne peuvent d'ailleurs avoir de sommet commun ; car ils devraient alors avoir en commun les 3 arêtes qui y aboutissent, par suite aussi les 6 points doubles situés sur ces 3 arêtes, autres que le point de concours. Ils coïncideraient alors.

Ainsi, le nombre de points doubles de la hessienne n'est pas supérieur à 10, et ces points sont les sommets d'un pentaèdre dont les 10 arêtes sont sur la hessienne.

Remarque 1. — La perspective du système des 10 points et des 10 arêtes est formée par les 6 côtés de 2 triangles homologiques, par les 3 droites joignant les sommets homologues et par l'axe d'homologie. On voit, en traçant un tel système, qu'il y a 10 manières de le considérer sous cet aspect en prenant pour centre d'homologie l'un quelconque P des 10 points et pour axe celle des 10 droites qui ne passe ni par P, ni par les 6 points situés sur les 3 droites qui concourent en P.

Remarque 2. — La démonstration montre que la droite d intersection des 2 plans p p' formant la quadrique polaire d'un point double A de la hessienne contient les 3 points doubles non situés sur les arêtes du pentaèdre passant par A.

THÉORÈME 7. — Les deux plans formant les quadriques polaires d'un point double A de la hessienne forment avec les 2 faces du pentaèdre ne passant pas par ce point un faisceau harmonique. (*Steiner*).

Soient, comme précédemment B' et B'', C' et C'', D' et D'', les points doubles situés sur les 3 arêtes passant par A, et B, C et D les 3 derniers points doubles. B étant dans le plan $C'C''D'D''$, C dans le plan $D'D''B'B''$ et D dans le plan $B'B''C'C''$. Les 8 pôles du plan $C'C''B'B'' = (D)$ sont situés sur 2 plans passant par BC, sur 2 passant par CD', sur 2 passant par BD' et par suite sont sur 4 droites passant par B, sur 4 passant par C', sur 4 passant par D'. Ils sont aussi sur 4 passant par D''. Ils forment donc un hexaèdre tel qu'on peut le considérer comme une perspective d'un parallélipipède.

Soient $p_1, p_2, \ldots, p_8$ ces pôles, nommés de telle sorte que
B soit le point de concours de $p_1 p_2,\ p_3 p_4,\ p_5 p_6,\ p_7 p_8$,
C — — de $p_1 p_7,\ p_2 p_8,\ p_3 p_5,\ p_4 p_6$,
D' — — de $p_1 p_3,\ p_2 p_4,\ p_5 p_7,\ p_6 p_8$,
D'' — — de $p_1 p_6,\ p_2 p_5,\ p_3 p_8,\ p_4 p_7$.

Il s'agit de montrer que les plans BCD', BCD'' sont conjugués harmoniques par rapport aux plans $BC\,p_1 p_2 p_7 p_8$ et $BC\,p_3 p_4 p_5 p_6$. Or la droite CD'' perce le plan $p_5 p_6 p_8 p_7$ en un point I qui est le point de concours de $p_5 p_8$ et de $p_7 p_6$. Mais la droite ID' est coupée harmoniquement par les droites $B\,p_5 p_6$, $B\,p_7 p_8$, d'après les propriétés du quadrilatère complet. Donc les plans BCI (ou BCD'') et BCD' forment bien un faisceau harmonique avec $BC\,p_1 p_2$ et $BC\,p_3 p_4$, C. Q. F. D.

Remarque. — Cette démonstration met en évidence 5 hexaèdres particuliers, tels que les 8 sommets de chacun d'eux sont les 8 pôles de l'une des faces du pentaèdre et que les 12 arêtes et les 4 diagonales, soient 16 droites concourant 4 à 4 aux 4 sommets du pentaèdre non situés dans la face considérée.

THÉORÈME 8. — Une surface du 3me ordre est déterminée sans ambiguité, quand on donne une surface du 4me ordre à 10 points doubles pour sa hessienne ([1]).

Soit la surface du 3me ordre

$$A_{111} x^3 + A_{222} y^3 + \ldots + 3 A_{112} x^2 y + \ldots + 6 A_{234} yzt$$

Si l'on exprime que les 10 sommets du pentaèdre ayant pour faces les 4 faces du tétraèdre de référence et le plan

$$l_1 x + l_2 y + l_3 z + l_4 t = 0$$

soit les points doubles de la hessienne et, pour cela, d'après les théorèmes précédents, que le plan polaire de chaque sommet passe par *l'arête opposée* (arête non située dans les 3 faces passant par ce sommet), on arrive, par des calculs faciles, *(V. N^{lles} Annales 1896, p. 312)*, à l'ensemble de conditions suivant :

$$A_{122} = \frac{l_2}{l_3 l_4} l, \quad A_{133} = \frac{l_3}{l_2 l_4} l, \quad A_{144} = \frac{l_4}{l_2 l_3} l$$

$$A_{233} = \frac{l_3}{l_4 l_1} l, \quad A_{244} = \frac{l_4}{l_1 l_3} l, \quad A_{211} = \frac{l_1}{l_3 l_4} l$$

$$A_{344} = \frac{l_4}{l_1 l_2} l, \quad A_{311} = \frac{l_1}{l_2 l_4} l, \quad A_{322} = \frac{l_2}{l_4 l_1} l$$

$$A_{411} = \frac{l_1}{l_2 l_3} l, \quad A_{422} = \frac{l_2}{l_3 l_1} l, \quad A_{433} = \frac{l_3}{l_1 l_2} l$$

l étant un paramètre arbitraire.

Si l'on pose $l = l_1 l_2 l_3 l_4 m$, m étant un nouveau paramètre, les dénominateurs disparaissent et si l'on passe enfin

$$A_{iii} = a_i + l_i^3 . m ,$$

l'équation de la surface devient

$$a_1 x^3 + a_2 y^3 + a_3 z^3 + a_4 t^3 + m (l_1 x + l_2 y + l_3 z + l_4 t)^3 = 0$$

ou

$$a_1 x^3 + a_2 y^3 + a_3 z^3 + a_4 t^3 + m v^3 = 0$$

en représentant par v le polynome entre parenthèses.

([1]) *Donné par l'auteur de ce volume dans les* Nouvelles Annales de Mathématiques, *année 1896.*

La hessienne de cette surface est

$$\frac{1}{m} xyzt + \frac{l_1^3}{a_1} yztv + \frac{l_2^3}{a_2} xztv + \frac{l_3^3}{a_3} xytv + \frac{l_4^3}{a_4} xyzv = 0$$

D'autre part, l'équation d'une surface du 4me ordre ayant les 10 mêmes points doubles, est

$$K\,xyzt + A\,yztv + B\,xztv + C\,xytv + D\,xyzv = 0$$

Si l'on identifie, en considérant K, A, B, C, D comme des nombres donnés, on obtient pour les rapports de 4 des quantités m, a_1, a_2, a_3, a_4 à la cinquième des valeurs déterminées. L'équation de la surface du 3me ordre est donc déterminée, ce qui démontre le théorème.

Remarque. — Cette démonstration prouve aussi la possibilité de mettre l'équation générale du 3me ordre sous la forme d'une somme de 5 cubes, possibilité qui ne résulte pas d'une manière évidente de l'identification bien que le nombre des paramètres soit suffisant. (*V.* Salmon, *Géom. anal. à 3 dimensions*, 3me partie, la remarque p. 52).

THÉORÈME 9. — **Tout point double de la surface du 3me ordre est point double de la hessienne et le cône tangent est le même pour les deux surfaces.**

Supposons l'équation de la surface sous la forme :

$$F_3 + (Ayz + Bzx + Cxy)\,t = 0.$$

F_3 étant l'ensemble des termes du 3me degré et en x, y et z 3 génératrices du cône tangent supposé réel étant prises pour axes de coordonnées. En calculant les termes de moindre degré dans l'équation de la hessienne, on trouve :

$$\frac{xy}{AB} + \frac{yz}{BC} + \frac{zx}{AC} = 0$$

ce qui démontre le théorème.

Plans polaires des points d'une droite

On a dit ce que l'on entend par *première polaire* d'une droite.

On nomme *seconde polaire* d'une droite la surface enveloppée par le plan polaire d'un point qui décrit la droite. Cette surface est un cône du second degré. En effet, d'abord elle est un cône, car p_1, p_2 et p_3 étant les plans polaires de 3 points P_1, P_2, P_3 de la droite d, la quadrique polaire du point (p_1, p_2, p_3) devra passer par P_1, P_2 et P_3 et par suite contenir la droite d. Mais alors le plan polaire de tout point de d devra contenir le point p_1, p_2, p_3.

Ce cône est du 2me degré car si l'on exprime les coordonnées d'un point de d en fonction d'un paramètre k, celui-ci figurera au 2me degré dans l'équation du plan polaire, dont l'enveloppe sera, par conséquent, du 2me degré.

Ce cône est aussi nommé *cône polaire* de la droite (*Salmon*).

Le cône polaire peut être dégénéré. Steiner avait trouvé 100 droites pour lesquelles il est dégénéré. Mais on voit de suite, analytiquement, que les droites à cône polaire dégénéré ne sont pas en nombre fini, mais forment une série doublement infinie, c'est-à-dire une congruence. Cette remarque a été faite tout d'abord par Salmon.

Les théorèmes suivants font connaître quelques-unes des propriétés de ces droites et le premier montre qu'en effet l'indétermination est double.

THÉORÈME 10. — **Toute droite joignant 2 des 8 pôles d'un plan a un cône polaire dégénéré.**

En effet, soit P le plan, A_1 et A_2 2 de ses 8 pôles, M un point de la droite $A_1 A_2$, Q le plan polaire de M, d la droite (P, Q).

Tout point de d étant sur les plans polaires de M, de A_1 et de A_2 a une quadrique polaire passant par ces 3 points et par suite, par la droite $A_1 A_2$. Mais alors tout point de cette droite a aussi un plan polaire contenant d. Ainsi, les plans polaires des points de $A_1 A_2$ forment un faisceau d'axe d. Quand M décrit $A_1 A_2$, le plan polaire coïncide deux fois avec P.

La droite d est dite *droite polaire* de $A_1 A_2$.

Aux 28 droites joignant deux à deux les pôles d'un plan P, correspondent donc 28 droites polaires situées dans ce plan. Chaque point de l'espace étant associé à 7 autres ayant le même plan polaire, les droites à cône polaire forment une congruence du 7me ordre. (Le théorème 12 montrera qu'elle est de 3me classe.)

Remarque 1. — Les 27 droites de la surface ont des cônes polaires dégénérés, car tout plan passant par l'une d'elles a 2 pôles sur cette droite, savoir ses 2 points de contact avec la surface. Mais, dans ce cas, la droite est elle-même sa droite polaire, car le plan polaire de l'un quelconque de ses points est le plan tangent en ce point et ce plan contient la droite.

Remarque 2. — Toute droite à cône polaire dégénéré jouit de cette propriété que les 3 plans tangents à la surface aux points où elle coupe celle-ci passent par une même droite.

THÉORÈME 11. — **Sur chaque droite à cône polaire dégénéré, les points ont deux à deux le même plan polaire et sont les couples d'une involution.**

Soient A_1 et A_2, deux pôles d'un plan P, D la droite qui les joint, D' sa droite polaire, laquelle est dans le plan P. Si $P_1 = 0$, $P_2 = 0$ sont les équations de 2 plans passant par D', l'un quelconque des plans contenant cette droite aura une équation de la forme $P_1 + m P_2 = 0$. Si l_1 et l_2 sont les distances de A_1 et A_2 à une origine O prise sur D, la distance l d'un point quelconque de D à l'origine O sera donnée par la formule $(1 + k) l = l_1 + k l_2$.

Pour chaque valeur de k on a un plan polaire unique et, par suite une valeur unique de m. Donc m et k sont liés par une équation du 1er en m et d'un degré inférieur à 3 par

PÔLES ET POLAIRES DANS LES SURFACES DU 3me ORDRE.

rapport à k puisqu'un plan n'a pas 3 pôles en ligne droite. Mais cette équation ne peut être du 1er degré en k, puisque, pour une certaine valeur de m (celle qui correspond au plan P), elle doit donner 2 valeurs pour k (correspondant aux points A_1 et A_2. Donc elle est de la forme

$$(ak^2 + bk + c)\, m + a'k^2 + b'k + c' = 0$$

ou

$$(am + a')\, k^2 + (bm + b')\, k + cm + c' = 0$$

Les couples des valeurs de k, correspondant aux diverses valeurs de m constituent bien une involution du 2me ordre.

Remarque. — Sur chaque droite de la surface, cette involution coïncide avec celle que déterminent les coniques d'intersection de la surface avec les plans passant par la droite.

THÉORÈME 12. — **Il existe dans tout plan 3 droites réelles ou imaginaires dont le cône polaire est dégénéré et 3 seulement.**

Soit a une droite, P un plan passant par a, A le sommet du cône polaire de a. La quadrique polaire Q du point A contient a; elle coupe donc le plan P suivant une seconde droite a' et tout point de a' étant sur Q a un plan polaire passant par A. Donc le cône polaire de a' a aussi A pour sommet. Les cônes polaires de a et de a' ne peuvent d'ailleurs coïncider, car il y aurait alors un point sur a' ayant même point polaire qu'un point donné de a et cela, quel que soit le plan P passant par a, c'est-à-dire qu'il y aurait une infinité de points ayant le même plan polaire qu'un certain point donné.

Ainsi, les 2 cônes polaires ont 4 plans tangents communs, réels ou imaginaires. Chacun d'eux est plan polaire d'un point de a et d'un point de a'. En particulier, l'un d'eux est le plan polaire du point (a, a'). Soient R et R', S et S', T et T' les pôles des 3 autres. La droite RR' joignant 2 points ayant le même plan polaire, a un cône polaire dégénéré. De même SS' et TT'. Il n'y a évidemment que ces trois droites, dans le plan P, ayant une droite polaire.

Remarque 1. — Dans les 45 plans tangents triples, les 3 droites à cône polaire dégénéré sont les 3 droites de la surface.

Remarque 2. — Soient A, B, C les 3 droites d'un plan P ayant des droites polaires, A', B', C' ces droites polaires. Ces 3 droites sont dans un même plan. En effet, le plan polaire du point (A, B) doit contenir A' et B', celui de (A, C) doit contenir A' et C' et celui de (B, C), doit contenir B' et C'.

Remarque 3. — Les courbes polaires ou premières polaires des droites A', B', C' sont des biquadriques dégénérées et se composent d'une droite et d'une cubique gauche.

En effet, la quadrique polaire de tout point de A', par exemple, doit contenir la droite A tout entière puisque le plan polaire de tout point de A contient A'. La base du faisceau des quadriques polaires de A' se compose donc de A et d'une cubique gauche coupant A en 2 points.

Remarque 4. — On a vu (p. 189), que les quadriques polaires forment par leur ensemble un *réseau*. Celles des points d'un plan forment une *gerbe*; celle des points d'une droite un *faisceau*. Si Q_1, Q_2, Q_3, Q_4, sont les quadriques polaires de 4 points M_1, M_2, M_3, M_4, sommets d'un tétraèdre, toutes les quadriques polaires sont représentées par la formule

(r) $\qquad a Q_1 + b Q_2 + c Q_3 + d Q_4 = 0$

celles des points du plan $M_1 M_2 M_3$, par

(g) $\qquad a Q_1 + b Q_2 + c Q_3 = 0$

celles des points de la droite $M_1 M_2$, par

(f) $\qquad a Q_1 + b Q_2 = 0$

Considérons ces quadriques; l'intersection du faisceau (f) par un plan P est un faisceau de coniques contenant 3 coniques dégénérées, l'intersection de la gerbe (g) est une gerbe de coniques contenant un nombre infini de coniques dégénérées et le lieu de leurs centres est, comme on sait, la courbe de 3me ordre hessienne de la gerbe de coniques. Cette hessienne contient les centres des 3 coniques dégénérées dont il vient d'être question.

THÉORÈME 13. — Parmi les quadriques polaires des points d'une droite, il y en a 3 tangentes à un plan donné et parmi celles des points d'un plan il y en a une infinité tangentes à un plan donné ; le lieu des points de contact est une cubique.

En effet, les quadriques tangentes au plan sont celles qui sont coupées par le plan suivant des coniques réduites à 2 droites et l'on voit que le théorème résulte alors de la remarque précédente.

Si l'on suppose qu'une droite d décrive un plan Q soit en tournant autour d'un point, soit en restant parallèle à une direction, à chaque position de la droite correspondront, dant tout plan P, 3 points de la cubique du plan P lieu des points de contact des quadriques polaires des points de Q, de sorte que les points de cette cubique sont ainsi associés par 3.

On a vu qu'il y a, dans le réseau complet des quadriques polaires, une seule surface, en général, tangente en un point donné à un plan donné, mais il y a des points faisant exception, comme le montre le théorème suivant.

THÉORÈME 14. — Il y a, dans tout plan, 6 points en chacun desquels sont tangentes à ce plan une infinité de quadriques polaires.

Soit M un point de la droite $M_3 M_4$, *(v. remarque 4)*. Considérons la gerbe de quadriques polaires des points du plan $M_1 M_2 M$ et la cubique hessienne de la gerbe de coniques déterminée dans un plan quelconque P. Si M décrit la droite $M_3 M_4$, la gerbe de quadriques décrit le réseau entier des quadriques polaires Or, toutes les gerbes ainsi obtenues contiennent le faisceau de quadriques $a Q_1 + b Q_2 = o$ correspondant à la droite $M_1 M_2$; donc toutes les cubiques hessiennes situées dans le plan P, qui correspondent à ces diverses gerbes, passant par les 3 points centres des coniques dégénérées du faisceau de coniques du plan P, intersection de ce plan par le faisceau de quadriques $aQ_1 + bQ_2 = o$. Mais elles passent, en outre, par 6 autres points fixes. Considérons, en effet, les 2 plans $M_1 M_2 M'$, $M_1 M_2 M''$, $M' M''$ étant 2 points de $M_3 M_4$. Les 2 hessiennes correspondantes se couperont encore en 6 points $p_1, p_2, p_3, p_4, p_5, p_6$.

Or, l'on sait que la hessienne d'une gerbe de coniques est encore le lieu des points pour lesquels les polaires, par rapport à toutes ces coniques sont concourantes (p. 46), le point de concours étant lui-même sur la courbe. Les 6 points p sont donc tels que les polaires de l'un quelconque d'entre eux par rapport aux coniques fournies par la gerbe correspondant au plan $M_1 M_2 M'$ concourent en un même point i et que les polaires par rapport aux coniques fournies par la gerbe correspondant au plan $M_1 M_2 M''$ concourent en un même point i'. Or, ces deux gerbes ont en commun le faisceau correspondant à la droite $M_1 M_2$; les droites polaires par rapport aux coniques intersection de ce faisceau avec le plan P, passent par un même point, c'est-à-dire que i et i' coïncident.

Les droites polaires par rapport aux coniques des deux gerbes de coniques correspondant aux plans $M_1 M_2 M'$ et $M_1 M_2 M''$ étant concourantes, les droites polaires par rapport au réseau entier des coniques intersection des quadriques polaires par le plan P, le sont aussi. Mais alors, toutes les hessiennes situées dans ce plan P, ont en commun d'une part les 6 points i, d'autre part les 6 points p auxquels ils correspondent et comme elles ne peuvent avoir en commun $3 + 6 + 6$ points, les points i ne sont autre chose que les points p qui se partagent ainsi en 3 groupes de 2 points.

Plans polaires des points d'un plan

THÉORÈME 15. — **Les plans polaires des points d'un plan enveloppent une surface cubique à 4 points doubles (c'est-à-dire une réciproque d'une quartique de Steiner).**

Supposons les coordonnées x, y, z d'un point d'un plan P exprimées à l'aide de 2 paramètres, r, s; l'équation du plan polaire deviendra une fonction quadratique F de ces deux paramètres. L'équation de l'enveloppe s'obtiendra en éliminant r et s entre les équations $F'_r = o$, $F'_s = o$, $F'_t = o$ (t variable d'homogénéité). Or le résultant est un déterminant du 3me ordre, dont tous les éléments sont linéaires par rapport aux coordonnées ; le lieu est donc, en général, une surface cubique S_1. D'autre part, il est de 4me classe. En effet, tout point M dont le plan polaire passe par une droite d est située sur la courbe polaire *(première polaire)* de cette droite, puisque toutes les quadriques polaires des points de d doivent passer par M. Or la courbe polaire de d étant coupée en 4 points par le plan P, il y a 4 plans parmi les plans polaires des points de P qui passent par d. La surface S_1 étant du 3me ordre et de 4me classe est une surface à 4 points doubles. (On démontrera directement après le théorème suivant, l'existence de ces 4 points doubles.)

Définition. — La surface S_1 se nomme la *seconde polaire du plan (Steiner)*, ou la *surface cubique polaire du plan. (Salmon)*.

Remarque. — Si A, B, C sont les 3 droites du plan P possédant des droites polaires et si A', B', C' sont ces droites polaires, A', B', C' sont sur la surface cubique polaire du plan P.

THÉORÈME 16. — **Les plans tangents doubles de la surface cubique polaire d'un plan sont les plans ayant 2 pôles dans le plan donné.**

Remarquons d'abord que la surface cubique polaire a, comme toute surface cubique, une infinité de plans tangents doubles se partageant en séries en nombre égal à celui des droites de la surface.

Soit A un plan, S sa surface cubique polaire et P un plan tangent double de cette surface. Par définition, il a au moins un pôle dans le plan A ; soit M ce pôle. Menons par M et dans A, une droite d. Le cône polaire de d a pour sommet un certain point D de P et ce cône est tangent à P, car, parmi les points de d, figure M dont le plan polaire est P.

La quadrique polaire de D contient d ; elle coupe donc le plan A suivant une seconde droite d' ne passant pas, en général par M. Le cône polaire de d' a pour sommet le même point D, car tous les points de d' étant sur la quadrique polaire de D ont des plans polaires passant par D.

L'ensemble des plans tangents aux deux cônes est de 4me classe ; il constitue donc l'ensemble des plans tangents à la surface, passant par D. Or, le plan P est doublement tangent à la surface, et comme il ne peut l'être que simplement au premier cône, il est aussi tangent au second. Il résulte de là qu'il existe sur d' un certain point M' dont P est le plan polaire ; ainsi P est plan polaire de 2 points du plan A.

Remarque 1. — On peut démontrer directement l'existence des 4 points doubles de la surface cubique polaire d'un plan. Le cône tangent à la surface, ayant pour sommet l'un D de ses points se décomposant en 2 cônes du second degré, il existe 4 droites telles que par chacune il passe 2 plans tangents à la surface, le point de contact étant sur cette droite. Mais la droite n'étant pas sur la surface, D étant quelconque, les points de contact des 2 plans tangents sur cette droite coïncident et ce point de coïncidence est un point double puisqu'il n'a pas un plan tangent unique.

Remarque 2. — Le problème analogue de la géométrie plane savoir la recherche de l'enveloppe des droites polaires des points d'une droite par rapport à une cubique a donné une courbe d'ordre inférieur, savoir une conique. Dans le cas de l'espace nous trouvons un lieu de même degré que la surface proposée, mais on voit qu'il présente cette particularité de posséder le nombre maximum de points doubles.

THÉORÈME 17. — **La surface cubique polaire d'un plan est encore le lieu des points dont les quadriques polaires sont tangentes au plan.**

Considérons 3 points M, M', M'' du plan, leurs 3 plans polaires et l'intersection I de ces plans. La quadrique polaire de I passe par $M M' M''$. Si l'on suppose que ces points se rapprochent de façon à former un triangle infiniment petit, le point I a pour limite un point de la surface cubique polaire et la quadrique, pour limite une quadrique tangente au plan en un point A qui est la limite vers laquelle tendent M, M' et M''.

Le plan polaire de A est d'ailleurs le plan tangent à la surface cubique polaire au point limite de I.

THÉORÈME 18. — **La surface cubique polaire d'un plan est le lieu des points qui sont sommets de cônes polaires pour 2 droites du plan.**

Soit A le plan, I un point de la surface polaire et M le point de contact avec A de la quadrique polaire de I ; l'intersection de la quadrique et de A se compose de 2 droites d et d' passant par M.

Or, la quadrique polaire contenant tous les points de d, les plans polaires de tous les points de d passeront par I et de même avec ceux de d'. Un de ceux des plans polaires qui sont tangents aux 2 cônes est celui du point M et il est tangent en I à la surface.

THÉORÈME 19. — **Les 4 points doubles de la surface cubique polaire d'un plan sont les points dont la quadrique polaire est un cône tangent à ce plan.**

Soit A le plan et D l'un des points doubles de sa surface cubique polaire S. La quadrique polaire de D est tangente au plan et le point de contact a pour plan polaire le plan tangent à S en D. Mais ce plan tangent est indéterminé et enveloppe un cône ; le point de contact de la quadrique est donc lui-même indéterminé ; ce qui exige que la quadrique polaire soit une quadrique dégénérée, c'est-à-dire un cône.

Remarque 1. — La surface cubique d'un plan est donc une réciproque de la *quartique de Steiner*.

Remarque 2. — Les 4 points doubles de la surface cubique sont sur la hessienne puisque leur cône polaire est dégénéré.

THÉORÈME 20. — Les 4 droites d'un plan qui sont génératrices des 4 cônes polaires tangents à ce plan se coupent en 6 points qui sont les 6 points du plan en chacun desquels celui-ci est touché par une infinité de quadriques polaires.

En effet, en l'un quelconque de ces points, le plan est touché par 2 quadriques polaires, savoir 2 cônes. Or, nous avons vu qu'en un point du plan, celui-ci est touché ou par une seule quadrique, ou par une infinité.

Il est donc touché par une infinité aux 6 points que nous considérons.

Les quadriques polaires tangentes en l'un des 6 points p sont celles de l'arête du tétraèdre des points doubles de la surface cubique polaire, qui contient les 2 sommets dont les quadriques polaires sont des cônes à génératrices de contact se coupant en p.

THÉORÈME 21. — Les 3 droites d'un plan P, ayant des cônes polaires dégénérés, c'est-à-dire des droites polaires, sont les diagonales du quadrilatère formé par les 4 génératrices de contact des quadriques polaires réduites à des cônes qui sont tangentes à ce plan.

Soient d_1, d_2, d_3, d_4 ces 4 génératrices de contact et D_1, D_2, D_3, D_4 les points dont les quadriques polaires sont des cônes tangents suivant ces droites, points qui sont comme on l'a vu les points doubles de la surface cubique polaire du plan P ; soit A' la sécante commune aux droites $D_1 D_2$ et $D_3 D_4$ qui est sur cette surface. Cette sécante est la droite polaire de l'une des 3 droites du plan qui en possèdent, droite que nous nommerons A.

Parmi les plans polaires dont A' est l'axe, l'un passe par $D_1 D_2$. Or les seuls points du plan P dont le plan polaire passe par D_1 sont situés sur d_1 et les seuls dont le plan polaire passe par D_2 sont sur d_2. Donc le point (d_1, d_2) est celui dont le plan polaire est le plan des droites $D_1 D_2$ et A'. Ainsi la droite A, dont A' est la droite polaire, contient le point (d_1, d_2). On verrait de même qu'elle contient (d_3, d_4). Elle est donc l'une des diagonales du quadrilatère $(d_1 d_2 d_3 d_4)$.

PÔLES ET POLAIRES DANS LES SURFACES DU 3me ORDRE. 213

Les 2 autres sont les 2 autres droites B et C possédant des droites conjuguées.

Remarque. — Pour chaque position d'un point O dans l'espace, il existe une conique située à la fois sur la quadrique polaire et sur le plan polaire. Si x désigne la distance à O, d'un point X de cette conique, on a à la fois :

$$\frac{3}{x} = \frac{1}{OA} + \frac{1}{OB} + \frac{1}{OC}$$

$$3\left(\frac{1}{x}\right)^2 - 2\left(\frac{1}{OA} + \frac{1}{OB} + \frac{1}{OC}\right)\frac{1}{x} + \frac{1}{OA.OB} + \frac{1}{OB.OC} + \frac{1}{OC.OA} = 0$$

A, B, C étant les intersections de OX avec la surface. La seconde équation peut s'écrire, en tenant compte de la première :

$$\frac{3}{x^2} = \frac{1}{OA.OB} + \frac{1}{OB.OC} + \frac{1}{OC.OA}$$

Donc on a aussi :

$$\left(\frac{1}{OA} + \frac{1}{OB} + \frac{1}{OC}\right)^2 = 3\left(\frac{1}{OA.OB} + \frac{1}{OB.OC} + \frac{1}{OC.OA}\right)$$

ou

$$\frac{1}{OA^2} + \frac{1}{OB^2} + \frac{1}{OC^2} - \frac{1}{OA.OB} - \frac{1}{OB.OC} - \frac{1}{OC.OA} = 0$$

Cette équation, comme on sait, ne peut être satisfaite si OA, OB et OC sont réels à la fois.

La conique intersection des deux surfaces polaires d'un point se nomme *conique polaire de ce point*.

Coniques polaires des points d'une droite

THÉORÈME 22. — *Le lieu des coniques polaires des points d'une droite est une surface du 5me ordre qui contient la courbe base du faisceau des quadriques polaires des points de la droite.*

En effet, si l'on substitue dans les équations du plan et de la quadrique polaires, aux coordonnées du point pôle leurs expressions en fonction d'un paramètre k, la première sera du 2me degré en k, la seconde du 1er degré. On pourra donc, de cette dernière tirer une valeur rationnelle de k, laquelle sera du 2me degré par rapport aux coordonnées courantes. La substitution dans la première donnera, par suite, une équation du 5me degré.

D'autre part, la courbe, base du faisceau des quadriques polaires des points de la droite étant sur chacune des quadriques, chacun des groupes de 4 points, suivant lesquels elle est coupée par l'un des plans polaires, sera sur la surface. La courbe y sera par suite toute entière.

Définition. — La surface que l'on vient de trouver est dite *surface polaire inflexionnelle*.

Remarque. — On a vu (p. 189) que la conique polaire d'un point coupe la surface en 6 points qui, joints au pôle, donnent 6 tangentes inflexionnelles. Le lieu géométrique de ces 6 points, lorsque le pôle décrit une droite l, est la courbe du 15me ordre, intersection de la surface cubique considérée et de la surface polaire inflexionnelle de la droite.

Remarque. — Si l'on considère les points d'un plan, l'ensemble de leurs coniques polaires constitue une congruence de coniques laquelle contient une infinité de surfaces inflexionnelles et une infinité d'autres surfaces correspondant à diverses courbes du plan.

Troisième définition de la hessienne

THÉORÈME 23. — **La hessienne est le lieu des points dont les plans polaires par rapport à toutes les quadriques polaires sont concourants.**

Soient $S_1 = o$, $S_2 = o$, $S_3 = o$, $S_4 = o$ les équations des quadriques polaires de 4 points non situés dans un même plan. Le réseau des quadriques polaires est représenté par

$$aS_1 + bS_2 + cS_3 + dS_4 = o$$

Les plans polaires le sont par

$$X(aS_1 + bS_2 + \ldots)'_x + Y(aS_1 + bS_2 + \ldots)'_y + Z(aS_1 + bS_2 + \ldots)'_z + T(aS_1 + bS_2 + \ldots)'_t = o$$

Pour qu'ils soient concourants, il faut qu'il y ait une relation linéaire entre les coefficients de X, Y, Z et T, relation indépendante de a, b, c et d. On sait que, pour cela, il est nécessaire et suffisant que le déterminant des 16 dérivées figurant dans ces coefficients soit nul. Or, si l'on suppose que les équations $S_1 = o$, $S_2 = o$, $S_3 = o$, $S_4 = o$, représentent les quadriques polaires du tétraèdre de référence, ces équations sont $F'_x = o$, $F'_y = o$, $F'_z = o$, $F'_t = o$, F étant l'équation de la surface. Mais alors le déterminant des 16 dérivées n'est autre chose que celui des 10 dérivées secondes de F, déjà trouvé pour la hessienne.

THÉORÈME 24. — **Tout plan qui touche la hessienne en un nombre fini de points a autant de ses 8 pôles sur la hessienne qu'il y a de points de contact.**

D'abord, tout plan tangent simple P est plan polaire d'un point de la hessienne, savoir du point A' associé du point de contact A. *(Th. 3)*.

Remarquons maintenant que, si un même point A est point associé de deux autres A' et A'' de la hessienne, il l'est pour tout point de la droite qui les joint et que son plan polaire est tangent tout le long de cette droite. En effet, le faisceau des quadriques polaires de la droite $A'A''$, contient 2 cônes de même sommet A, savoir les quadriques polaires de A' et de A''. La base de ce faisceau se compose alors de 4 droites concourant en A et par suite toutes les quadriques du faisceau sont des cônes de même sommet A ; ce sommet est point associé de chaque point de $A'A''$. On voit de plus que le plan polaire de A est tangent à la hessienne en chaque point de $A'A''$. Soit alors un plan P touchant la hessienne en un nombre fini de points et $A'A''$ 2 points de contact. Si le plan n'avait qu'un seul de ses 8 pôles sur la hessienne, ce point étant point associé de A' et A'', son plan polaire, qui est P, d'après ce qui précède, serait tangent tout le long de $A'A''$, ce qui est contraire à l'hypothèse (P touche en un nombre fini de points). On voit donc que, quel que soit le nombre de points de contact, il ne peut y avoir moins de pôles sur la surface, car il faudrait qu'il y en ait au moins 1 correspondant à 2 points de contact. Il ne peut y en avoir non plus davantage. Ainsi, le nombre des pôles situés sur la hessienne égale celui des points de contact.

Ce nombre de points de contact peut s'élever à 6; en effet, les 5 faces du pentaèdre des points doubles de la hessienne contiennent chacune 6 points doubles formant les sommets d'un quadrilatère complet dont les côtés constituent, par leur ensemble, la ligne du 4me degré intersection de la face avec la hessienne.

Ainsi, un plan peut avoir 6 pôles sur la hessienne.

Remarque. — La classe de la surface hessienne est $4 \times 3^2 - 2 \times 10 = 16$.

THÉORÈME 25. — **Les 28 tangentes doubles de la section de la hessienne par un plan sont les droites polaires des 28 droites qui joignent deux à deux les 8 pôles de ce plan.**

On sait qu'une biquadrique plane générale a 28 tangentes doubles. (Salmon, *Cubiques planes*, page 302.)

Considérons une droite d ayant un cône polaire dégénéré et soit d' sa droite polaire. Chaque plan P passant par d' a 2 pôles, a et b sur d. On a déjà remarqué, dans une démonstration précédente que la base du faisceau des quadriques polaires des points de d' se compose de d et d'une cubique gauche coupant d en 2 points. Or, on sait, d'après la théorie des quadriques, qu'il n'y a, dans un tel faisceau, que 2 cônes. Donc, la droite d' ne coupe pas la hessienne (à 4 points d'intersection d'une droite avec la hessienne correspondraient 4 cônes), mais lui est bitangente et, par suite, est bitangente à la section de la hessienne par le plan P.

On voit aisément qu'il n'y a pas d'autres tangentes doubles à la hessienne que les droites polaires. Soit t une tangente double, a et b ses points de contact, a' et b' les points associés de a et b sur la hessienne. Le faisceau des quadriques polaires des points de t ne contient que 2 cônes. Donc sa base, courbe polaire de t se décompose en une droite d et une cubique. Or, la droite d a t pour droite polaire et n'est autre que la droite de jonction de a' et b'.

THÉORÈME 26. — **La surface cubique polaire d'un plan quelconque est tangente à la hessienne le long d'une courbe gauche du 6me ordre qui est aussi le lieu des pôles réciproques de la courbe section de la hessienne par le plan.**

Soit P le plan, A un point de la courbe d'intersection de la hessienne et de ce plan. Le plan polaire de A est tangent à la hessienne au point A' de celle-ci associé de A. Il est aussi, d'après la définition même de la surface cubique polaire de P, tangent à cette surface. Mais de plus, le point de contact est encore A'. En effet, la quadrique polaire de A' est un cône de sommet A coupé par le plan P suivant deux droites d et d'. Les plans polaires de tous les points de chacune de ces droites passent par A', c'est-à-dire que les cônes polaires de d et d' ont même sommet A'. Le point A' est donc point de la surface cubique polaire et de plus le plan polaire de $(d, d') = A$, tangent aux 2 cônes, est tangent à la surface cubique polaire en A'.

Ainsi tous les points A' associés des points A sont points de contact des 2 surfaces et forment eux-mêmes une ligne qui est du 6me degré, puisque cette ligne équivaut à une intersection du degré $3 \times 4 = 12$.

Cas particuliers

1° SURFACES RÉGLÉES. — On a vu que la quadrique polaire de tout point passe par tout point double de la surface. Si donc celle-ci est réglée, la quadrique passe par la droite double.

La classe est ici égale à l'ordre, qu'il s'agisse des surfaces les plus générales ou des surfaces de Cayley.

L'intersection de la surface et de l'une des quadriques polaires se compose de la droite double comptée deux fois, puisque sur la quadrique, elle est droite simple et d'une ligne du 4me ordre.

On s'assure aisément, en prenant l'équation des surfaces réglées sous la forme $Ax^2 + 2Bxy + Cy^2 = 0$, où A, B, C, sont des fonctions linéaires en x, y, z, qu'un plan quelconque (on peut supposer que ce plan est celui qui a été pris pour plan $z = o$), n'a que 2 pôles hors de la droite double. Mais ce fait peut être établi géométriquement de la manière suivante :

Soit p un plan coupant la droite double d au point P.

Les pôles de p sont les points communs aux quadriques polaires de 3 points pris arbitrairement dans le plan p.

Prenons pour l'un de ces points le point P. Sa quadrique polaire se compose des 2 plans m, m' tangents à la surface cubique au point P. Soient Q_1, Q_2 les quadriques polaires de deux autres points de p ; elles passent, comme on sait, par la droite d. L'intersection des quadriques Q_1 et (m, m') se compose évidemment de la droite d comptée deux fois et de 2 droites l_1, l_1' situées respectivement dans m et dans m'. De même les quadriques Q_2 et (m, m') se coupent suivant la droite d comptée deux fois et suivant deux droites l_2, l'_2 situées dans m et m'. On voit, par suite, que les 3 quadriques n'ont, en dehors de la droite d que 2 points communs, savoir (l_1, l_2) et (l'_1, l'_2).

Si le plan p passe par une génératrice, les deux pôles situés hors de d sont les 2 points de contact de p.

Il en est de même, lorsque la surface possède une directrice rectiligne simple, pour que les plans passent par cette directrice.

SURFACES CONIQUES ET CYLINDRIQUES. — Les particularités qui se présentent pour la classe sont absolument analogues à celles que l'on a étudiées pour les courbes de 3me ordre.

Tout plan passant par un point A et par le sommet du cône, coupe celui-ci suivant 3 droites concourantes et, par suite, la quadrique polaire de A suivant 2 droites concourantes de sorte que cette quadrique est un cône de même sommet.

Le nombre des plans tangents doubles est toujours o.

Il y a 27 arêtes suivant lesquelles un cône du 2me degré peut avoir un contact du 5me ordre (6 arêtes confondues), savoir les arêtes de contact des 3 plans tangents passant par

PÔLES ET POLAIRES DANS LES SURFACES DU 3me ORDRE.

chacune des 9 arêtes d'inflexion. Les 4 plans tangents menés par une arête quelconque ont un rapport anharmonique constant.

La hessienne est le lieu des points dont les quadriques polaires se réduisent à 2 plans et ses propriétés résultent de celles de la hessienne des courbes planes.

3° SURFACES A POINTS DOUBLES ISOLÉS. — Soient 2 points quelconques M, M' et q, q' leurs quadriques polaires. Parmi les points $(q, q' S)$ figurent les points doubles de S, lesquels ne sont pas des points de contact de plans tangents menés par MM'. La ligne (q, q') coupe d'ailleurs S en 2 points confondus en chaque cnicnode. Donc la présence de chaque cnicnode abaisse de 2 unités la classe de la surface. Les surfaces à 1, 2, 3, 4 cnicnodes sont donc respectivement des classes 10, 8, 6, 4.

Considérons le cas d'un binode B_3. La ligne (q, q') non seulement passe en B_3 mais y a pour tangente l'arête du biplan. Elle coupe la surface en 3 points confondus en B_3.

Ainsi chaque binode B_3 abaisse la classe de 3 unités de sorte que les classes sont pour les cas suivants :

B_3, $C_2 + B_3$, $B_3 + B_3'$, $C_2 + C_2' + B_3$, $C_2 + B_3 + B_3'$, $B_3 + B_3' + B_3''$

respectivement 9, 7, 6, 5, 4 et 3.

Soit maintenant un binode B_4. La quadrique polaire de B_4 se compose des 2 faces f_1, f_2 du biplan ; l'intersection de q avec cette quadrique se compose de deux coniques C_1, C_2, une dans la face f_1, l'autre dans f_2 et toutes deux tangentes à l'arête du biplan puisque la quadrique q est tangente à cette arête. De même, l'intersection de q' avec cette quadrique dégénérée se compose de deux coniques C_1' C_2', une dans la face f_1, l'autre dans f_2 et toutes deux tangentes à l'arête du biplan. Par suite, les coniques C_1, C_1' situées dans f_1 étant tangentes en B_4 n'ont que 2 autres points communs et, de même C_2 et C_2' ont 2 points communs autres que B_4.

Les 3 quadriques polaires q, q' et (f_1, f_2) des points M, M' et B_4 ont donc 4 points communs hors de B_4. Elles en ont, par suite, 4 autres confondus en B_4. En d'autres termes, la courbe (q, q') que nous savons tangente à l'arête du biplan a, avec cette arête, 4 points communs confondus en B_4.

Mais, dans le cas considéré, B_4 est sur la surface cubique, on voit donc que la courbe (q, q') a 4 points d'intersection avec la surface confondus en B_4.

On peut voir également qu'un binode B_5 abaisse la classe de 5 unités, un binode B_6 de 6 unités.

Ainsi les classes, pour les cas B_4, B_5, B_6, $B_4 + C_2$, $B_4 + C_2 + C'_2$, $B_5 + C_2$, $B_6 + C_2$ sont respectivement :

$$8, \ 7, \ 6, \ 6, \ 4, \ 5, \ 4$$

En un point U_6 les coniques polaires q, q' de 2 points quelconques ont pour plan tangent commun le plan tangent à la surface en ce point. La courbe (q, q') a un point double en U_6 et chacune de ses deux branches a 3 points d'intersection avec la surface confondus. Il en résulte que U_6 absorbe 6 des 12 points communs à q, q' et S.

Un unode U_7 abaisse la classe de 7 unités, enfin un unode U_8, de 8 unités.

Cas de dégénérescence de la hessienne

On a vu (th. 9) que les points doubles d'une surface cubique sont au nombre des points doubles de la hessienne et que le cône tangent est le même pour les deux surfaces.

En particulier, si la surface possède un binode ou un unode, ce point sera aussi binode ou unode pour la hessienne.

Or supposons que le binode soit d'espèce B_6 ; l'équation de la surface peut prendre la forme

$$by^3 + 3cx^2z + 3dxz^2 + 6lxyz + 6mxyt = 0$$

en choisissant les faces du biplan pour faces $x = o$, $y = o$ du tétraèdre de référence, $x = o$ étant celle qui coupe suivant 3 droites confondues avec l'arête, en prenant l'une des 2 droites autres que l'arête du biplan situées dans $y = o$ pour arête $yz = o$ et en choisissant pour arête $zt = o$ la tangente à la section par le plan $z = o$ au point situé sur l'arête $xy = o$.

Or, la hessienne se décompose en une surface cubique :

$$2lxy(cx+ly+dz) - x(cx+ly+dz)^2 - 2dxy(lz+mt) - l^2xy^2 + bdy^3 + cdx^2z = 0$$

et un plan $x = 0$, la face du biplan qui coupe la surface suivant 3 droites confondues.

Si la surface possède un unode U_6 ou U_7, on voit, de même que la hessienne se décompose en une quadrique et un plan double et si l'unode est de l'espèce U_8, la hessienne se réduit à un plan simple et un plan triple. Le plan double ou le plan triple est le plan tangent à la surface au point U.

Supposons que la surface ait deux binodes B_3. On peut ramener son équation à la forme

$$az^3 + 3cy^2z + 3fyz^2 + 6mxyt = 0$$

et la hessienne se réduit encore à une quadrique et un plan double $y^2 = 0$.

S'il y a 3 binodes B_3 l'équation peut se réduire à $z^3 + 6mxyt = 0$, la hessienne subit une décomposition complète en 4 plans $xyzt = 0$.

On trouve facilement d'autres cas de décomposition.

Mais il est essentiel de remarquer qu'il n'est pas nécessaire que la surface possède des points doubles pour qu'il y ait décomposition de la hessienne. Ainsi, pour les surfaces tétraèdrales de Lamé $\left(\dfrac{x}{a}\right)^3 + \left(\dfrac{y}{b}\right)^3 + \left(\dfrac{z}{c}\right)^3 - 1 = 0$, la hessienne se réduit à $xyzt = 0$.

Plus généralement, pour les surfaces $X_3 + Y_3 + Z_3 = K$, X_3, Y_3, Z_3 étant des polynomes du 3me degré respectivement en x, y, z, la hessienne se réduit à 3 plans (4, en comptant le plan de l'infini.

Points centraux. — Surface cubique polaire centrale

Les 8 points, base du faisceau de quadriques polaires des points du plan de l'infini constituent un élément géométrique analogue, dans une certaine mesure, au centre des quadriques.

On peut les nommer, pour ce motif, *points centraux*.

A un autre point de vue, l'analogue du centre des quadriques est une surface, savoir l'enveloppe des plans polaires des points de l'infini. Cette surface, qui est du 3me ordre, peut donc être nommée *surface cubique polaire centrale*.

Elle est inscrite dans la développable circonscrite à la surface primitive le long de son intersection avec le plan de l'infini, c'est-à-dire qu'elle est tangente à tous les plans asymptotes de la surface cubique donnée.

On conçoit qu'il soit possible de classer les surfaces cubiques d'après la disposition des points centraux ou d'après la nature et les particularités de cette surface centrale.

NOTES

On aurait une autre série de propriétés polaires en considérant les polaires successives d'un plan. (*Painvin*, I, p. 258).

Soit un plan P et une droite D dans ce plan; menons par cette droite les 12 plans tangents à la surface, supposée générale ; la somme des expressions

$$\frac{1}{tg\ PQD} - \frac{1}{tg\ PDT_i}$$

où Q désigne un plan passant par D, égalée à zéro, donne une condition pour le plan Q. Si l'on fait décrire le plan P à la droite D, on a la 11e polaire du plan P. En égalant à zéro la somme des produits 2 à 2, 3 à 3,...., des différences précédentes, on a les 10e, 9e,... , polaires. En égalant à zéro la somme des produits 11 à 11, on a la 1re polaire. La 11e polaire est de la classe 1, c'est-à-dire est un point. La K^e polaire, de la classe $12 - K$.

EXERCICES

1. — *Etudier les surfaces polaires des surfaces cubiques :*
$$x^3 - y^3 + 2z^2 = 0 \qquad x^3 - y^2 + z = 0$$
$$(x + y)^3 - x^2 + z^2 = 1 \qquad x^3 + y^3 + z^3 = a^3$$
$$x^2y + y^2z + z^2x = a^3 \qquad x^2y - y^2z + z = 0$$
pour les diverses positions du point.

2. — *Hessienne, surface cubique polaire d'un plan, surface inflexionnelle d'une droite pour les surfaces :*
$$xyz = a^3 \qquad x^3 + y^3 + z^3 = a^3$$
$$x^2y + xy^2 + zx + zy = 1 \qquad x^2y + z^3 - z = 0$$
$$x^3 + y^3 - y^2 - z^2 = 0 \qquad xyz - x^2 + z = 0$$

3. — *Dans le voisinage d'un point double d'une surface cubique, les points de la surface et ceux de la hessienne sont, de part et d'autre, sur la surface du cône tangent.*

4. — *Etant donnés deux points* a *et* b, *le plan polaire de* a *par rapport à la quadrique polaire de* b *est identique au plan polaire de* b *par rapport à la quadrique polaire de* a *(polaire mixte des points* a *et* b*).*

5. — *Etudier la surface polaire de la surface* $zx^2 = y^2$. *(Cette surface est la plus simple des surfaces à un seul côté de Möbius. (Voir* Darboux, *t. I, p. 361 et* Bul. de la Soc. de Math., *1898, une note de l'auteur.)*

CHAPITRE XIII

ÉLÉMENTS D'UNE CLASSIFICATION DES SURFACES DU 3me ORDRE

Comme pour les courbes, il convient d'établir les grandes classes en prenant pour base la considération des caractères qui restent invariables par la transformation homographique la plus générale savoir, celle qui change le plan de l'infini. Ces caractères sont :

1° Le nombre et la nature des points singuliers ;
2° Le nombre des droites réelles et leurs positions relatives.

On a vu, dans le chapitre III que l'on est conduit à établir 23 classes d'après les considérations des points singuliers. 2 de ces classes étant formées par les surfaces à lignes de points singuliers, c'est-à-dire les surfaces réglées et l'une d'elles par les surfaces ne présentent aucune singularité ponctuelle.

La considération du nombre de droites réelles permettra de diviser chaque classe en *familles* de telle sorte que chaque famille ne pourra se transformer qu'en elle-même par une transformation homographique quelconque.

Un caractère important est la nature de la section par le plan de l'infini ; il reste invariable tant que la transformation homographique ne change pas ce plan ; ce caractère permettra de partager chaque famille en *genres*. Enfin, on pourra prendre des caractères nouveaux moins fixes encore, pour partager les genres en *espèces*, par exemple, les diverses symétries.

ÉLÉMENTS D'UNE CLASSIFICATION.

1. — *Classe des surfaces générales du 3ᵉ ordre (5 familles)*.

THÉORÈME 1. — Il y a sur une surface générale de 3ᵉ ordre au moins 3 droites réelles formant un triangle.

On a vu (ch. VIII) qu'il y en a au moins une. Prenons-la pour axe OZ ; l'équation de la surface a la forme

$$x\,F_1 + y\,F_2 = 0$$

F_1 et F_2 étant des fonctions quadratiques en x, y, z.

Tout plan $y - kx = 0$, passant par OZ, coupe la surface suivant OZ et, en outre, suivant une conique dont la projection sur ZOX a pour équation

$$F_1(x, kx, z) + k\,F_2(x, kx, z) = 0$$

Le discriminant de cette équation est du 5ᵉ degré en k. Il a donc une racine réelle au moins et toujours un nombre impair. A cette racine réelle correspond, soit un couple de droites réelles soit un couple imaginaire à centre réel.

Or, un couple de droites imaginaires conjuguées représente la transition des ellipses réelles aux ellipses imaginaires ([1]) ; un couple de droites réelles, la transition d'une série d'hyperboles à une autre série d'hyperboles ; enfin un couple de droites imaginaires non conjuguées, la transition d'une série d'ellipses imaginaires à une autre série imaginaire.

Le nombre des racines réelles en k étant impair, le nombre des couples réels, ajouté à celui des couples imaginaires à centre réel, forme un total impair. Or, de ces couples, nous allons voir qu'il y en a au moins un formé de droites réelles.

En effet, s'il n'y en avait pas, un plan tournant autour

([1]) *Le discriminant et le déterminant qui caractérise le genre d'une quadrique, ne s'annulant pas, en général simultanément.*

de OZ et effectuant un tour complet, couperait suivant les séries de coniques suivantes :

ell r. — ell im. — ell re. — ell im. — ell r. — ell im.

ou

ell r. — ell im. — ell r. — ell im.

ou

ell r. — ell im.

suivant qu'il y aurait 5. 3 ou 1 racine réelle en k. C'est-à-dire que partant d'une section réelle, par exemple, on ne retrouverait pas, après un tour complet une section réelle. (Il faut remarquer que, chaque série d'ellipses réelles peut se transformer en série d'hyperboles, mais en passant par la forme parabole et redevenant série d'ellipses avant de devenir imaginaire). Ainsi, l'une au moins des racines réelles en k donne 2 droites réelles. Ces 2 droites forment, avec la droite OZ un triangle réel sur la surface,

THÉORÈME 2. — **Lorsque, parmi les 5 paires de sécantes à une droite réelle de la surface, une est réelle et 4 ou 2 imaginaires avec le centre réel, la surface cubique ne possède que 3 droites réelles.**

En effet, soit a la droite réelle considérée, (l, l') l'une des paires de droites ponctuées coupant a, O le point réel de l et l'. Supposons qu'il existe sur la surface, indépendamment de A, et de la paire de sécantes réelles coupant a une droite d. Cette droite d coupe une droite de chacune des 5 paires sécantes à a. Elle coupe donc l ou l'; supposons que ce soit l. La droite l serait alors une sécante commune à a et à d, passant par le point O et par suite, serait l'intersection des plans réels (O, a) et (O, d). Elle serait donc réelle, ce qui est contraire à l'hypothèse. Le théorème est donc démontré.

Remarque 1. — Le théorème sur l'existence d'un triangle réel sur la surface montre que l'on peut toujours ramener l'équation d'une surface cubique générale à la forme suivante en coordonnées tétraédriques

$$A_{114} x^2 t + A_{224} y^2 t + A_{334} z^2 t + A_{144} x t^2 + A_{244} y t^2 + A_{344} z t^2$$
$$+ 2 A_{123} xyz + 2 A_{124} xyt + 2 A_{134} xzt + 2 A_{234} yzt = 0$$

On peut aussi, en coordonnées cartésiennes prendre la forme

$$az^5 + (bx + cy + d)z^2 + (ex^2 + fy^2 + 2gxy + 2hx + 2ky + l)z$$
$$+ A(y - m_1 x)(y - m_2 x)(px + qy + 1) = 0$$

où A, m_1, m_2, p, q sont donnés et les autres coefficients arbitraires.

Remarque 2. — Considérons de nouveau les 5 paires de sécantes à une droite donnée réelle. Si l'on désigne par R, RI ou I l'un de ces couples, suivant qu'il est réel, imaginaire avec centre réel ou complètement imaginaire, les cas que l'on peut considérer sont les suivants :

1°	$5R$	—	—	6°	$2R$	$3RI$	—
2°	$4R$	$1RI$	—	7°	$1R$	—	$4I$
3°	$3R$	—	$2I$	8°	$1R$	$2RI$	$2I$
4°	$3R$	$2RI$	—	9°	$1R$	$4RI$	—
5°	$2R$	$1RI$	$2I$				

Il est évident que le nombre des paires imaginaires est pair, puisque ces paires de droites correspondent aux racines imaginaires en k. Les cas 2°, 5° et 6° où les nombres de paires de droites réelles sont pairs, ne peuvent se présenter. On s'en assure en considérant la succession de coniques obtenues lorsque le plan passant par a décrit un tour complet.

Par exemple, dans le cas 5°, on aurait, puisqu'il y a un couple imaginaire, à centre réel, un passage de sections imaginaires à des sections réelles et des passages à de nouvelles séries réelles, mais pas de retour aux sections imaginaires, d'où l'on est parti.

Il ne reste donc que 6 hypothèses à examiner.

1°. — 5 R. — **THÉORÈME 3.** — **Lorsque les 10 sécantes à une droite réelle de la surface sont réelles, les 16 autres droites le sont aussi.**

D'abord, l'une quelconque d de ces 16 droites ne peut être ponctuée, car soit O son point réel et (a, a') (b, b'); 2 paires de sécantes réelles à la droite réelle l. La droite d

coupe a ou a' et aussi b ou b' ; supposons la sécante de a et b. Les plans (O, a) (O, b) réels ne peuvent avoir pour intersection une droite d ponctuée. En second lieu, d ne peut être imaginaire. En effet, 4 droites réelles formant un Qdp, qui ont une de leurs 2 sécantes complètes réelle, ne peuvent avoir l'autre imaginaire (car l'hyperboloïde déterminé par 3 d'entre elles, lequel contiendrait les 2 sécantes complètes, serait coupé par les quatrièmes droites du Qdp en un point réel et un point imaginaire). Or, l'un quelconque des 16 Qdp formés par les sécantes à l ayant une sécante complète réelle, savoir l, sa seconde sécante, qui est une des 16 droites ne coupant pas l est réelle aussi. Ces 16 droites sont donc réelles.

2°. — 3 R et 2 R I. — THÉORÈME 1. — **Lorsque des 5 paires de sécantes à une droite réelle de la surface 3 sont réelles et 2 imaginaires à centre réel, la surface possède 7 droites réelles, 4 ponctuées et 16 imaginaires.**

Soit (b, b') l'une des paires de sécantes réelles à la droite réelle l. S'il y avait sur la surface d'autres droites réelles que celles que l'on a supposées réelles dans l'énoncé ; elles figureraient parmi les sécantes à b ou à b'. La droite b a déjà le couple (l, b') de sécantes réelles. Si elle en a d'autres, il y en a au moins 2, puisqu'il y en a en tout un nombre impair, d'après une remarque précédente. Supposons que (c, c'), (d, d') soient 2 paires de sécantes réelles à b. L'une des 4 sécantes ponctuées de l couperait alors c ou c' et aussi d ou d', par exemple c et d. Mais alors, si O est un point réel, elle serait l'intersection des deux plans réels (O, c), (O, d), ce qui est impossible. Ainsi b n'a pas d'autres sécantes réelles que l et b' ; b' pas d'autres que l et b. Donc, enfin, il n'y a que 7 droites réelles sur la surface, savoir l et ses 3 paires de sécantes réelles.

Toutes les sécantes à b autres que l et b' sont imaginaires ou ponctuées. Or, elles ne peuvent être ponctuées, car l'une d'elles serait alors l'intersection de 2 plans réels, savoir les 2 plans passant par son point réel et par 2 des sécantes réelles de l formant un Db.

Il n'y a donc pas d'autres droites ponctuées sur la surface que les 4 qui sont sécantes à l (car on répéterait pour b' le raisonnement fait pour b).

Il reste bien $27 - 7 - 4 = 16$ droites imaginaires.

3°. — 1 R et 4 I. — THÉORÈME 5. — Si parmi les 5 paires de sécantes à une droite réelle de la surface, une est réelle et les 4 autres imaginaires, la surface possède 7 droites réelles, 4 ponctuées et 16 imaginaires.

(*La surface est alors de la même famille que dans le cas précédent*).

En effet, soit l la droite réelle (d, d'), la paire de sécantes réelles. Considérons une surface de 3me ordre passant par le triangle $(d, d'\ l)$ et telle que des couples de sécantes à d, 3 soient formés de droites réelles et 2 de sécantes imaginaires à centre réel. Cette surface du 3me ordre, d'après le théorème précédent, n'a pas d'autres droites réelles que les 6 sécantes à d et la droite d et n'a pas d'autres droites ponctuées que les 4 qui sont sécantes à d.

Donc, les 4 paires de sécantes à l, autres que (d,d') sont imaginaires pour cette surface, comme pour la proposée.

La donnée du triangle (l, d, d') équivaut à 9 conditions simples. Les 10 conditions simples dont on dispose encore représentent le degré d'indétermination de paires de sécantes à l autres que d et d', comme aussi le degré d'indétermination des paires de sécantes à d autres que l et d'. En donnant aux 4 paires de sécantes à d toutes les dispositions compatibles avec cette condition qu'elles soient sur une surface cubique contenant le triangle (l, d, d') et cette autre que 2 soient réelles et les 2 autres ponctuées, on fera prendre aux 4 sécantes à l toutes les dispositions compatibles avec la même condition, qu'elles soient sur une surface contenant le triangle (l, d, d'); les 4 paires restant imaginaires. On pourra donc avoir, en particulier, une surface ayant les mêmes sécantes imaginaires à l que la surface donnée. Mais alors les 2 surfaces coïncident, ayant en commun la droite l et ses 5 paires de sécantes.

230 ÉLÉMENTS D'UNE CLASSIFICATION

La surface proposée a donc 7 droites réelles, 4 ponctuées et 16 imaginaires.

4°. — 3 R et 2 I. — **THÉORÈME 6.** — **Si, parmi les 5 paires de sécantes à une droite réelle de la surface, 3 sont réelles et 2 imaginaires, la surface possède 15 droites réelles et 12 droites imaginaires.**

D'abord aucune des droites de la surface ne peut être ponctuée, car elle serait l'intersection de 2 plans réels savoir les plans passant par son point réel et par 2 sécantes réelles de la droite réelle, formant un Db.; or, l'intersection de 2 plans réels ne peut être une droite ponctuée. Ainsi les droites sont réelles ou imaginaires, Soit l la droite réelle de la surface, que l'on considère, et (d, d') l'une des paires de sécantes réelles. Les 4 paires de sécantes à d autres que (l, d') ne peuvent être réelles, car les 5 paires l'étant alors, toutes les droites de la surface le seraient aussi, ce qui est contraire à l'hypothèse. Il ne peut y en avoir ni 3, ni une, car le nombre total des paires de sécantes réelles à d seront 4 ou 2, nombre pair, ce qui est impossible.

Il ne peut y en avoir zéro, car la droite d, ayant alors une paire de sécante réelles et 4 imaginaires, on serait dans le cas précédent et la droite a aurait ou bien 2 paires de sécantes ponctuées ou bien 4 paires imaginaires, ce qui est contraire à l'hypothèse Donc, de ces 4 paires de sécantes à d, autres que (l, d'), 2 sont réelles et 2 imaginaires.

Le même raisonnement pouvant être fait pour d', le nombre des droites réelles de la surface est $3 + 3 + 4 = 15$ et, par suite celui des droites imaginaires 12.

5°. — 1 R, 2 RI et 2 I. — *LEMME*. — **Si, parmi les sécantes à une droite réelle l de la surface, se trouvent des droites imaginaires, il existe 8 droites imaginaires parmi les 16 droites ne coupant pas l.**

Soit (i, i') une paire de sécantes imaginaires à l.

Menons par i un plan autre que le plan (i, i'), ce plan est imaginaire ; il a une droite réelle qui, pour chaque position du plan, coupe la surface en 1 ou 3 points réels. Par suite, pour l'une quelconque des 5 positions du plan pour lesquelles la section se décompose, on a 2 droites qui ne peuvent être réelles, car le plan le serait, elles ne peuvent être imaginaires car la section a au moins un point réel (situé sur la droite réelle du plan), qui ne peuvent être 2 droites ponctuées avec des points réels différents, car la droite joignant ces points, couperait la surface en un troisième point réel qui serait situé sur i, droite imaginaire, ce qui est impossible.

Ces 2 droites ne peuvent être ponctuées avec point réel identique ([1]), sauf dans le cas exceptionnel supposé écarté où la droite réelle du plan serait tangente à la surface. Enfin, elles ne peuvent être l'une réelle et l'autre ponctuée, car leur plan serait réel. Donc une des deux est imaginaire et une seule.

Il en est de même pour les 5 paires coupant i et les 5 coupant i'; l'une des paires coupant i est $(i'\ l)$ et l'une des paires coupant i' est $(i,\ l)$. Les 8 autres donnent chacune une droite imaginaire.

Ces 8 droites imaginaires font partie de 16 qui ne coupent pas l. Le lemme est donc démontré.

THÉORÈME 7. — Si, parmi les 5 paires de sécantes à une droite réelle de la surface, il y en a une réelle, 2 ponctuées et 2 imaginaires, la surface possède 3 droites réelles, 12 ponctuées et 12 imaginaires.

En effet, soit l la droite réelle (d, d'), la paire de sécantes réelles. Il ne peut y avoir pour d d'autres sécantes réelles, car il y en aurait au moins 2 paires, ce qui est incompatible avec l'existence, pour l, de sécantes ponctuées (celles-ci seraient alors des intersections de plans réels). De même, il n'y a, pour d' pas d'autres sécantes réelles que la paire (l, d). Comme toute droite, non sécante à l coupe d ou d', on voit que la surface ne possède que 3 droites réelles.

Il ne peut y avoir pour d (ou d') 4 paires de sécantes imaginaires, car, d'après l'un des théorèmes précédents, il y

---

([1]) *Par une droite joignant ce point à un point réel de la droite réelle du plan serait réelle et le plan serait lui-même réel possédant 2 droites réelles.*

aurait alors, pour l, 4 paires imaginaires ou 3 réelles et 2 ponctuées, ce qui est contraire à l'hypothèse.

D'après le lemme précédent, 8 des 16 droites ne coupant pas l sont imaginaires, et par suite 8 sont ponctuées, puisque parmi ces 16 ne se trouvent aucune droite réelle.

La surface a donc bien $8 + 4 = 12$ droites imaginaires et autant de ponctuées.

6°. — 1 R et 4 RI. — THÉORÈME 8. — **Si, parmi les 5 paires de sécantes à une droite réelle, il y a une réelle et 4 ponctuées, la surface possède 3 droites réelles et 24 ponctuées.**

Il ne peut y avoir de droites réelles autres que l et le couple (d, d') supposé réel, de sécantes à l.

Si d avait d'autres sécantes réelles que l et d', elle en aurait au moins 2 paires, ce qui est incompatible avec l'existence de sécantes ponctuées pour l.

La droite d ne peut avoir 4 paires de sécantes imaginaires car d'après le lemme précédent, il y aurait des droites imaginaires non sécantes à d, dont quelques-unes seraient sécantes à l. La droite d ne peut avoir 2 paires de sécantes imaginaires et 2 ponctuées, car d'après le théorème précédent, il y aurait aussi, pour l, 4 sécantes imaginaires, ce qui est contraire à l'hypothèse.

Ainsi, les 4 paires sont ponctuées et il en est de même pour d'. La surface a donc $8 \times 3 = 24$ droites ponctuées.

Résumé

Nature des couples de sécantes à une droite réelle l.	Nature des droites de la surface.		
1° 5 R	$27r$	»	»
2° 3 R et 2 RI	$7r$	$4ri$	$16i$
1 R et 4 I	$7r$	$4ri$	$16i$
3° 3 R et 2 I	$15r$	»	$12i$
4° 1 R, 2 RI et 2 I	$3r$	$12ri$	$12i$
5° 1 R et 4 RI	$3r$	$24ri$	»

Surfaces à singularités

SURFACES A UN CNICNODE. — L'équation (I) du chapitre XI convient aux diverses surfaces de cette classe, puisque, dans tous les cas, on peut trouver un triangle de droites réelles de la surface, ne passant pas par le cnicnode. Le cône tangent au cnicnode a pour équation :

$$A_{114}x^2 + A_{224}y^2 + A_{334}z^2 + 2A_{124}xy + 2A_{134}xz + 2A_{234}yz = o$$

et cette équation représente aussi la conique d'intersection de ce cône avec la face $t = o$ du tétraèdre de référence.

Or, il peut se produire les cas suivants :

1° Cette conique est imaginaire; le cône tangent au cnicnode est alors lui-même imaginaire et l'on a un point double isolé ;

2° Cette conique est réelle mais coupe le triangle xyz de la face $t = o$, lequel est un triangle de la surface, en 6 points imaginaires. Toutes les droites passant par le point double sont imaginaires. Il n'y a que 3 droites réelles sur la surface ;

3° La conique est réelle, coupe l'un des côtés du triangle xyz en 2 points réels et les autres en des points imaginaires. Deux des 6 droites passant par le point double sont réelles. En tout, 5 droites réelles ;

4° La conique est réelle, coupe 2 des côtés en des points réels et le troisième en 2 points imaginaires ; 4 des 6 droites passant par le point double sont réelles. En tout 11 droites réelles ;

5° La conique est réelle et coupe le triangle en 6 points réels. Toutes les droites de la surface sont réelles.

On a des exemples de ces divers cas dans les surfaces représentées par les équations suivantes en coordonnées cartésiennes :

$$6xyz + (x - 3z)^2 + (2y + z)^2 + 3z^2 = o$$
$$6xyz + (x - 2z)^2 + (y - 3z)^2 - z^2 = o$$
$$6xyz + (x - z)^2 + (y - 7z)^2 - 3z^2 = o$$
$$6xyz + (x - z)^2 + (y - z)^2 - 3z^2 = o$$
$$6xyz + x^2 - y^2 + 6xz + 4yz + 1 = o$$

2° SURFACES A UN BINODE B_3 *(15 droites)*. — Cette classe peut se partager en quatre familles :

1° Si le biplan n'a que son arête réelle, les deux faces sont conjuguées ;

Les 3 droites ponctuées de la surface que chacune contient sont deux à deux conjuguées et déterminent ainsi 3 plans réels dans chacun desquels la troisième droite est réelle. Ces 3 droites réelles forment un triangle et les 6 autres droites ne passant pas par B_3 sont imaginaires ;

2° Le biplan est réel mais des 3 droites de chacun, une seule est réelle ; la surface a 5 droites réelles ;

3° Le biplan est réel ; les 3 droites de l'une des faces sont réelles et deux de l'autre face sont imaginaires ; 7 droites réelles ;

4° Le biplan est réel ; les 3 droites de chaque face sont réelles.

Toutes les droites sont alors réelles.

Exemples :

1° $5x^3 + x^2y - 2xy^2 + y^3 + 2xz^2 - z^3 + y^2 + 2x^2 = 0$
2° $3x^3 - 2x^2y + 4xz^2 + y^2z + z^3 + 2xy = 0$
3° $3x^3 - 2x^2y + 4xz^2 - y^2z + z^3 + 2xy = 0$
4° $3x^3 - 2x^2y - 4xz^2 - y^2z + z^3 + 2xz = 0$

3° SURFACES A BINODE B_4 *(10 droites)*. — On peut, comme dans le cas précédent distinguer 4 familles :

1° Le biplan n'a que son arête réelle ; les deux droites situées dans chaque face sont des droites ponctuées et chaque droite de l'une des faces est conjuguée de l'une des droites de l'autre face. Ces droites déterminent donc 2 plans réels, dans chacun desquels la troisième droite de la surface est réelle. Ces droites réelles se coupent et forment avec la droite t sécante à l'arête et non située dans les faces, un triangle réel. La surface a 4 droites réelles ;

2° Le biplan est réel mais les deux droites de chaque face sont imaginaires. Les deux droites de chaque face sont conjuguées entre elles. La surface n'a plus que 2 droites réelles ;

3° Le biplan est réel, l'une des faces contient 2 droites réelles, l'autre 2 droites imaginaires conjuguées ; il y a 4 droites réelles ;

4° Le biplan est réel, les deux faces contiennent chacune 2 droites réelles ; toutes les droites de la surface sont alors réelles.

Exemples :

$2x^3 + y^3 + 3x^2y - 7xz^2 + 4yz^2 + y^2 + 3x^2 = 0$
$2x^3 + y^3 + x^2y + xz^2 + 3yz^2 + xy = 0$
$2x^3 + y^3 + x^2y + xz^2 - 3yz^2 + xy = 0$
$2x^3 + y^3 + x^2y - xz^2 - 3yz^2 + xy = 0$

4° SURFACES A UN BINODE B_5 *(6 droites)*. — L'une des faces coupe suivant l'arête comptée 2 fois et par suite suivant une autre droite simple. Elle est réelle et par suite le biplan est réel. L'autre face coupe suivant l'arête et 2 autres droites. On a les familles suivantes :

1° Les 2 droites simples de la seconde face sont imaginaires et la surface n'a que 2 droites réelles : l'arête et la droite simple de la face tangente le long de l'arête ;

2° Les 2 droites simples de la seconde face sont réelles; la surface a 6 droites réelles et 2 triangles réels.

5° SURFACES A UN BINODE B_6 *(3 droites)*. — Les faces sont réelles, l'une coupe la surface 3 fois suivant l'arête, l'autre suivant l'arête et 2 autres droites.

On a 2 familles :

1° Les 2 droites de la seconde face sont imaginaires ; la surface a une droite réelle ;

2° Les 2 droites de la seconde face sont réelles ; la surface a 3 droites réelles.

Exemples :

$y^3 + 2x^2z + 3xz^2 + 6xyz + 2xy = 0$
$y^3 + 2x^2z - 3xz^2 + 6xyz + 2xy = 0$

6° SURFACES A UN UNODE U_6 *(6 droites)*.
Deux familles :

1° Des 3 droites d, d' d'' situées dans le plan tangent en

U_6 une seule est réelle — La surface possède deux droites réelles, savoir une droite d et une droite l coupant d

2° Les 3 droites d, d', d'' sont réelles. — Les 6 droites de la surface sont alors réelles.

7° SURFACE A UN UNODE U_7 (*3 droites*).
Une seule famille, 3 droites réelles.

8° SURFACES A UN UNODE U_8 (*1 droite*).
Une seule famille.

Exemples :
$$3xy^2 + 2x^3 - 4yz^2 + 5xyz = 0$$
$$5z^3 + 2xy^2 + 6xyz - 3x^2 = 0$$

9° SURFACE A 2 CNICNODES (*16 droites*).

La droite d joignant les 2 points doubles A et B est toujours réelle, ainsi que la droite l située dans le plan tangent le long de d.

Le cône tangent en l'un des cnicnodes est réel ayant une génératrice réelle. Les génératrices de la surface qu'il contient sont donc ou bien réelles ou bien imaginaires par paires formant un ou 2 couples de droites ponctuées, conjuguées. Si, par exemple m et n sont conjuguées, leur plan est réel et la troisième droite dans ce plan est réelle. Si m et n sont non conjuguées, leur plan n'est pas réel et la droite f de ce plan ne l'est pas non plus.

On a les 3 familles suivantes :

1° Les 4 droites m, n, p, q sont ponctuées ; il en est alors de même de m', n', p', q' droites passant par l'autre cnicnode. La surface possède 4 droites réelles : d, l et 2 des droites f ;

2° Deux des droites, par exemple $m\,n$, sont alors réelles, $p'\,q'$ ponctuées.
La surface a 8 droites réelles dont 2 sont des droites f.

3° Les 4 droites m, n, p, q, réelles. La surface a alors 16 droites réelles.

10. SURFACE A 1 CNICNODE C_2 ET 1 BINODE B_3 (*11 droites*).

Le biplan tangent en B_3 est réel, car l'une des faces contient un point réel C_2 hors de l'arête et par conséquent est réelle.

L'équation peut prendre la forme

$$ay^3 + 3bx^2y + 3cxy^2 + 3dx^2z + 3ey^2z + 6fxyz + 6gxzt = 0$$

les faces du biplan étant prises pour $x = 0$, $z = 0$. On peut même supposer $d = 0$ si l'on remarque que la troisième droite du plan $y = 0$ est toujours réelle et peut être prise pour arête $yt = 0$.

Des 11 droites de la surface, $B_3 C_2$ est toujours réelle ainsi que la droite l qui complète l'intersection avec la surface de la face du biplan qui contient C_2 ($B_3 C_2$ est compté 2 fois).

Des 3 droites situées dans la face $z = 0$ qui ne contient pas C_2, l'une est toujours réelle (prise ici pour arête $yz = 0$). Soit $B_3 A$ cette droite; la troisième droite dans le plan $(l, B_3 A)$ est réelle ainsi que la troisième dans le plan $A B_3 C_2$ (ici arête $yt = 0$),

Ainsi 5 droites toujours réelles.

On peut distinguer deux familles :

1° Les 2 droites du plan $z = 0$ (autre que $zy = 0$) sont ponctuées, les troisièmes droites dans les plans déterminés par chacune d'elles et par $B_3 C_2$ le sont aussi et aussi les troisièmes droites dans les plans qu'elles déterminent avec l, Ainsi la surface n'a que 5 droites réelles.

2° Les 2 droites de $z = 0$ sont réelles. — Les 11 droites de la surface le sont aussi.

Exemples :
$$y^3 + 4x^2y + 3xy^2 - y^2z + 2xyz - 2xz = 0$$
$$y^3 - 4x^2y + 3xy^2 - y^2z + 2xyz - 2xz = 0$$

11. Surface a 1 cnicnode C_2 et 1 binode B^4 (*7 droites*). Biplan réel. On peut ramener l'équation à la forme.

$$mx^3 + 3ax^2y + 3bxy^2 + 3dy^2z + 6fxyz + 6gxzt = 0$$

La droite $B_4 C_2$, l'arête du binode et la droite l coupant cette arête et située dans le plan tangent à la surface sont réelles. Mais les deux autres couples de droites peuvent être formés de droites réelles ou ponctuées.

Ainsi, cette classe comprend deux familles,

Dans l'une la surface a 7 droites réelles, dans l'autre 3.

12° Surfaces a 1 cnicnode et 1 binode B_3 (*4 droites*).
Une famille à 4 droites réelles,

13° Surfaces a 1 cnicnode et 1 binode B_6 (*2 droites*).
Une famille à 2 droites réelles.

14° Surface a 2 binodes B_3, B'_3 (*7 droites*).

Des 7 droites, 3 sont toujours réelles, savoir B_3 B'_3 et l'une des 3 paires (m, m'), (n, n'), (p, p') formées chacune d'une droite passant par B_3 et d'une autre passant par B'_3. En effet, l'un au moins des trois plans contenant ces paires est réel ; dans ce plan P les 2 droites de la surface sont réelles car chacune est l'intersection de 2 plans réels, le plan P et une face de l'un des binode. On a donc 2 familles :

1° Famille à 3 droites réelles ;

2° Famille à 7 droites réelles. L'équation peut se ramener à

$$ay^3 + 3bx^2y + 3cxy^2 + 6hxzt = 0$$

15° Surfaces a 3 cnicnodes (*12 droites*). — Les 3 droites joignant les cnicnodes A, B, C sont réelles. Prenant leur triangle pour plan $t = 0$, l'équation peut s'écrire :

$$2axyz + 2bxyt + 2cyzt + 2dxzt + ext^2 + fyt^2 + kzt^2 = 0$$

en supposant que le sommet xyz soit sur la surface.

Le cône tangent en $xyt = 0$ est $2axy + 2cyt + 2dxt + kt^2 = 0$ et c'est aussi l'équation de la conique suivant laquelle il est coupé par la face $z = 0$. Cette face $z = 0$ coupe la surface cubique suivant la conique $2bxy + ext + fyt = 0$ et la droite $t = 0$. Les deux coniques ont en commun les points $xt = 0$ et $yt = 0$. Les 2 autres points d'intersection sont réels ou imaginaires.

S'ils sont réels, les deux droites m, n de la surface passant par le cnicnode A (xyt) autres que AB et AC sont réelles. Les 4 autres droites analogues sont aussi réelles car elles sont les troisièmes droites de la surface dans des plans contenant déjà 2 droites réelles.

S'ils sont imaginaires, les droites m, n sont droites ponctuées et par suite aussi les droites analogues, car si celles-ci étaient réelles, les droites passant par A devraient l'être.

Ainsi la classe contient 2 familles :
1° Surfaces à 6 droites réelles ;
2° Surfaces à 12 droites réelles.

(Les 3 droites s, s', s'' sécantes chacune à un côté du triangle ABC et situées dans les plans tangents le long de ce côté sont nécessairement réelles.)

16° SURFACES A 2 CNICNODES C_2, C'_2 ET A 1 BINODE B_3, *(8 droites)*. — Biplan réel, dont chaque face contient un des cnicnodes. Les droites $B_3 C_2$, $B_3 C'_2$, $C_2 C'_2$ sont réelles, ainsi que la sécante l à $C_2 C'_2$ située dans le plan tangent le long de $C_2 C'_2$ puisque cette droite est la troisième de la surface dans le plan contenant une droite réelle comptée deux fois.

L'équation peut s'écrire
$$az^3 + 3bxz^2 + 3cyz^2 + 6dxyz + 6exyt = o$$

La surface a encore 4 autres droites : une paire de droites sécantes à $B_3 C_2$ dont l'une passe par C_2, l'autre par B_3 ; cette dernière étant dans la face du biplan qui contient C'_2 et une autre paire de sécantes à $B_3 C'_2$ dont l'une passe par C'_2 et dont l'autre passant par B_3 est dans la face du biplan qui contient C_2. Or ces 4 droites sont réelles car chaque paire est située dans un plan réel et possède des points réels hors du centre de la paire.

Ainsi on est amené à conclure que cette classe forme une seule famille.

17° SURFACES A 2 CNICNODES ET 1 BINODE B_4 *(5 droites)*. On voit aisément que, comme dans le cas précédent, les 5 droites de la surface sont réelles.

L'équation est réductible à
$$bxz^2 + cyz^2 + 2dxyz + 2exyt = o$$

18° UN CNICNODE C_2, 2 BINODES B_3, B'_3 *(5 droites)*. — Les 5 droites sont réelles et l'on a une famille unique, l'équation pouvant se réduire à
$$az^3 + 3byz^2 + 6cxyt$$

19° TROIS BINODES B_3 B'_3 B''_3 *(3 droites)*. — Les 3 droites sont réelles ; on a une famille et l'équation peut s'écrire :
$$z^3 + 6mxyt = o$$

240   ÉLÉMENTS D'UNE CLASSIFICATION

20° QUATRE CNICNODES *(9 droites)*. — Les 6 arêtes du tétraèdre des points doubles sont réelles et par suite aussi les 3 droites situées dans un même plan dont chacune est sécante à 2 arêtes opposées car chacune est la troisième droite de la surface dans un plan tangent le long de cette arête.

L'équation est réductible à

$$axyz + byzt + cztx + dtxy = 0$$

Le partage des 20 classes des surfaces non réglées en familles, d'après la réalité des droites de la surface étant effectué, on voit qu'une transformation homographique générale, non seulement ne fait pas passer une surface d'une classe dans une autre, mais encore ne change pas la famille de la surface pourvu que les coefficients de la transformation soient réels.

On peut maintenant partager chaque famille en genres d'après le nombre des éléments qui sont à l'infini.

Il faudra alors pour qu'une transformation homographique ne change pas le genre qu'elle conserve le plan de l'infini.

On voit aisément comment cette subdivision pourra être établie.

Considérons par exemple la 20ᵉ classe formée d'une seule famille. On pourra établir les genres suivants :

1° Le plan de l'infini ne contient aucune des droites ;
2° Il contient l'une des sécantes l a 2 arêtes opposées du tétraèdre ;
3° Il contient les 3 droites l ;
4° Il contient 1 cnicnode ;
5° Il contient 2 cnicnodes mais non la droite l sécante à l'arête qui les joint ;
6° Il contient 2 cnicnodes et la droite l sécante à l'arête de jonction ;
7° Il contient 3 cnicnodes.

Il est aisé de voir d'après cet exemple, comment on pourrait dresser un tableau des genres compris dans toutes les familles établies dans ce qui précède.

EXERCICES

1. — *Former l'équation des surfaces à 27 droites réelles passant par* $x = y = 0$; $y = z = 0$; $y = 0$ $z = 1$; $x = 0, z = 2$; $x = 0, z = y + 1$; $x = y = z + 1$; $x = y = 3z - 1$.

2. — *Former l'équation des surfaces à 15 droites réelles passant par* $x = y = 0$; $y = z = 0$; $y = 0, z = 1$; $x = 0, z = 2$; $x = 0, z = y + 1$ *et pour lesquelles les plans* $y - ix = 0$, $y + ix = 0$ *donnent les intersections* :
$$y^2 + 2x^2 + ixy + 2yi - 7x - 3 = 0$$
et $$y^2 + 3x^2 + 2ixy - 2x + 1 = 0$$

3. — *Etudier la surface diagonale de Clebsch* :
$$(x + y + z + t)^3 - x^3 - y^3 - z^3 - t^3 = 0.$$

CHAPITRE XIV

INTERSECTION D'UNE SURFACE CUBIQUE AVEC UN PLAN, UNE QUADRIQUE OU UNE SECONDE SURFACE CUBIQUE

1° Intersection avec un plan.

Elle peut être une cubique générale, une cubique à point double (plan tangent), une cubique à point de rebroussement, une cubique dégénérée en conique et droite, une cubique dégénérée en 3 droites. On a vu qu'il y a 45 sections complètement dégénérées, c'est-à-dire 45 plans triplement tangents et 27 séries de sections dégénérées en coniques et droites c'est-à-dire 27 séries de plans doublement tangents. Chaque conique de la surface est coupée en 2 points par une droite, en 1 point par 16 droites, savoir les 16 droites non sécantes à la première ; 10 droites lui sont non sécantes.

THÉORÈME 1. — Les 16 droites coupant une conique de la surface forment entre elles 80 **Db**, 160 **Tp**, 120 **Qdp**, 16 **Qtp**, 0 **Qtp**$_2$, 0 **Stp**.

Les sécantes à une droite l de la surface forment entre elles comme on voit aisément 40 Db, 80 Tp, 80 Qdp et 32 Qtp (dont 16 Qtp$_1$ et 16 Qtp$_2$).

D'autre part, chacune des droites non sécantes à l coupant 5 des sécantes à l forme des **Db** avec chacune des 5 autres. Il y a donc $18 \times 5 = 80$ **Db** formés d'une sécante à l et

INTERSECTION D'UNE SURFACE CUBIQUE AVEC UN PLAN. 243

d'une sécante à toute conique C dont le plan passe par l. Il reste alors $216 - 40 - 80 - 16 = 80$ Db formés de 2 sécantes à la conique,

Chaque Db formé par 2 sécantes à l a 6 droites non sécantes parmi les sécantes à l, et par suite, 4 parmi les sécantes à la conique C. Il appartient donc à 4 Tp dont la troisième droite est la sécante à C. Il existe donc $40 \times 4 = 160$ Tp dont 2 droites sont sécantes à l.

Il y en a 80 dont l'une des droites est l (puisque les droites non sécantes à l forment 80 Db).

Soit s une sécante à l et s' la troisième droite du plan (l, s) ; les sécantes à s' autres que l et s forment entre elles 24 Db ; chacun d'eux donne, avec s un Tp. Ainsi, il y a $24 \times 10 = 240$ Tp formés d'une sécante à l et de 2 droites non sécantes à l.

Il reste donc $720 - 160 - 80 - 80 - 240 = 160$ Tp formés uniquement de sécantes à la conique C.

Il existe 80 Qdp formés de 4 sécantes à l, 160 formés de l et de 3 sécantes à la conique C puisqu'il y a 160 Tp formés par les sécantes à C.

Chaque Tp a 6 droites non sécantes. Or, un Tp, formé de sécantes à l a 4 droites non sécantes parmi les sécantes à l, donc il en a 2 parmi les sécantes à C. Il y a donc $80 \times 2 = 160$ Qdp dont 3 droites sont sécantes à l.

Soient r et s deux sécantes à l formant un Db, r' et s' les trosièmes droites dans les plans (r, l), (s, l). Les droites r', s' forment aussi un Db, lequel a 5 sécantes doubles dont l'une est l et dont les 4 autres ne peuvent être que des droites non sécantes à l. Ces 4 droites sont, comme on sait, gauches entre elles. Elles forment donc 6 Db dont aucun ne coupe le Db (r, s). Ce dernier fait donc partie de 6 Qdp dont les 2 autres droites sont sécantes à C.

Donc il y a $6 \times 40 = 240$ Qdp formés de 2 sécantes à l et de 2 sécantes à C.

Soit l une sécante à l, s' la troisième droite dans le plan (l, s). Les sécantes à s' autres que l et s forment entre elles 32 Tp ; chacun d'eux donne avec s un Qdp. Ainsi, il y a $10 \times 32 = 320$ Qdp dont une seule droite est sécante à l.

Par suite, les sécantes à C forment entre elles :

$$1080 - 80 - 160 - 160 - 240 - 320 = 120 \; \mathbf{Qdp}.$$

Le nombre de **Qdp** formés de sécantes à l est 32. Il y en a 120 formés de 4 sécantes à C et de la droite l puisqu'il existe 120 **Qdp** formés uniquement de sécantes à C.

Chacun des **Qdp** formés par les sécantes à l a 3 droites non sécantes, dont 2 constituent une paire de sécantes à l et dont, par suite, une seule est sécante à C : il y a donc $80 \times 1 = 80$ **Qtp** dont 4 droites sont sécantes à l.

Soient r, s, t trois sécantes à l, $r'\,s'\,t'$ les troisièmes droites dans les plans $(l, r), (l, s), (l, t)$; le **Tp** (r', s', t') a 3 sécantes complètes, dont une est l et les deux autres, par suite, des sécantes à C.

On sait d'ailleurs qu'elles forment un **Db**. Chacun de ces **Db** fournit, avec le **Tp** (r, s, t) auquel il correspond, un **Qtp**. Ainsi, il existe $80 \times 1 = 80$ **Qtp** dont 3 droites sont sécantes à l.

Soient r, s deux sécantes à l, r' et s' les troisièmes droites dans les plans $(l, r), (l, s)$; le **Db** (r', s') a 5 sécantes complètes, dont une est l et les quatre autres, des sécantes à C. Ces quatre autres forment entre elles quatre **Tp** dont chacun forme avec r, s un **Qtp**. Il y a donc $40 \times 4 = 160$ **Qtp** dont 2 droites sont sécantes à l.

Soit (r, r') un couple de sécantes à l ; r' a 8 sécantes autres que r et l et qui sont des sécantes à C. Ces 8 droites forment entre elles 16 **Qdp** dont chacun forme avec r un **Qtp**. Il y a donc $16 \times 10 = 160$ **Qtp** dont une seule droite est sécante à l. Le nombre des **Qtp** formés uniquement par des sécantes à C est donc

$$648 - 32 - 120 - 80 - 80 - 160 - 160 = 16.$$

Tous ces **Qtp** sont à une sécante complète puisque chacun d'eux a une droite non sécante, savoir l.

Le nombre des $\mathbf{Qtp_2}$ formés avec les sécantes à c est donc zéro.

Chacun des 16 $\mathbf{Qtp_4}$ trouvés forme avec l un **Stp**.

Chacun des 16 $\mathbf{Qtp_4}$ formés par les sécantes à l donne un **Stp** avec une droite sécante à C et avec une seule, savoir : la sécante complète, autre que l du Qtp_2 qui, avec le Qtp_1 considéré, constitue l'ensemble des 10 droites sécantes à l.

Si (a, b, c, d) est un Qdp de sécantes à l et (a', b', c', d') le Qdp formé par les troisièmes droites dans les plans (l, a), (l, b), (l, c), (l, d), ce dernier Qdp n'ayant qu'une sécante complète autre que l, il n'y a pas de Stp formé avec (a, b, c, d) qui ne contienne encore une sécante à l.

On voit de même qu'il n'y a pas de Stp contenant 3 sécantes à l et 3 à C.

Si (a, b) est un Db de sécantes à l, et $(a'\ b')$ le Db formé par les troisièmes droites dans les plans (l, a), $(l\ b)$, les 4 sécantes complètes de ce dernier Db, autres que l forment avec (a, b) un Stp, Il y a donc 40 Stp formés par 2 sécantes à l et 4 à C.

On a trouvé jusqu'à présent $16 + 16 + 40 = 72$ Stp. Par suite, il n'y en a aucun dont une seule droite soit sécante à l et aucun dont toutes les droites soient des sécantes à c.

Remarque. — Les 16 droites sécantes à une conique C de la surface sont les mêmes pour toutes les coniques de la surface dont les plans passent par la même droite l, que le plan de C.

THÉORÈME 2 — Deux coniques c, c' de la surface, ont en commun 8 sécantes simples si les droites l, l' de la surface situées dans les plans de ces coniques forment une paire et 10 si les droites l, l' forment un Db.

En effet, dans le premier cas les sécantes simples communes à c et c' sont les 8 droites, autres que l et l' qui coupent la troisième droite l'' des plans (l, l').

Dans le second cas, les sécantes communes à c et c' sont les droites non sécantes du Db (l, l') et l'on a vu qu'elles sont au nombre de 10. On voit, en outre, que dans le premier cas les deux coniques ont 2 points d'intersection, car la droite d intersection de leurs plans ne coupe la surface qu'en 3 points dont l'un est le point (l, l') et dont les 2 autres sont alors à la fois sur c et c'. Dans le second cas les deux coniques n'ont qu'un point d'intersection.

Remarque. — Si l, l', l'' sont les droites situées dans les plans de trois coniques de la surface, les cas suivants peuvent se présenter :

1º les 3 droites se confondent ;
2º l, l' se confondent et forment avec l'' une paire ;
3º l, l' se confondent et forment avec l'' un **Db** ;
4º $l\ l'\ l''$ forment un triangle ;
5º $l\ l'\ l''$ forment une cubique brisée (v, p. 142) ;
6º $l\ l'$ forment une paire non coupée par l'' ;
7º $l\ l'\ l''$ forment un **Tp**.

Dans le premier cas, on a déjà vu dans une remarque précédente que les 3 coniques ont 16 sécantes communes dont les configurations sont indiquées par le premier théorème. Pour les cas 2º et 3º il suffit encore de se reporter au second théorème et pour les autres au suivant.

THÉORÈME 3. — Suivant que les droites l, l', l'' situées dans les plans de 3 coniques c, c', c'' de la surface forment un triangle, une cubique brisée, une paire avec une droite non sécante ou un **Tp**, le nombre des sécantes communes aux 3 coniques est 0, 4, 7 ou 6.

En effet, dans le premier cas, toute droite de la surface, autre que l, $l'\ l''$ rencontre l'une de ces 3 droites ; donc il y a une des coniques qu'elle ne rencontre pas.

Dans le second cas, si l' est la droite coupant les deux autres, des 10 droites qui ne sont pas sécantes au **Db** (l, l'') 6 sont des sécantes à l' savoir les droites formant les trois paires de sécantes à l'' ne contenant ni l ni l''. Donc les 4 autres sont sécantes à c' (devant couper la cubique (c', l'). Ces 4 droites sont sécantes aux 3 coniques.

Dans le troisième cas, si la paire est formée de l, et l' la droite l'' ne coupant ni l, ni l', l'' sera sécante commune à c, et c' et d'autre part sécante double à c''. Elle doit d'autre part couper la troisième droite d du plan (l, l'), c'est-à-dire qu'elle est une des 8 droites autres que l et l' qui rencontrent d.

Soit m la troisième droite du plan (d, l'').

Les 3 paires de sécantes à d autres que (l, l') et (m, l'')

sont non sécantes à l'', donc coupent c''. Elles sont d'autre part sécantes à c et c' puisqu'elles ne coupent ni l ni l'. Ainsi, on a pour c, c' et c'', 6 sécantes communes formant 3 paires et une septième, qui, pour c'' est sécante double, savoir l''.

Dans le quatrième cas, le Tp (l, l', l'') ayant 6 droites non sécantes, le Tp de coniques (c, c', c'') a 6 sécantes communes. Il a au contraire 3 droites non sécantes, savoir les 3 sécantes complètes du Tp (l, l', l'').

Remarque. — On étudierait de même les systèmes de 4, 5, 6 coniques sur la surface. On démontrerait par exemple de la même manière que suivant que les droites l, l', l'', l''' situées dans les plans de 4 coniques forment un quadrilatère ou un Qdp le nombre des sécantes communes est 1 ou 3 et le nombre des droites non sécantes 0 ou 2.

De même suivant que les 6 droites situées dans les plans de 6 coniques forment un Hcg ou un Stp, le nombre des sécantes communes est 3 ou 0 ! le nombre des droites non sécantes est 0.

En résumé, les divers théorèmes sur le système des droites en donnent une série d'autres sur le système des coniques.

THÉORÈME 4. — *Le lieu des pôles d'une droite de la surface par rapport aux coniques de la surface dont le plan passe par cette droite est une cubique gauche.*

Soit l la droite ; tout plan P passant par l fournit un point du lieu et un seul. Mais il en contient 2 autres. On a vu, en effet, que les coniques dont les plans passent par une droite l de la surface déterminent sur celle-ci une involution ; celle-ci a 2 points doubles qui sont fournis par des plans P_1 et P_2 donnant des coniques tangentes à l. Or les 2 points A_1 et A_2 de contact appartiennent au lieu considéré. Donc celui-ci est coupé par tout plan passant par l en 3 points et par suite est une cubique gauche.

Cette courbe contient les centres de 5 paires de droites sécantes à l. Il y a 27 cubiques analogues et, par suite, en chacun des 135 points d'intersection de 2 droites de la surface, il en passe une.

De ce qui précède, on déduit que :

Les 2 points doubles de l'involution de chaque droite de la surface sont, avec les centres de 5 paires de sécantes à cette droite, sur une même cubique gauche.

THÉORÈME 5. — Les plans tangents le long d'une cubique plane de la surface engendrent une surface développable de 6me classe. Les plans tangents le long d'une conique, une développable de 4me classe.

En effet, le cône circonscrit à la surface, ayant pour sommet un point quelconque O est, comme on l'a vu, du 6me ordre. Son intersection avec la surface est donc du 18me ordre, mais chaque génératrice est tangente en un point A, sécante en un autre B. Le lieu (A) des points de contact A est la courbe intersection de la surface cubique avec la quadrique polaire de O; il est donc du 6me ordre. Mais dans l'intersection de la surface avec le cône circonscrit, cette courbe doit être comptée 2 fois. Par suite, la courbe lieu des points d'intersection B est de l'ordre $18 - 6 \times 2 = 6$.

La courbe A lieu des points de contact est coupée par un plan quelconque P en 6 points; soit I l'un d'eux, It la tangente en I à la section de la surface par le plan P. Le plan OIt est tangent à la développable considérée ainsi que les 5 plans analogues et ces 6 plans sont, on le voit aisément, les seuls plans tangents à cette développable passant par le point O. Cette surface est donc de 6me classe.

Si le plan P contient une droite l de la surface, le faisceau des plans tangents ayant l pour axe doit être considéré comme double, chaque plan étant bitangent.

La classe de la développable circonscrite le long de la conique de la surface contenue dans P est donc $6 - 2 = 4$.

2° *Intersection avec une quadrique*

Relativement à cette intersection on considérera les points suivants :

1° Situation des droites de la surface;

2° Ordre de la développable qui a cette ligne pour arête de rebroussement;

3° Classe de la développable circonscrite le long de cette ligne;

4° Classe de la courbe d'intersection.

Les cas qui peuvent se produire sont :

I Courbe générale du 6me ordre;
II Une droite et une courbe du 5me ordre proprement dite;
III Deux droites formant une paire et une biquadratique;
III' Une conique et une biquadratique;
III" Deux droites formant un Db et une biquadratique;
IV Trois droites formant un CGB(^{1}) et une cubique gauche;
IV' Une droite, une conique et une cubique gauche;
V Quatre droites formant un quadrilatère et une conique;
VI Deux droites et deux coniques;
VII Trois coniques;
VIII Deux cubiques gauches;
IX Six droites.

THÉORÈME 6. — Si l'intersection d'une surface cubique et d'une quadrique est une courbe du 6me ordre, la développable dont cette courbe est l'arête de rebroussement est du 18me ordre. La développable circonscrite à la surface cubique le long de cette courbe est de 12me classe. Chaque droite de la surface cubique coupe la courbe en 2 points; chaque génératrice de la quadrique en 3 points.

Ces deux dernières parties sont à peu près évidentes.

Soient S la surface cubique, Q la quadrique polaire, Q_1 la quadrique polaire d'un point M par rapport à S, P le plan polaire de M par rapport à Q. Tout point de contact d'une tangente menée de M à S est sur Q_1. Tout point de contact d'une tangente menée de M à Q est sur P. Donc tout point de contact d'une tangente menée de M à la courbe (S, Q) est située sur la conique (Q_1, P). Supposons que M décrive une droite l; Q_1 et P décrivent alors 2 faisceaux homogra-

---
(^{1}) *Cubique gauche brisée* (V. p. 142).

phiques qui engendrent une surface cubique S_1. Ainsi, les points de la courbe (S, Q) dont la tangente rencontre l sont sur S_1. Or, les surfaces S, S_1, Q ont 18 points communs en général. Il y a donc 18 tangentes à la courbe qui coupent l, c'est-à-dire 18 points d'intersection de l et de la développable ayant (S, Q) pour arête de rebroussement.

Considérons maintenant le cône circonscrit à S de sommet M. Il est du 6me ordre et son intersection avec S se compose, comme on l'a déjà remarqué, d'une courbe de contact (A) du 6me ordre et d'une courbe d'intersection (B) du 6me ordre. La courbe (A) coupe la quadrique Q en 12 points ; soit I l'un d'eux, It la tangente à la courbe (S, Q) en ce point. Le plan MIt est tangent à la développable circonscrite à S le long de la courbe (S, Q), ainsi que les 11 plans analogues. Ainsi, par M, point quelconque passent 12 plans tangents à cette développable, ce qui prouve la seconde partie du théorème.

On verrait de même que la développable circonscrite à la quadrique le long de la même courbe d'intersection est de 6me classe.

Quant à la développable circonscrite aux surfaces S et Q, elle est, en général de la classe $2 \times 12 = 24$; les surfaces S et Q étant, la seconde de classe 2, la première de classe 12 en général.

THÉORÈME 7. — *Lorsqu'une surface cubique S et une quadrique Q ont en commun une droite t et une courbe du 5me ordre C, non décomposée, celle-ci est coupée en 2 points par 16 droites de la surface, en un seul par 10, en 3 points par t ; la développable ayant C pour arête de rebroussement est du 12me ordre.*

Soit (d, d') l'une des 5 paires de sécantes à t ; les 5 points d'intersection de C avec le plan (d, d') se répartissent sur d, d' et t. Or, il ne peut y en avoir qu'un sur d, car d, qui ne coupe la quadrique qu'en 2 points, la coupe déjà sur t ; de même pour d'. Il y a donc 3 points d'intersection sur t. Quant aux 16 droites ne coupant pas t, elles rencontrent nécessairement C chacune en 2 points.

Ainsi, on peut considérer l'intersection complète (t, C)

des deux surfaces comme ayant 3 points doubles. Or, soit A l'un d'eux et l une droite quelconque. Le point A est sur la surface S_1 définie précédemment (th. 6), car, si l'on nomme i l'intersection du plan tangent en A (il est commun aux 2 surfaces puisqu'il contient t et la tangente à C), avec la droite l, la droite iA est tangente en A aux 2 surfaces. Mais elle ne l'est pas à la courbe C, de sorte que i n'est pas un point de la développable.

D'autre part, A étant point double de l'intersection complète $(S, Q) = (t, C)$ compte deux fois parmi les points d'intersection des surfaces S, S_1, Q et de même les deux autres points communs à t et C. Il y a donc $18 - 3 \times 2 = 12$ tangentes à C qui coupent une droite l.

Remarque. — Le raisonnement précédent s'appliquerait au cas où la courbe d'intersection supposée non décomposée aurait 3 points doubles, c'est-à-dire au cas où les 2 surfaces seraient tritangentes. Il ne peut, du reste, y avoir plus de 3 points doubles sans que l'intersection ne se décompose en 2 lignes.

Supposons qu'il y en ait 4. Nous pouvons faire passer par ces 4 points et par 5 autres choisis arbitrairement sur la ligne d'intersection, une quadrique Q'. Les trois surfaces S, Q, Q' auraient alors $4 \times 2 + 5 = 13$ points d'intersection ce qui est impossible.

THÉORÈME 8. — **Lorsqu'une surface du 3me ordre S et une quadrique Q ont en commun 2 droites t, t' formant une paire et une biquadratique C non décomposée, cette courbe C peut être base d'un faisceau de quadriques.**

Toute génératrice de Q coupe la courbe C en 2 points, car elle coupe S et par suite l'intersection complète (t, t', C) en 3 points, mais l'un est sur (t, t'), section plane de la quadrique. Les deux autres sont donc sur C. Les droites t, t' coupent elles-mêmes C chacune en 2 points.

Faisons passer une quadrique Q'' par 8 points $a_1\ a_2 \ldots a_8$ de C et par un neuvième quelconque b; la biquadratique $(Q, Q'') = C'$ a 8 points communs avec C. Projetons coniquement de l'un d'eux, a_1 sur un plan P; les projections sont

2 cubiques ayant en commun les projections des 7 points a_2 . a_8 et 2 autres points, intersections avec P des génératrices $g_1 \, g_2$ de Q qui passent par a_1.

Toute cubique passant par 8 de ces points passera par le neuvième.

Par 7 d'es 8 points $a_1, \ldots a_7$, par b et par un point m de C faisons passer une quadrique Q''; soit C'' la biquadrique (Q, Q''). Les courbes C et C'' ont en commun les 8 points $a_1, \ldots a_7$ et m. Les génératrices $g_1 \, g_2$ sont des cordes pour $C_{\shortparallel}$ comme pour C. Donc les projections de C et C'' faites de a_1 ont en commun les projections de $a_2, \ldots a_7$, m et les points (P, g_1), (P, g_2), mais celle de C'' passant par 8 points qui sont communs à C et C' passe aussi par la projection de a, neuvième point commun aux projections C et C''. Donc enfin les projections de C et C' ayant en commun 10 points, savoir les projections de $a_2 \ldots a_7$, a_8, m et (P, g_1), (P, g_2), coïncident.

Or, les rayons projetant ne coupent Q qu'en 2 points chacun, (sauf g_1 et g_2). L'un d'eux est a_1 et il n'y en a, par suite qu'un variable. Il en résulte que les deux courbes C et C'' coïncident elles-mêmes. Ainsi la courbe C est identique à une courbe C'' intersection de deux quadriques, ce qui démontre le théorème,

III" THÉORÈME 9. — Lorsqu'une surface cubique S et une quadrique Q ont en commun deux droites $t \, t''$ formant un **Db** et une biquadrique C_1 non dégénérée, cette courbe n'est située que sur la seule quadrique Q (et par suite ne peut être la base d'un faisceau de quadriques).

Soit g une génératrice de Q coupant t et t'. Elle ne peut alors rencontrer C_1 qu'en 1 point puisqu'elle n'en a que 3 sur S et par suite sur l'ensemble (t, t', C_1).

Soit g' une génératrice du même système que t et t'.

Ses 3 intersections avec la surface S et par suite avec l'ensemble (t, t', C_1) sont sur C_1 puisqu'elle ne coupe ni t, ni t'. Ainsi, les génératrices du système de t et t' sont sécantes triples de C, les autres, sécantes simples.

Il ne peut donc passer par C_1 une seconde quadrique, car toute génératrice de Q, du système de g' la couperait en 3 points.

Définition. — Les courbes du 4me ordre de l'espèce de C ont été nommés *quartiques de Steiner*.

Remarque 1. — Le raisonnement du théorème 8 relatif au cas III s'appliquerait au cas III' dans lequel les deux droites t et t' sont remplacées par une conique proprement dite. La biquadratique est donc de l'espèce C.

Remarque 2. — Dans le cas III la courbe C a sur la surface S, 1 droite non sécante : la troisième l du plan (t, t'), 10 sécantes doubles ; t, t' et les 8 autres sécantes de l et 16 sécantes simples, savoir les 8 sécantes à t autre que t' et t et les 8 sécantes à t' autres que t et l.

Dans le cas III', la courbe C a encore 1 droite non sécante, la droite l de la surface située dans le plan C, 10 droites sécantes doubles, celles de l et 16 droites sécantes simples, celles de la conique.

Dans le cas III'', la courbe C_1 a, sur la surface 5 droites non sécantes, les sécantes complètes de **Db** (t, t'), 10 sécantes simples, les sécantes simples de ce même **Db**, 10 sécantes doubles, les droites non sécantes de ce **Db** et 2 sécantes triples. savoir t t' ,

THÉORÈME 10. — La développable ayant pour arête le rebroussement une quartique commune à une surface cubique et à une quadrique, est du 8me ordre, si la courbe est de l'espèce **C**, du 6me ordre si la courbe est de l'espèce **C**$_1$.

En effet, dans le premier cas, la courbe complète (t, t', C) a 5 points doubles : (t, C), t' $C)$, $(t\ t')$; donc l'ordre de la développable est $18 - 2 \times 5 = 8$.

Dans le second cas, la courbe complète a 6 points doubles : (t, c_1), (t', c_1) et l'ordre est $18 - 2 \times 6 = 6$.

Remarque. — Quant à la développable circonscrite à S le long de la courbe, on verrait par un raisonnement analogue à celui du théorème 6 qu'elle est de la classe $12 - 2 \times 2 = 8$ car, des 12 plans tangents que l'on peut mener d'un point quelconque O, il faut retrancher les deux plans (o, t), (o, t'), deux fois, chacun étant plan tangent double.

IV. — Trois droites communes à une surface cubique S

et à une quadrique Q ne peuvent ni être dans un même plan. On a vu, d'autre part que si elles forment un **Tp**, le reste de l'intersection en forme un autre et que l'ensemble des 6 droites constitue un **Dtp**.

Supposons donc que les trois droites forme un **Db** (d, d') avec une de ses sécantes complètes l, c'est-à-dire une CGB.

Si le complément de l'intersection est une cubique dégénérée il contient au moins une droite l'. Si l' ne coupe ni d, ni d' on retrouve le cas de la décomposition en 6 droites. Si l' coupe d, elle doit aussi couper d' ; sans cela les droites d, l', d' ne pourraient être sur une même quadrique.

Mais alors $d, l\ d'$ et l' forment un quadrilatère gauche. Le reste de l'intersection est une conique. C'est le cas **V** qui est un cas particulier de **III'**, celui de la décomposition de la biquadratique. Considérons le cas où la cubique complétant l'intersection n'est pas décomposée. L'existence des cubiques gauche sur une surface du 3me ordre a été mise en évidence précédemment.

Si l'on admet qu'une telle courbe, bien qu'elle ne puisse être l'intersection complète de deux surfaces, coupe néanmoins une quadrique en 6 points, on voit aisément qu'il n'y a pas d'autres cubiques gauches que celles qui sont l'intersection partielle de 2 quadriques et que, par conséquent, toutes les cubiques gauches d'une surface de 3me ordre sont de même espèce.

Considérons, en effet, une cubique gauche quelconque ; par 7 de ses points et 2 autres quelconques, faisons passer une quadrique, celle-ci ne peut se décomposer en 2 plans, la courbe étant gauche. Or elle contient la courbe, car s'il n'en était pas ainsi, elle la couperait en 7 points. Faisons passer une seconde quadrique par les 7 points ; la cubique se présentera alors comme l'intersection partielle de 2 quadriques.

On a vu dans le chapitre VIII que sur toute quadrique une cubique de cette surface a les génératrices de l'un des systèmes pour sécantes simples et celles de l'autre système pour sécantes doubles, c'est-à-dire pour cordes.

D'après cela il est aisé de prouver que l'intersection d'une surface cubique S et d'une quadrique Q peut se composer d'une cubique brisée (v. ch. IX) (a, b, c) et d'une cubique gauche proprement dite. D'abord il existe sur S des sécantes simples à une cubique C de cette surface. Car pour l'un quelconque des triangles de S les 3 points d'intersection ne peuvent se trouver sur un même côté ; donc l'un au moins des côtés est sécante simple.

Soit a une sécante simple de C; par 7 points de C et 2 de a, faisons passer une quadrique Q; celle-ci contiendra C et a. L'intersection (S, Q) sera donc complétée par une ligne du 2me degré L. Or, toute génératrice g de Q appartenant au système qui ne contient pas a sera, d'après une remarque précédente, sécante double de C. Elle a donc déjà 3 points sur S (2 sur C et 1 sur a).

Si L était une conique proprement dite ou un système de droites formant une paire, il y aurait un quatrième point de g sur la surface, savoir l'intersection de g avec le plan de la conique ou de cette paire, de sorte que toute génératrice de Q appartenant au même système que g serait sur S.

Donc L se compose de 2 droites b, b' formant un Db. Ce Db ne peut être gauche à a car l'intersection subirait une décomposition en 6 droites. Mais alors, elles ne peuvent être sur Q que si elles coupent toutes deux la droite a. Elles sont donc du système de génératrices de Q ne contenant pas la droite a et sont sécantes doubles à la cubique C.

Remarque. — L'existence sur S de sécantes doubles à C entraîne celles de droites non sécantes à C. En effet, pour l'un quelconque des 20 triangles de la surface dont un des côtés est b ou b', un second côté est sécante simple de C et le troisième côté, droite non sécante.

THÉORÈME 11. — **Une cubique gauche d'une surface cubique générale a, sur la surface 6 sécantes doubles, 15 sécantes simples et 6 droites non sécantes.**

Soit a l'une des sécantes simples que nous savons exister, Q une quadrique contenant la cubique C et la sécante simple a et b, b' les droites du Db qui complète l'intersection avec S. Nous savons que b et b' sont sécantes doubles de C.

Les 4 sécantes complètes du Db (b, b') autres que a ne peuvent couper C, car elles ne coupent Q qu'en 2 points.

La troisième droite de la surface dans le plan (a, b) est aussi non sécante et de même la troisième dans le plan (a, b'). Au contraire, si l'on désigne par c_1, c_2, c_3, c_4 les sécantes complètes du Db (b, b') qui sont, comme on a vu, non sécantes à la cubique C, les troisièmes droites dans les plans

$$(b, c_1), (b, c_2), (b, c_3), (b, c_4)$$
$$(b', c_1), (b', c_2), (b', c_3), (b', c_4)$$

sont sécantes simples.

Considérons les 10 droites de la surface non sécantes au Db (b, b'). Il y a parmi ces droites 4 droites qui ne coupent pas a, c'est-à-dire n'ont aucun point commun avec la cubique gauche brisée $(b, a\ b')$. (ch. II, th. 27). Ces 4 droites sont, comme b et b' sécantes doubles à C. Les 6 autres sont séantes simples.

Remarque 1. — On voit que la cubique gauche proprement dite, a comme la cubique gauche brisée (V. ch. II, th. 27) 6 sécantes doubles, mais elle a 15 sécantes simples et 6 droites non sécantes.

Remarque 2. — Si l'intersection d'une surface cubtque S et d'une quadrique Q se compose de 2 cubique gauche, les sécantes simples leur sont communes, mais les 6 droites non sécantes de l'une, sont cordes pour l'autre (chaque droite de S devant couper Q en 2 points).

On remarquera de plus que pour chaque cubique, l'une quelconque des droites non sécantes rencontre 5 des sécantes doubles, mais est gauche à la sixième.

Remarque 3. — On a vu (ch. VIII) que la développable ayant pour arête le rebroussement une cubique gauche est du 4me ordre ; il est évident, puisque les cubiques intersections partielles d'une surface du 3me ordre et d'une quadrique sont identiques aux cubiques intersections partielles de 2 quadriques que ce thorème doit être considéré comme démontré.

VIII. THÉORÈME 12. — Lorsqu'une surface de 3me ordre S et une quadrique Q ont en commun deux cubiques, ces courbes se coupent en 5 points.

En effet, la développable ayant pour arête de rebroussement, l'une de ces cubiques étant du 4me ordre, l'ensemble des 2 développables, du 8me ordre, l'ordre a subi une diminution de $18 - 8 = 10$, d'où il suit bien que l'intersection complète a 5 points doubles, qui ne peuvent être que des points d'intersection des 2 cubiques.

Remarque. — Lorsque l'une des 2 cubiques subit une dégénérescence complète en 3 droites, on a vu, par un raisonnement précédent, qu'il y a aussi 5 points d'intersections avec la cubique proprement dite ; 4 sont sur les droites extrêmes de la cubique brisée, formant un **Db** et 1 sur la droite sécante à ce **Db**.

Si la dégénérescence de l'une des cubiques est incomplète (à droite et 1 conique), 2 des 5 points sont sur la droite et 3 sur la conique. (*Cas noté IV'*).

Si chaque cubique est dégénérée en une conique et une droite, par exemple, la première en la conique A et la droite a la seconde en la conique A' et la droite a', les 5 points sont 2 points (A, A'), 1 point (A, a'), 1 point (A', a), 1 point (a, a'). D'ailleurs la décomposition en 2 coniques et 2 droites ne comprend pas d'autre cas, car les 2 coniques étant sur Q se coupent en 2 points, leur ensemble constitue alors une biquadratique de la première espèce et nous savons qu'alors les deux droites ne forment pas un **Db**, mais une paire. Ce cas noté VI peut donc aussi être considéré comme un cas particulier du suivant.

VII. THÉORÈME 13. — Lorsqu'une surface cubique S et une quadrique Q ont en commun 3 coniques, ces 3 coniques se coupent 2 à 2 en 6 points. Elles ont 0 sécantes communes, il y a 24 sécantes coupant 2 d'entre elles, 3 n'en coupant qu'une seule, 0 droite n'en coupant aucune.

Ces divers résultats se déduisent de cette remarque qu'une droite de S coupe Q en 2 points et 2 seulement. Une partie a déjà été donnée (*th. 3 de ce ch.*). — Les trois droites coupant une seule des coniques forment un triangle.

Classe de la courbe d'intersection d'une surface cubique et d'une quadrique.

On a déterminé, dans ce qui précède, *l'ordre* de la développable ayant la courbe d'intersection pour arête de rebroussement;

La classe de cette développable c'est-à-dire le nombre de plans tangents passant par un point est aussi appelée la *classe* de la courbe d'intersection : c'est, pour celle-ci, le nombre de plans osculateurs passant par un point.

L'ordre de la développable est aussi appelé le *rang* de la courbe; c'est le nombre des tangentes rencontrant une droite donnée.

Ainsi, dans le cas général, la courbe est du 6me ordre et du *18me rang*. Les théorèmes suivants donnent sa classe dans les divers cas.

THÉORÈME 14. — La courbe du 6me ordre, intersection d'une surface cubique et d'une quadrique, est, dans le cas général de 36me classe.

En effet, sa projection sur un plan, faite d'un point quelconque O est du 6me ordre. Or, elle est aussi de 18me classe car, si Ox est une droite quelconque partant du centre de projection et A son intersection avec le plan de projection, les 18 tangentes à la courbe qui rencontrent Ox se projettent suivant 18 tangentes à la projection, passant par le point A.

Ainsi la projection n'est pas générale de son degré. Or si l'on suppose que O est quelconque, aucune tangente à la courbe de l'espace ne passe par O et, par suite, la courbe projection n'a pas de point de rebroussement. Elle a donc $(30 - 18) : 2 = 6$ points doubles, d'après les formules de Plücker.

Si, comme nous le supposons, la courbe de l'espace n'a

pas de point double, chacun des 6 points doubles de la projection est projection de 2 points différents. Ainsi, par un point quelconque passent 6 cordes à la courbe intersection des 2 surfaces. Les formules de Plücker montrent encore qu'il y a 36 points d'inflexion pour la projection et par suite 36 plans osculateurs de la courbe projetée, passant par O, ce qu'il fallait démontrer.

La courbe a 2 systèmes de sécantes triples, les génératrices de la quadrique. Elle n'en a pas d'autres, car une telle sécante couperait la quadrique en 3 points.

Si donc on projette d'un point O de la quadrique, la projection aura 2 points triples ; si c'est d'un point de la développable, il y aura un point de rebroussement.

Si le centre O est sur la courbe, la projection est du 5me degré, puisque tout plan, passant par O ne coupant plus la courbe qu'en 5 autres points, toute droite du plan de projection ne coupera la projection qu'en 5 points. Cette projection sera de 16me classe sans point de rebroussement en général.

THÉORÈME 15. — **La courbe d'intersection du 5me ordre complément de l'intersection d'une surface cubique et d'une quadrique ayant en commun une droite, est de 21me classe.**

Nous savons que dans ce cas la courbe est de 12me rang.

La projection, d'un point quelconque O est de 5me ordre et de 12me classe. Si, donc la courbe n'a pas de point double et que le centre de projection O, ne soit pas sur une tangente, il n'y aura pas de point de rebroussement et chacun des $(5 \times 4 - 12) : 2 = 4$ points doubles de la projection sera projection de 2 points différents, de sorte que d'un point arbitraire O, on peut mener 4 cordes à la courbe et la projection possèdant, comme le montrent les formules de Plücker $3 \times 5 \times (5-2) - 6 \times 4 = 21$ points d'inflexions, il y a bien 21 plans osculateurs à la courbe de l'espace passant par le point O.

THÉORÈME 16. — La courbe du 4me ordre, complément de l'intersection d'une surface cubique et d'une quadrique ayant en commun 2 droites est de 12me classe ou de 6me classe suivant que les deux droites forment une paire ou un Db.

Nous savons déjà que la courbe est du 8me rang dans le premier cas, du 6me dans le second.

La projection est donc de 8me classe dans le premier cas, de 6me classe dans le second.

Il y a donc un nombre de points doubles égal à

$(4 \times 3 - 8) : 2 = 2$ dans le premier cas

et à $(4 \times 3 - 6) : 2 = 3$ dans le second.

Le nombre des points d'inflexion est, par suite, de

$3 \times 4 \times (4 - 2) - 6 \times 2 = 12$ dans le premier cas

et $3 \times 4 \times (4 - 2) - 6 \times 3 = 6$ dans le second.

Donc enfin, le nombre des plans osculateurs à la courbe de l'espace passant par un point donné, est 12 dans le premier cas, 6 dans le second.

Remarque. — On prouverait de même que la cubique gauche est de 3me classe, résultat obtenu précédemment.

3° *Intersection avec une seconde surface cubique*

La courbe est du 9° degré ; on peut avoir les cas suivants :

I Courbe du 9° degré proprement dite ;
II Courbe du 8° degré et droite ;
III Courbe du 7° degré et conique (ou paire de droites) ;
IV Courbe du 7° degré et Db ;
V Courbe du 6° degré et cubique gauche (proprement dite ou décomposée) ;
VI Courbe du 6° degré et cubique plane (proprement dite ou décomposée) ;
VII Courbe du 6° degré, un Db et l'une de ses sécantes simples ;
VIII Courbe du 6° degré et un Tp ;

IX Quintique et quartique de 8e rang (proprement dite ou dégénérée;
X Quintique et quartique de 6e rang (proprement dite ou dégénérée;
XI Deux quartiques et une droite;
XII Une quartique, une cubique et une conique;
XII' Une quartique, une cubique et 2 droites formant une paire;
XIII Une quartique, une cubique et un D♭;
XIV Une quartique, 2 coniques et une droite;
XIV' Une quartique, une conique et 3 droites;
XIV" Une quartique et 5 droites (dont 2 forment une conique dégénérée;
XV Une quartique et 5 droites;
XVI Trois cubiques proprement dites (une ou deux pouvant subir une dégénérescence);
XVII Deux cubiques et 3 droites formant un D♭ et une sécante;
XVIII Une cubique et des droites ne formant pas des cubiques dégénérées;
XIX Quatre coniques et une droite (1, 2, 3 ou les 4 coniques pouvant subir une dégénérescence);
XX Coniques et droites ne formant pas de paires;
XXI Neuf droites.

I. THÉORÈME 17. — **Si l'intersection de 2 surfaces cubiques est une courbe générale du 9me ordre, elle est du 36me rang** (*c'est-à-dire que la développable ayant cette courbe pour arête de rebroussement est du 36me ordre*).

Soient S et S' les deux surfaces cubiques, on démontrerait par le même raisonnement que dans le cas d'une surface cubique et d'une quadrique, que si Q et Q' sont les quadriques polaires d'un point A par rapport aux deux surfaces, et que A décrive une droite l, les points de la courbe (S, S') dont la tangente rencontre l sont sur la surface engendrée par la courbe $(Q\ Q')$. Les deux faisceaux de quadrique Q et Q' étant homographiques à la ponctuelle que décrit le point A, sont homographiques entre eux et par suite, d'après le principe de correspondance engendrent une surface du 4me ordre.

Les points dont la tangente rencontre la droite, étant les intersections des surfaces S, S' T, il existe $3 \times 3 \times 4 = 36$ tangents coupant A. En d'autres termes, la courbe (S, S'') est de 36me rang.

II. **THÉORÈME 18.** — **Si l'intersection de 2 surfaces cubiques se compose d'une courbe du 8me ordre et d'une droite, la courbe est du 28me rang.**

Soit l la droite, C la courbe, S et S' les surfaces, d et d' 2 droites de l'une des surfaces, S par exemple formant avec l un triangle ; d coupent S' en un point sur l, la coupe en 2 points sur la courbe C et de même d'. Mais alors, des 8 points d'intersection de C avec le plan (l, d, d'), 4 sont sur l, c'est-à-dire que l'intersection complète (l, C) a 4 points doubles.

Le rang s'abaisse donc bien à $36 - 4 \times 2 = 28$.

Remarque 1. — Dans le cas précédent, chaque droite de l'une des deux surfaces coupe la courbe du 9me ordre en 3 points ; dans celui-ci, la droite l coupe C en 4 points, les 10 sécantes à l en 2 points et les 16 droites de chaque surface, non sécantes à l en 3 points.

Remarque 2. — Toute surface cubique passant par la courbe C passe aussi par la droite l puisqu'elle en contient 4 points. Cette proposition est l'analogue d'un théorème fondamental sur les cubiques planes.

III. **THÉORÈME 19.** — **Si l'intersection de deux surfaces cubiques se compose d'une courbe de 7me ordre et d'une paire de droite, la courbe est du 22me rang,**

Soient l, l' les deux droites, S S' les surfaces, C la courbe, a la troisième droite de la surface S dans le plan (l, l').

La droite a coupe S' en un point sur l, un sur l' donc en un sur C, mais alors des 7 points d'intersection de C avec le plan $(l, l'\ a)$; 6 soit un l et l'.

UNE QUADRIQUE OU UNE SECONDE SURFACE CUBIQUE. 263

La ligne complète (l, l', c) a donc $6 + 1$ point doubles et son rang est $36 - 7 \times 2 = 22$,

Remarque. — Les droites l et l' sont, pour la courbe, des sécantes triples. la droite a, une sécante simple, les 2 sécantes à l autres que l' et a et les 8 sécantes à l' autres que l et a des sécantes doubles, les 8 sécantes à a autres que l et l' sont comme l et l' des sécantes triples, c'est-à-dire que les 10 sécantes de a sont sécantes triples pour les courbes — de même les 10 sécantes à a' troisième droite du plan (l, l') sur la surface S'.

III'. — Le rang de la courbe d'intersection est encore 22 si la paire de droite est remplacée par une conique. Les 10 sécantes à la droite a située sur S dans le plan de la conique sont sécantes triples et de même les 10 sécantes à la droite de S' dans le même plan.

IV. THÉORÈME 20. — Si l'intersection de deux surfaces cubiques se compose d'une courbe de 7me ordre et d'un **Db**, la courbe est de 20me rang.

Soit (l, l') le Db, C la courbe, S, S' les surfaces, (a, a') une des paires de sécantes à l sur S.

La droite l' coupe a ou a' puisqu'elle est gauche à l, supposons que ce soit a'. Cette droite a' coupe S' en un point sur l, un sur l' et par suite un sur C.

La droite a coupe S' en un point sur l, et par suite en 2 sur C. Donc, des 7 points d'intersection de C avec le plan (l, a, a'), 4 sont sur l. On démontrerait de même que l' est sécante quadruple.

Donc la ligne (l, l', C) a 8 points doubles et le rang est $36 - 8 \times 2 = 20$.

VI''. THÉORÈME 21. — Si l'intersection de deux surfaces cubiques se compose d'une courbe du 6me ordre et de 3 droites formant un triangle; la courbe est du 18me rang.

Soient a, b, c les côté du triangle commun aux surfaces S et S', C la courbe du 6me ordre, (d, d') une paire de sécantes à a autres que (b, c) situées sur S. La droite d coupe S' en un point sur a donc en 2 points sur C; de même d'.

Mais alors, des 6 points d'intersection de C avec le plan $(a\ d\ l')$, 2 sont sur a. On verrait de même que b et c coupent chacune la courbe C en 2 points. L'intersection (a, b, c, C) a donc $3 + 2 + 3 = 9$ points doubles et le rang s'abaisse à $36 - 9 \times 2 = 18$.

Remarque 1. — Les 24 droites de chaque surface, autres que a b et c sont, pour C des sécantes doubles.

Remarque 2. — Dans les cas VI' la courbe du 6me ordre est encore du 18me rang. En effet si le triangle est remplacé par une conique et une droite, il n'y a plus que 8 points doubles, mais le rang de la conique est 2; car 2 de ses tangentes rencontrent une droite quelconque. Le rang de la courbe de 6^{m} ordre est donc $36 - 8 \times 2 - 2 = 18$.

Si le triangle est remplacé par une cubique à point cnicnode, à une cubique plane générale, le nombre des points doubles est abaissé à 7 ou 6, mais la cubique est de rang 4 ou 6.

V'' **THÉORÈME 22**. — **Si l'intersection de deux surfaces cubiques S, S' se compose d'une courbe du 6me ordre et de 2 droites formant un Db avec l'une de ses sécantes complètes, la courbe est de 16me rang.**

Soient $(d\ d')$ le Db, a la sécante, C la courbe. Par un raisonnement analogue aux précédents, on prouve que a est sécante double de C et que d et d' sont sécantes simples.

Il y a donc, pour l'ensemble $(d, d'\ C)$, un nombre de points doubles égal à $2 + 2 + 6 = 10$ et le rang est 16,

Remarque. — d et d' sont sécantes simples, de C, a sécantes double, les troisièmes droites dans les plans (a, d) et $(a\ d')$ sécantes simples, les autres sécantes de a, d et d' sécantes doubles.

V'. — Si le système des 3 droites est remplacé par une conique D et une droite d la coupant en un point, la courbe du 6me ordre est encore de 16me rang. En effet, la droite l de la surface S située dans le plan de D coupe S' en 3 points dont 1 sur C puisqu'il y en a 2 sur D. Soit (m, m') une paire de sécantes à l; l'une d'elles, m par exemple, rencontre d

et l'autre ne la rencontre pas. m coupe alors C en 2 points m' la coupe en 3. Soit p la troisième droite dans le plan (d, m), cette droite p rencontre la conique D puisqu'elle est non sécante à l ; la droite p est alors sécante simple à C. Par suite, des 6 points d'intersection de C avec le plan (d, m, p), il y en a $5 + 1 + 3 = 9$ points doubles, car il n'y a que 5 points (D, C), puisqu'il y a un point (l, c).

Le rang est donc $36 - 9 \times 2 = 18$, mais il faut remarquer que dans ce rang total, la conique compte pour 2.

Les deux cas sont des dégénérescences du suivant, dans lequel le rang est encore 16.

V. — THÉORÈME 23. — Si l'intersection de 2 surfaces cubiques S, S' se compose d'une cubique gauche C' et d'une courbe du 6e ordre C, cette dernière est du 16e rang. Les deux courbes se coupent en 8 points.

Soit l une droite de S sécante simple de la cubique C' et d, d' deux sécantes doubles de C' coupant l. L'ensemble (c', l, d, d') constitue l'intersection de S avec une certaine quadrique Q. La quadrique est coupée par C en 12 points. Or la droite d coupant S' en 2 points sur C', rencontre encore S' en 1 point sur C et il en est de même de d'.

La droite l coupe S' en un point sur C', donc 2 sur C. Ainsi, des 12 points (C, Q), il y en a $1 + 1 + 2 = 4$ sur d, d' et l. Par suite, les 8 autres sont sur C', c'est-à-dire que l'intersection complète $(S, S') = (C, C')$ des 2 surfaces a 8 points doubles. La développable ayant (C, C') pour arête de rebroussement est donc du 20me ordre. Or, la partie de cette développable relative a C' est du 4me ordre d'après le théorème.

Donc enfin la partie relative à C est du 16me ordre, c'est-à-dire que C est de 16me rang.

VII. — THÉORÈME 24. — Si l'intersection de 2 surfaces cubiques S, S' se compose d'une courbe de 6^{ms} ordre C, d'un **Db** (d, d') et de l'une de ses sécantes simples, la courbe C est du 14me rang.

Supposons que la sécante simple l coupe la droite d du **Db**. Si a est la troisième droite de S dans le plan (d, b) cette droite est coupée par d'. Mais alors, des 3 points où a coupe S', un est sur d, un sur d' et le troisième sur l. Donc, les 6 intersections de C avec le plan (l, d, a) sont sur l et d.

Soit (e, e') l'une des 5 paires de sécantes à d' sur S, autre que celle qui contient a; chacune de ces droites e, e' coupe ou d ou l puisque ni l'une ni l'autre ne coupe a. Chacune n'a donc qu'un point d'intersection avec C. Mais alors, des 6 points d'intersection de C avec le plan (d', e, e') 4 sont sur d'.

Ainsi, la ligne complète (d, d', l, C) a $1 + 6 + 4 = 11$ points doubles et le rang de C est $36 - 11 \times 2 = 14$.

Remarque. — Le rang est le même si l'on remplace les 3 droites par une conique et une droite ne la coupant pas.

VIII. — THÉORÈME 25. — Si l'intersection de 2 surfaces cubiques S, S' se compose d'une courbe du 6me ordre et d'un Tp, la courbe est du 12me rang.

En effet, chacune des droites du Tp coupe 4 fois la courbe C (les sécantes complètes ne la coupant évidemment pas et les sécantes simples étant pour C sécantes doubles). Le rang est donc bien $36 - 4 \times 3 \times 2 = 12$.

IX. — THÉORÈME 26. — Si 2 surfaces cubiques ont en commun une quartique de 8me rang, elles se coupent encore suivant une quintique de 12me rang. Les 2 courbes ont 8 points d'intersection.

Soit C la quartique C', la quintique commune à S et S'; d et d' 2 droites constituant avec C l'intersection de S avec une certaine quadrique Q. On sait que d et d' forment dans ce cas une paire et que chacune de ces droites coupe C en 2 points. Des 3 intersections de d avec S', 2 sont sur C. Il y en a donc 1 sur C'. De même d' coupe C' en un point.

Donc, des 10 points d'intersection de la quadrique Q avec C', 8 sont sur C. Ainsi, l'intersection complète (C, C') a 8 points doubles et le rang total

$$36 - 8 \times 2 = 20$$

Or, celui de C est 8, donc C' est de 12me rang.

Remarque. — On trouve le même rang, si la quartique

est décomposée en une cubique gauche et l'une de ses cordes — ou en 2 coniques se coupant en 2 points — ou en une cubique plane et une sécante à cette courbe. On peut même supposer la cubique gauche ou plane décomposée à son tour pourvu que l'ensemble reste une quartique de 8me rang. Par exemple, on peut supposer la quartique remplacée par un quadrilatère gauche.

X. — THÉORÈME 27. — **Si 2 surfaces cubiques ont en commun une quartique de 6me rang, elles se coupent encore suivant une quintique de 10me rang. Les 2 courbes ont 10 points d'intersection.**

Soit C_4 la quartique, C'' la quintique communes aux surfaces S et S', d et d' les 2 droites complétant l'intersection de S avec la quadrique unique Q, qui contient C_4.

On sait que d et d' forment un Db et que chacune est sécante triple de C_4. Les 3 points d'intersection de d avec S' sont donc sur C_4; il en est de même pour d'. Donc des 10 points d'intersection de C'' avec Q, il n'y en a aucun sur d et d' c'est-à-dire que tous sont sur C_4.

Ainsi, la courbe complète (C_4, C'') a 10 points doubles. La développable des tangentes est alors de l'ordre $36 - 2 \times 10 = 16$. Mais, la partie qui se rapporte à C_4 est du 6me ordre, donc celle qui a C'' pour arête est du 10me ordre. Ainsi C'' est du 10me rang.

Remarque. — On trouve le même rang pour la quintique. lorsqu'on suppose la quartique décomposée en une cubique gauche et une sécante simple à cette courbe — ou en 2 coniques n'ayant qu'un point d'intersection.

THÉORÈME 28. — **Si deux surfaces cubiques ont en commun une cubique gauche C et une droite d non sécante à C, elle se coupent encore suivant une quintique C''' de 8me rang.**

Soient S, S' les surfaces, Γ une conique de S, coupant C en 3 points. Par C et 2 points de Γ faisons passer une quadrique Q, cette quadrique contiendra la conique Γ et l'intersection complète $[S. Q)$ se composera de C, de Γ et d'une droite δ, corde de C. La droite d coupe la quadrique en 2 points dont aucun n'est sur C, par hypothèse; elle coupe donc Γ en 1 point et δ en 1 point.

La droite δ coupe S' en 2 points sur C, en 1 sur d; elle ne coupe donc pas C'''. La conique Γ coupe S' en 3 points sur C et 1 sur d et par suite en 2 points sur C'''.

Ainsi, des 10 points d'intersection de C''' avec la quadrique Q, aucun ne se trouve sur δ, 2 se trouvent sur Γ, et par suite les 8 autres sont un C.

Par suite l'intersection décomposée (C, C''', d) a 8 points doubles (C, C''') Elle en a 4 (C''', d), car d devant couper la courbe du 8me ordre (C, C''') en 4 points et n'en ayant aucun sur C, en a 4 sur C'''.

Le rang est donc $36 - 12 \times 2 = 12$ pour l'intersection complète et $12 - 4$ pour la quintique.

Remarque 1. — On trouverait une quintique de même rang, si l'on supposait la cubique gauche remplacée par une conique et une droite la coupant en 1 point ou par une cubique gauche brisée.

Remarque 2 — Si l'on suppose la quartique remplacée par 2 coniques ne se coupant pas, la droite d'intersection des plans de ces coniques est sur chaque surface, y ayant 4 points. Il n'y aura donc qu'une courbe complémentaire du 4me ordre et l'on démontre aisément qu'elle est du 8me rang, c'est-à-dire qu'elle peut être base d'un faisceau de quadriques (R. Sturm, p. 210).

Remarque 3. — Si la quartique est remplacée par une conique C et 2 droites ne la coupant pas et formant un Db ces dernières coupent la droite de chacune des surfaces située dans le plan de C. Par suite, cette droite est la même pour les deux surfaces. La courbe complémentaire est du 4me ordre et l'on démontre qu'elle est du 6me rang.

Remarque 4. — Si la quartique est remplacée par un Qdp, les 2 surfaces ont encore en commun les 2 sécantes complètes de ce Qdp; la courbe complémentaire est une cubique gauche.

Remarque 5. — L'intersection peut encore se composer

de 4 coniques et d'une droite. Or, toute droite est rencontrée par 2 tangentes à chaque conique. L'intersection complète est donc du 8me rang. Par suite, les 5 parties dont elle se compose doivent avoir un nombre de points d'intersection égal à $(36 - 8) : 2 = 14$. Mais ces 5 parties peuvent présenter 3 dispositions différentes.

Remarquons d'abord que l'ensemble des 4 coniques constitue une dégénérescence de la courbe du 8me ordre et que par suite, la droite (th. 18) doit couper cet ensemble en 4 points, ce qui peut arriver de 3 manières :

1° La droite l coupe 2 des coniques, C_1 et C_2, chacune en 2 points et ne coupe pas les 2 autres. Il est nécessaire alors, pour que le nombre des points d'intersection soit 14, que les 2 autres coniques C_3 et C_4 coupent chacune des coniques C_1 et C_2 en 2 points et se coupent aussi entre elles en 2 points, car C_1 et C_2 ne peuvent avoir de point commun ;

2° La droite l coupe C_1 en 2 points. C_2 et C_3 chacune en 1 point et ne coupe pas C_4. Les coniques C_2 et C_3 devant avoir chacune 2 points dans le plan (C_1, l) coupent toutes deux C_1 en 1 point. La conique C_4 coupe C_1 en 2 points. Il faut donc que C_2 C_3 et C_4 se coupent en 6 points ce qui exige qu'elles se coupent 2 à 2 en 2 points. Ces 3 coniques sont ainsi sur une même quadrique ;

3° La droite l coupe chacune des coniques en 1 point. Chaque conique forme avec l une cubique dégénérée. Or, d'après le théorème 23, elle doit être coupée par la sextique dégénérée formée par les 3 autres en 8 points. De ces 8 points, 3 sont sur l. Les 5 autres doivent donc être sur la conique associée à l. Ainsi chacune des 4 coniques est coupée en 1 point par l'une des 3 autres et en 2 par chacune des 2 dernières.

$(C_1 C_2) = 2$ *points*, $(C_1 C_3) = 2$ *points*, $(C_1 C_4) = 1$ *point*
$(C_2 C_3) = 1$ *point*, $(C_2 C_4) = 2$ *points*, $(C_3 C_4) = 2$ *points*

Remarque 6. — Si l'intersection se compose de 3 cubiques, on voit que le rang total est $4 \times 3 = 12$. Il y a donc $(36 - 12) : 2 = 12$ points d'intersection de ces cubiques entre elles. Or, en considérant l'ensemble de 2 d'entre elles comme la dégérescence de la sextique du théorème 23, on voit que chacune des cubiques est coupée en 4 points par chacune des autres.

Remarque 7. — Si l'intersection se compose de 9 droites, on voit, en appliquant le théorème 18 que chacune doit être coupée par 4 des 8 autres, — on voit aussi que, l'ensemble des 9 droites étant de rang zéro, il doit y avoir en tout 18 points d'intersections.

Classe de la courbe d'intersection de deux surfaces cubiques

La méthode pour la trouver est la même que dans le cas d'une surface cubique et d'une quadrique.

Si l'on suppose des courbes sans singularités, on trouve :

Courbe du 9ᵉ degré et de 36ᵉ rang : classe 81 ;
— 8ᵉ — 28ᵉ — 60 ;
— 7ᵉ — 22ᵉ — 45 ;
— 7ᵉ — 20ᵉ — 39 ;
— 6ᵉ — 18ᵉ — 36 ;
— 6ᵉ — 16ᵉ — 30 ;
— 6ᵉ — 14ᵉ — 24 ;
— 5ᵉ — 12ᵉ — 21 ;
— 5ᵉ — 10ᵉ — 15 ;
— 5ᵉ — 8ᵉ — 9.

Remarque. — On a déjà vu que les biquadratiques sont de classe 12 ou 6 suivant que le rang est 8 ou 6.

On voit que les sextiques de 16ᵉ rang et 30ᵉ classe, de 14ᵉ rang et de 24ᵉ classe ne se présentent pas dans l'intersection d'une surface cubique et d'une quadrique ni les quintiques de 12ᵉ rang et 21ᵉ classe.

EXERCICES

1. — *Etude des sections planes des surfaces suivantes :*
$x + y^2 + z^3 = 0$, $x^3 + y^3 + z^3 = a^3$, $xy + yz - x^3 - y^3 = 0$.
$x^2 - y^2 + z^3 = 1$, $x^2y - z^2x = a^3$.

2. — *Intersections des surfaces :*
a) $x^3 + y^3 - z^2 = 0$ *et* $xy - y = 0$;
b) $x^3 - y^2 + z = 1$ *et* $x^2 - y + z = 0$;
c) $xyz - a^3 = 0$ *et* $xy - y^2 = b$;
d) $x^2y + y^2z - z^3 = a^3$ *et* $x - y^2 + z^2 = 0$.

3. — *Intersection des surfaces :*
a) $x^3 + y^3 + z^3 = a^3$ *et* $xyz = b^3$;
b) $x^3 - y^3 + z = 0$ *et* $x^2y - z^2 = 1$;
c) $x^2y + y^2z + z^2x = a^3$ *et* $x^2y - y^2z = b^3$;
d) $x^3 + y^3 - z^2 = 0$ *et* $z^3 - x - y = 1$.

CHAPITRE XV

FAISCEAUX, GERBES, RÉSEAUX DE SURFACES CUBIQUES

D'une manière générale, appelons *faisceaux, gerbes, réseaux* les systèmes de surfaces à simple, double, triple indétermination (les systèmes à indétermination plus grande étant désignés par le degré de l'indétermination) et nommons *système linéaire* celui dans lequel les divers paramètres figurent au premier degré non seulement isolément, mais dans leur ensemble.

Un *faisceau linéaire* est représentable par une équation de la forme $S + mS' = o$, S et S' étant des surfaces cubiques ; il est constitué par des surfaces ayant en commun une courbe du 9me ordre proprement dite ou une courbe dégénérée, la dégénérescence pouvant affecter toutes les formes indiquées au chapitre de l'intersection des surfaces cubiques.

Une *gerbe linéaire*, représentable par $S + mS' + nS'' = o$, constituée par des surfaces ayant en commun 27 points réels ou imaginaires, distincts ou confondus. Ces 27 points constituant la base de la gerbe peuvent du reste être remplacés en partie par des lignes communes aux surfaces. Si, par exemple, 4 des 27 points communs à S, S', S'' sont en ligne droite, ces surfaces, ainsi que toutes celles de la gerbe ont en commun une droite et en outre 23 points. Si les surfaces S, S', S'' ont en commun un Db, un Tp, un Qdp, un Qtp, un Stp ce même élément est commun à toutes les surfaces de la gerbe et la base de celle-ci est complétée par 19,

15, 11, 7, 3 points. Si les surfaces ont en commun une conique, une cubique plane qui équivalent respectivement à $6+1$ et à $9+1$ points, la base est complétée par 12, 9 points, etc.

Un *réseau linéaire* $S + mS' + nS'' + pS''' = o$ est formé de surfaces qui, *en général*, n'ont pas de points communs, mais qui, dans des cas particuliers, peuvent avoir non seulement des points communs mais des lignes communes.

THÉORÈME. — Un faisceau linéaire contient, en général 32 surfaces ayant un point double ; les plans polaires de l'un d'eux par rapport à toutes les surfaces du faisceau coïncident.

Soit le faisceau $F = S + mR = o$; pour qu'une de ses surfaces ait un point double, il faut que l'on puisse satisfaire simultanément aux 4 équations :

$$F_{x'} = o, \quad F_{y'} = o, \quad F_{z'} = o, \quad F_{t'} = o$$

(t étant la variable d'homogénéité ou la quatrième variable en coordonnées tétraédriques).

Si, entre ces 4 équations, on élimine x, y, z, le résultant sera du degré $2 \times 2 \times 2 = 8$ par rapport aux coefficients de chaque équation et, par suite, du degré $8 \times 4 = 32$ en m.

Ainsi, il y a 32 points doubles dans le système.

L'équation du plan polaire de x, y, z, t est

$$X(S_{x'} + mR_{x'}) + Y(S_{y'} + mR_{y'}) + Z(S_{z'} + R_{z'}) + T(S_{t'} + mR_{t'}) = o$$

Or, si le point x, y, z, t est double et si k est la valeur de m qui fournit la surface du faisceau ayant ce point double on a :

$$S_{x'} + kR_{x'} = o, \; S_{y'} + kR_{y'} = o, \; S_{z'} + kR_{z'} = o, \; S_{t'} + kR_{t'} = o$$

L'équation du plan polaire peut alors s'écrire :

$$(m - k)[XS_{x'} + YS_{y'} + ZS_{z'} + TS_{t'}] = o$$

c'est-à-dire qu'elle est indépendante de m, ce qui démontre la seconde partie du théorème.

Remarque 1. — La démonstration de la première partie suppose que le faisceau est général, c'est-à-dire formé de

274 FAISCEAUX, GERBES, RÉSEAUX DE SURFACES CUBIQUES.

surfaces générales. Or un faisceau peut être constitué par un ensemble de surfaces possédant 1, 2, 3 ou 4 cnicnodes ou d'autres points singuliers. Dans ce cas, l'ensemble des points singuliers constitue une ligne.

Remarque 2. — La base du faisceau peut, comme on l'a déjà vu, se décomposer en plusieurs lignes. Par exemple, l'équation

$$xs_1 + ys_2 + m(xs_3 + ys_4) = o$$

où s_1, s_2, s_3, s_4 sont supposées des fonctions quadratiques, est celle d'un faisceau dont la base se compose d'une droite et d'une courbe du 8me ordre. De même, l'équation

$$xs_1 + ys_2 + m(xs_3 + zs_4) = o$$

est celle d'un faisceau dont la base se compose de la conique $x = o$, $s_2 = o$ et d'une courbe du 7me ordre.

L'équation

$$x(bc_1 - cb_1) + y(bd_1 - db_1) + m(cd_1 - dc_1)z = o$$

où $b, c, \ldots$ sont des fonctions linéaires, représente un faisceau dont toutes les surfaces passent par la cubique $\dfrac{b}{b_1} = \dfrac{c}{c_1} = \dfrac{d}{d_1}$, et dont la base se compose de cette cubique et d'une courbe du 6me ordre.

L'équation $xs_1 + ys_2 + m(as_1 + bs_2) = o$ où a, b sont linéaires, s_1, s_2 du 2me degré, représente des surfaces passant par la biquadratique $s_1 = o$, $s_2 = o$ et par suite, par une courbe complémentaire du 5me degré.

L'équation (où l, k sont des constantes, m une variable)

$$xzz - lxyt + m(yzt - kxzt) = o$$

représente un faisceau de surfaces à 4 points doubles ayant ces points doubles en commun et, en commun aussi, la droite ($z - lt = o$, $y - kx = o$). Il semble que, dans ce cas, la base ne soit que du 7me degré, mais de ces 7 droites, 2 doivent être considérées comme doubles, savoir les deux côtés du tétraèdre $zt = o$ et $xy = o$ auxquelles la droite ($z - lt$, $y - kx$) est sécante.

FAISCEAUX, GERBES, RÉSEAUX DE SURFACES CUBIQUES. 275

Remarque 3. — Le fait déjà constaté pour les faisceaux de quadriques se reproduit ici. La courbe de base ne peut être une courbe quelconque du 9me degré, car, d'après ce qui précède, elle est de 36me rang et de 81me classe. De même la courbe de 8me ordre qui peut former avec une droite la base d'un faisceau doit être de 28me rang et de 60e classe, etc.

THÉORÈME. — Le lieu de la courbe d'intersection des éléments correspondants de deux faisceaux homographiques, l'un de surfaces cubiques, l'autre de plans, de quadriques ou de surfaces cubiques est une surface du 4me, du 5me ou du 6me ordre.

Ce théorème résulte immédiatement du principe de correspondance.

THÉORÈME. — Etant donnés trois faisceaux homographiques deux à deux, l'un de surfaces cubiques, les autres de plans, de quadriques ou de surfaces cubiques, le lieu des points où se coupent 3 surfaces correspondantes est une courbe de l'ordre $3(n + n') + nn'$, n et n' étant les ordres des deux derniers faisceaux.

En effet, les deux premiers engendrent une surface de l'ordre $3 + n$, le premier et le troisième, une surface de l'ordre $3 + n'$. Ces deux surfaces ont une intersection de l'ordre $(3 + n)(3 + n')$ mais qui contient la base d'ordre 3^2 du premier faisceau. Il reste donc une courbe d'ordre $3(n+n') + nn'$ qui est le lieu considéré.

THÉORÈME. — Le lieu des pôles d'un plan par rapport aux surfaces d'un faisceau de surfaces cubiques et une courbe du 12me ordre qui passe par les 32 points doubles du faisceau.

Soit p le plan, P son pôle par rapport à une surface S du faisceau. Tout point de p aura une première polaire passant par P. Considérons 3 points M, M', M'' de p. Leurs premières polaires passent par P et lorsque S décrit le faisceau, elles engendrent 3 faisceaux homographiques dont les éléments correspondants, d'après le raisonnement précédent se coupent sur une courbe d'ordre $2 \times (2+2) + 2 \times 2 = 12$. Elle passe par les points doubles puisque toutes les premières polaires les contiennent.

Faisceaux non linéaires. — Un faisceau du 2me degré sera représenté par une équation de la forme

$$S + mR + m^2T = o$$

de sorte que, malgré la simple indétermination, il faut donner 3 surfaces pour la définir. Un tel faisceau a cette particularité en commun avec une gerbe : que toutes les surfaces qui le constituent passent non par une courbe, mais par 27 points fixes ($SRT = o$) réels ou imaginaires, distincts ou confondus et pouvant être remplacés partiellement par des lignes communes. Mais il en diffère par l'existence d'une surface enveloppe $R^2 - 4ST$ du 6me degré en général.

Un faisceau du 3me degré $S + mR + m^2T + m^3U = o$ malgré l'indétermination toujours simple est défini par 4 surfaces. Il n'a plus, en général, de base, ni linéaire, ni ponctuelle et présente ainsi une analogie avec le réseau. Mais il a, comme le précédent, une enveloppe qui est ici, en général, du 12me degré.

THÉORÈME. — **Il y a, dans un faisceau du k^{me} degré, $4k$ surfaces tangentes à une droite donnée.**

Considérons un point m sur la droite donnée l ; par ce point passent k surfaces coupant encore la droite en $2k$ points m' et réciproquement, à tout point m' correspondent sur la droite $2k$ points m. Le faisceau définit donc sur la droite une correspondance $(2k_1, 2k)$ et l'on sait qu'une telle correspondance a $4k$ points de coïncidence qui ne sont pas des points doubles pour des surfaces, si l'on suppose, comme on l'a fait ici, que l'on ait un faisceau de surfaces générales.

En particulier, il y a 4 surfaces d'un faisceau linéaire tangentes à une droite.

THÉORÈME. — **Il y a dans un faisceau d'ordre k, $12k$ surfaces tangentes à un plan donné.**

Considérons l'intersection du faisceau par le plan donné (p) elle n'est autre qu'un faisceau de cubiques planes d'ordre k.

Or, la démonstration donnée (chap. VI) pour le faisceau linéaire de cubique, établit aussi que pour un faisceau d'ordre k, le nombre des points doubles du système est $12\,k$. Chacune de ces cubiques à point double est fournie par une surface tangente au plan p, ce qui démontre le théorème.

En particulier, 12 surfaces d'un faisceau linéaire sont tangents à un plan donné.

Remarque. — Les théorèmes précédents font connaître les caractéristiques d'un système simplement infini de surfaces cubiques (nombre de surfaces passant par un point, tangentes à une droite, tangentes à un plan.)

Gerbes linéaires. — Avant d'examiner les gerbes de surfaces cubiques, considérons quelques propriétés des gerbes de quadriques.

Soient $R + \lambda R_1 + \mu R_2 = 0$, $S + \lambda S_1 + \mu S_2 = 0$, deux gerbes homographiques de quadriques définies par les surfaces correspondantes R et S, R_1 et S_1, R_2 et S_2. Les faisceaux $R + \lambda R_1 = 0$, $S + \lambda S_1 = 0$, qui se correspondent dans ces gerbes engendrent une surface $RS_1 - SR_1 = 0$ du 4me ordre; de même les faisceaux $R + \mu R_2$, $S + \mu S_2 = 0$, une surface du 4me ordre $RS_2 - SR_2 = 0$. Ces deux surfaces ont une intersection du 16me ordre qui comprend la courbe du 4me ordre R, S, et, par suite, une autre courbe du 12me ordre.

Or, toutes les surfaces du 4me ordre engendrées par les autres faisceaux des deux gerbes passent par cette dernière courbe.

Soient $R + \lambda_1 R_1 = 0$ et $S + \lambda_1 S_1 = 0$ deux surfaces correspondantes des premiers faisceaux. Considérons les deux faisceaux homologues

$$R + \lambda_1 R_1 + \nu R_2 = 0 \qquad S + \lambda_1 S_1 + \nu S_2 = 0$$

La surface qu'ils engendrent a pour équation

$$RS_2 - SR_2 + \lambda_1 (R_1 S_2 - S_1 R_2) = 0$$

Or, quelque soit λ_1, elle passe par la courbe $\dfrac{R}{S} = \dfrac{R_1}{S_1} = \dfrac{R_2}{S_2}$

Ainsi, toutes les surfaces du 4me ordre engendrées par les faisceaux homologues des deux gerbes, ont en commun une courbe du 12me ordre.

Par un point quelconque de l'espace passe, en général, un seul couple de surfaces homologues des deux gerbes, mais par un point de cette courbe en passent une infinité formant deux faisceaux homologues

Considérons maintenant trois gerbes homographiques de quadriques. Le lieu des points de l'espace par lesquels passent trois surfaces correspondantes est une surface du 6me ordre. En effet, par un point A d'une droite l passent un couple unique de surfaces des deux premières gerbes auquel correspond dans la troisième, une quadrique coupant l en 2 points. Par l'un A' de ces points faisons passer des quadriques de la troisième gerbe ; elles forment un faisceau auquel correspondent dans les deux gerbes des faisceaux déterminant sur l une correspondance (2, 2) ayant par suite 4 points de coïncidence, lesquels sont des points A.

Ainsi, les points A et A' ont une correspondance (4, 2) et par suite, il y a 6 points de coïncidence de deux points A et A' ce qui démontre la proposition.

On remarquera, de plus, que la surface du 6me ordre contient les 8 points de base de chaque gerbe ainsi qu'une infinité de courbes du 12me ordre engendrées par les faisceaux homologues contenus dans les 3 gerbes et contient aussi les 3 courbes du 12me ordre engendrées par les gerbes prises deux à deux.

Il résulte de ce qui précède que si l'on considère 4 gerbes homographiques de quadriques, le lieu des points d'intersection de 4 surfaces homologues est une courbe du 24me ordre. En effet, 3 des gerbes G_1, G_2, G_3 engendrent par l'intersection des éléments homologues une surface du 6me ordre ; d'autre part G_1, G_2 et G_4 engendrent une autre surface du 6me ordre. L'intersection de ces deux surfaces est du 36me ordre mais contient la courbe du 12me ordre engendrée par les gerbes G_1 et G_2. La courbe du 24me ordre qui complète l'intersection est le lieu considéré.

THÉORÈME. — Le lieu des points doubles des surfaces d'une gerbe de surfaces cubiques est une courbe gauche du 24me ordre.

En effet, tout point double est un point commun à toutes

les premières polaires. Or, si nous considérons les premières polaires de 4 points quelconques, elles constituent 4 gerbes homographiques de quadriques auxquelles sont applicables les remarques précédentes. La courbe gauche du 24me ordre contient les 32 points doubles de chaque faisceau de cubiques contenu dans la gerbe.

EXERCICES

1. — *Trois gerbes homographiques de surfaces cubiques de surfaces cubiques étant données, le lieu des points par lesquels passent 3 surfaces correspondantes est une surface du 6me ordre;*

2. — *Quatre gerbes homographiques de surfaces cubiques étant données, le lieu des points par lesquels passent 4 surfaces correspondantes est une courbe du 24me ordre;*

3. — *Cinq gerbes homographiques de surfaces cubiques étant données, il existe 270 points par chacun desquels passent 5 surfaces correspondantes;*

4. — *Le lieu des pôles d'un plan par rapport aux surfaces cubiques d'une gerbe est une surface du 6me ordre;*

5. — *Le lieu des points de contact entre une surface du n^{me} ordre et les surfaces cubiques d'une gerbe est une courbe de l'ordre $n(n+5)$.*

CHAPITRE XVI

REPRESENTATION SUR UN PLAN
DE LA
SURFACE CUBIQUE GÉNÉRALE

Définition. — Une surface est dite *unicursale* si les 3 coordonnées de l'un de ses points peuvent s'exprimer rationnellement en fonctions de deux paramètres (lesquels peuvent être deux des trois coordonnées.)

THÉORÈME. — **Une surface cubique est unicursale.**

Le théorème sera démontré si l'on prouve qu'entre les points de la surface et ceux d'un plan, on peut établir une correspondance (1, 1).

Or, considérons le cas d'une surface générale ou du moins le cas où l'on peut trouver sur la surface 2 droites formant un Db. Par tout point de l'espace on peut mener une sécante complète à ce Db et une seule; en particulier, par un point A de la surface il passe une sécante complète au Db, laquelle coupe un plan fixe p en un point a qui aura avec A une correspondance (1, 1).

La démonstration serait en défaut s'il n'existe pas de Db sur la surface, mais le théorème est toujours exact.

Considérons alors une cubique gauche C sur la surface S.

Par tout point de l'espace passe une corde de la cubique et une seule; en particulier, par tout point A de la surface en passe une qui coupe le plan p de la représentation en un point a, lequel aura avec A une correspondance (1, 1).

Ainsi, les 3 coordonnées de A peuvent s'exprimer rationnellement en fonction de 2 paramètres, savoir les 2 coordonnées de a.

Formules générales
pour la représentation des surfaces cubiques sur un plan.

Soient x, y, z, t les coordonnées homogènes d'un point de la surface X, Y, Z les coordonnées homogènes d'un point du plan M représentatif et P, Q, R, S des fonctions homogènes de X, Y, Z; considérons les équations :

$$(1) \qquad \frac{x}{P} = \frac{y}{Q} = \frac{z}{R} = \frac{t}{S}$$

A un point donné X, Y, Z correspond un point unique x, y, z, t en général. Réciproquement, à un point de la surface $F(x, y, z, t) = o$ dont on a l'équation en éliminant X, Y, Z entre les équations (1), correspond un point déterminé du plan.

Si l'on substitue, en effet, dans les équations (1) un système de valeurs de x, y, z, t satisfaisant à la condition $F = o$, ces équations (1) auront une solution commune X_1, Y_1, Z_1 et, en général une seule. On a donc une relation $(1, 1)$.

Mais le degré de la surface $F = o$, dépend des degrés des fonctions P, Q, R, S. La question est donc maintenant de savoir ce que doivent être ces fonctions pour que la surface soit du 3me ordre.

Pour la résoudre examinons des cas particuliers.

1° *P, Q, R, S du 2me degré.* — A la section de la surface par le plan $ax + by + cz + dt = o$ correspond dans le plan la conique $aP + bQ + cR + dS = o$.

Aux points d'intersection avec la droite

$$ax + by + cz + dt = o, \quad a'x + b'y + c'z + d't = o$$

correspondent les 4 points définis par les équations

$$aP + bQ + cR + dS = o, \quad a'P + b'Q + c'R + d'S = o$$

La surface est donc du 4me degré.

Si les coniques $P=o$, $Q=o$, $R=o$, $S=o$ ont un point fixe commun, toute conique représentée par

$$aP + bQ + cR + dS = o$$

passant aussi par ce point fixe, 2 de ces coniques n'ont plus que 3 points d'intersection variables et ces points représentant seuls les intersections de la droite correspondante avec la surface, celle-ci est du 3me ordre.

Mais elle n'est pas générale, car une section plane étant représentée par une conique, courbe du genre zéro, est elle-même du genre zéro, la correspondance n'altérant pas le genre.

Ainsi, toute section plane est une cubique à point double et la surface est réglée.

2° *P, Q, R, S du 3me degré.* — A toute section plane correspond une cubique plane. Aux intersections avec une droite correspondent 9 points; la surface est donc, en général, du 9me degré.

Pour qu'elle s'abaisse au 3me, il est nécessaire et suffisant que les cubiques $P=o$, $Q=o$, $R=o$, $S=o$ aient en commun 6 points fixes (ou l'équivalent de 6 points fixes). Une section plane est représentée par une cubique générale, c'est-à-dire du genre 1, elle est donc du genre 1 et la surface cubique est générale de son degré.

Soient $a_1, a_2, a_3, a_4, a_5, a_6$, les points fixes. Les valeurs fournies par les équations (*1*) pour x, y, z, t, quand on y substitue les coordonnées de l'un de ces 6 points sont indéterminées, de sorte que chacun de ces points représente non un point, mais une ligne de la surface. Cette ligne est une droite.

En effet, soient X_1, Y_1, Z_1 les coordonnées de a_1. Nous pouvons poser

$$P=(Z_1X-X_1Z)P'+(Z_1Y-X_1Z)P'', \quad Q=(Z_1X-X_1Z)Q'+(Z_1Y-Y_1Z)Q''$$
$$R=(Z_1X-X_1Z)R'+(Z_1Y-Y_1Z)R'', \quad S=(Z_1X-X_1Z)S'+(Z_1Y-Y_1Z)S''$$

$P'',\ldots S''$ étant des fonctions homogènes du 2me degré en X, Y, Z. Les équations (*1*) qui peuvent s'écrire :

$$Sx - Pt = 0, \quad Sy - Qt = 0, \quad Sz - Rt = 0$$

donnent, par substitution et transposition des termes :

$$U(xS' - tP') + V(xS'' - tP'') = 0$$
$$U(yS' - tQ') + V(yS'' - tQ'') = 0$$
$$U(zS' - tR') + V(zS'' - tR'') = 0$$

U, V désignent les binômes $Z_1 X - X_1 Z$, $Z_1 Y - Y_1 Z$.

Ces 3 équations se réduisent à des identités si l'on y substitue les coordonnées de a_1, mais les combinaisons obtenues en les divisant membre à membre et mettant sous forme entière (combinaisons que l'on peut considérer comme obtenues par addition, après multiplication, par des facteurs convenables), savoir :

$$(R'S'' - S'R'') x + (S'P'' - P'S'') z + (P'R'' - R'P'') t = 0$$
$$(R'S'' - S'R'') y + (S'Q'' - Q'S'') z + (Q'R'' - R'Q'') t = 0$$

sont les équations d'une droite. C'est la droite représentée par le point $(X_1\, Y_1\, Z_1)$. Ainsi sont mises en évidence six droites de la surface, lesquelles n'ont évidemment pas de point en commun prises deux à deux et forment, par suite, un Stp.

Soit $mX + nY + pZ = 0$ une droite du plan M. Les coordonnées $\frac{x}{t}$, $\frac{y}{t}$, $\frac{z}{t}$, deviennent, si l'on substitue dans leurs expressions la valeur de Z tirée de cette équation, des fonctions rationnelles du 3me ordre par rapport à un seul paramètre $\frac{Y}{X}$. Si l'on substitue ces valeurs de $\frac{x}{t}$, $\frac{y}{t}$, $\frac{z}{t}$, dans l'équation d'un plan $kx + ly + mz + n = 0$, on obtient pour le paramètre 3 valeurs ; la courbe représentée par la droite $mX + nY + pZ = 0$ est donc une cubique gauche.

Si la droite passe par $X_1\, Y_1\, Z_1$, son équation prend la forme :

$$m(Z_1 X - X_1 Z) + n(Z_1 Y - Y_1 Z) = 0.$$

Les fonctions $\frac{P}{S}$, $\frac{Q}{S}$, $\frac{R}{S}$, peuvent, après substitution, se simplifier, par la suppression d'un facteur commun, par exemple $(Z_1 Y - Y_1 Z)$. Elles se ramènent au 2me degré et la courbe représentée est une conique.

Si la droite passe par 2 des 6 points, son équation est

$$\frac{Z_1 X - X_1 Z}{Z_1 X_2 - X_1 Z_2} = \frac{Z_1 Y - Y_1 Z}{Z_1 Y_2 - Y_1 Z_2} \quad \text{ou} \quad \frac{Z_2 X - X_2 Z}{Z_1 X_2 - X_1 Z_2} = \frac{Z_2 Y - Y_2 Z}{Z_1 Y_2 - Y_1 Z_2}$$

Or, la fonction P peut s'écrire :

$$P = (Z_1 X - X_1 Z)(Z_2 X - X_2 Z) p_1 + (Z_1 X - X_1 Z)(Z_2 Y - Y_2 Z) p_2$$
$$+ (Z_2 X - X_2 Z)(Z_1 Y - Y_1 Z) p_3 + (Z_1 Y - Y_1 Z)(Z_2 Y - Y_2 Z) p_4$$

p_1, p_2, p_3, p_4 étant des fonctions du 1er degré.

A l'aide des deux formes précédentes de l'équation de la droite, on ramènera P à la forme $(Z_1 X - X_1 Z)(Z_2 X - X_2 Z) P$ la fonction P étant du 1er degré. La même transformation étant effectuée pour Q, R, S, les quotients $\frac{x}{t}, \frac{y}{t}, \frac{z}{t}$, auront, après simplification, des termes du 1er degré.

La ligne représentée est donc une droite et l'on obtient ainsi 15 nouvelles droites de la surface représentées par les 15 droites joignant 2 à 2 les 6 points a.

Soit maintenant une conique $F(X, Y, Z) = 0$ du plan M et un plan sécant quelconque $kx + ly + mz + nt = 0$. Si l'on substitue les valeurs de x, y, z, t, l'équation obtenue

$$kP + lQ + mR + nS = o$$

est celle d'une cubique représentant la section considérée.

Or cette cubique coupe $F = o$ en 6 points. Donc la conique $F = o$ représente une courbe de la surface ayant 6 points dans un plan, c'est-à-dire une courbe du 6me degré

Le degré s'abaisse si $F = o$ contient un ou plusieurs des points a puisque les cubiques P, Q, R, S et par suite les cubiques $k P + l Q + m R + n S$ passant toutes par tous ces points, un certain nombre de points d'intersection sont fixes. En particulier, si $F = o$ passe par 5 points a il n'y a plus qu'un point d'intersection variable et la ligne représentée par la conique est une droite. Ainsi, nous avons 6 droites nouvelles représentées par les 6 coniques joignant les points a 5 à 5.

On voit aisément qu'en remplaçant la conique $F = o$ par

une courbe d'ordre plus élevé, il ne peut pas arriver que le nombre des points variables d'intersection avec la cubique représentative d'une section plane s'abaisse à 1 ou même à 2. Les coniques de la surface sont donc représentées ou par les droites du plan passant par un seul des points a ou par les coniques qui en contiennent 4.

Exemple. — Considérons le mode de génération de Grassmann par 3 gerbes de plans homographiques deux à deux. Soient G_1, G_2, G_3, ces gerbes de centres O_1, O_2, O_3. Elles seront rapportées deux à deux homographiquement si m_1, m_2, m_3, m_4 étant 4 droites formant un Qdp, on fait correspondre les plans $(O_1, m_1), O_2, m_1), O_3, m_1)$ les plans (O_1, m_2), $(O_2, m_2), O_3, m_2)$, les plans $(O_1, m_3), O_2, m_3), O_3, m_3)$ ainsi que les plans $(O_1, m_4), (O_2, m_4), (O_3, m_4)$.

Chaque gerbe sera rapportée homographiquement aux points d'un plan M, si l'on fait correspondre aux 3 premiers plans un point a_1 et aux 3 autres groupes de 3 plans des points a_2 a_3, a_4 de M, les 4 points a_1, a_2, a_3, a_4 étant choisis de façon à former un quadrilatère.

Ces 4 points représentent évidemment les 4 droites m_1, m_2, m_3, m_4.

Considérons la droite $a_1 a_2$ du plan, il lui correspond dans les 3 gerbes, 3 faisceaux F_1, F_2, F_3 deux a deux homographiques.

Or F_1 et F_2 engendrent une quadrique passant par m_1 et m_2 puisque la droite $a_1 a_2$ contient a_1 et a_2, De même F_1 et F_3 engendrent une quadrique passant par m_1 et m_2. Mais ces deux quadriques passent en outre par l'axe du faisceau F_1. Elles ont donc 3 droites en commun et par suite, se coupent suivant une quatrième droite formant avec les premières, un quadrilatère.

Cette dernière droite est représentée par $a_1 a_2$. Ainsi $a_1 a_2$ et les 5 droites analogues représentent les sécantes doubles du Qdp (m_1, m_2, m_3, m_4).

Considérons l'une des 2 sécantes quadruples de (m_1, m_2, m_3, m_4) et soit s cette sécante. La ligne C qui la représente doit passer par a_1, a_2, a_3 et a_4.

Pour trouver son degré, remarquons qu'à une droite l du

plan correspondent dans les 3 gerbes, 3 faisceaux qui deux à deux donnent des quadriques qui ont en commun une cubique gauche g. C'est la courbe représentée par la droite l. Or la droite s ne peut rencontrer l'une des quadriques et par suite la cubique g qu'en 2 points; elle ne la rencontre pas en moins de 2 points puisque ses deux intersections avec cette quadrique sont sur g. Donc l, dans le plan, rencontre C en 2 points et C est une conique.

Le Qdp (m_1, m_2, m_3, m_4) a 3 droites non sécantes dont 2 forment avec le Qdp un Stp et dont la troisième q est sécante aux 2 premières p_1 et p_2. Chacune des sécantes complètes du Qdp coupe p_1 ou p_4, supposons que s coupe p_1; p_1 sera représentée par un point, car, si elle l'était par une ligne, cette ligne aurait avec C plus d'un point commun; ce qui ne peut être puisque les lignes représentées, savoir s et p_1 n'ont qu'un point commun. De même p_2 est représentée par un seul point. Ainsi, les 6 droites m_1, m_2 m_3, m_4, p_1, p_2 sont représentées par des points, toutes les autres par des droites ou des coniques. On reconnaît bien là les caractères de la représentation (1, 1) à dénominateurs du 3me degré.

On a déjà remarqué que les droites du plan (en nombre doublement infini) représentent des cubiques gauches de la surface. Soient (C) les cubiques de cette série Deux cubiques (C) n'ont qu'un point commun : par 2 points donnés sur la surface, il n'en passe qu'une; par un point, il en passe une infinité formant un faisceau.

Si l'on coupe un tel faisceau par 2 cubiques (C), les ponctuelles curvilignes obtenues sont représentées par 2 ponctuelles rectilignes qui sont perspectives. Les tangentes aux cubiques (C) du faisceau, menées au centre de celui-ci forment un faisceau de droites homographiques de celui qui représente les cubiques. On dira de deux tels faisceaux de cubiques qu'ils sont homographiques lorsque les faisceaux des tangentes aux deux points centres le sont.

Si deux faisceaux de cubiques (C) sont homographiques et si la cubique unique qui passe par les deux centres se correspond à elle-même, les couples d'éléments homologues se coupent sur une même cubique (C).

On peut nommer deux tels faisceaux : faisceaux perspectifs.

Si les deux faisceaux sont homographiques mais non perspectifs, la courbe lieu des intersections des éléments homologues est représentée sur le plan par une conique. Or, dans chacune des gerbes correspond à cette conique un faisceau de plans tangents à un cône de 2me degré. Mais si les plans tangents à deux cônes du 2me degré ont une correspondance (1, 1), ils engendrent par l'intersection des plans homologues une surface du 4me degré comme le montre le principe de correspondance (en considérant combien une droite quelconque contient de points du lieu. La conique du plan représente la courbe d'intersection de 2 telles surfaces, mais elle ne la représente qu'en partie puisque nous avons vu précédemment qu'une conique représente en général une courbe du 6me ordre.

Parmi les cubiques (C), on remarquera les 3 qui lient deux à deux les centres des 3 gerbes ; elles forment un triangle curviligne représenté par un triangle plan.

Si les 3 sommets d'un triangle curviligne formé par 3 cubiques (C) restent sur 3 cubiques (C) concourantes et que 2 des cubiques pivotent autour de 2 points fixes de la surface, la troisième pivote aussi autour d'un point fixe, lequel est, avec les deux premiers, sur une même cubique (C).

Si 4 points de la surface sont sur une même cubique (C), nous dirons qu'ils forment une division harmonique si les 4 cubiques (C) qui les joignent à un point de la surface forment une division harmonique. Cela étant, dans tout quadrilatère curviligne formé par 4 cubiques (C), l'une quelconque des diagonales curviligne (C) est coupée harmoniquement par les deux centres.

La surface contient d'autres cubiques gauches que les cubiques (C). Pour le voir, considérons deux des gerbes, G_1 et G_2. Le lieu de l'intersection de deux plans homologues est une congruence de 1er ordre et de 3me classe ayant pour lieu de ses points singuliers une cubique gauche de la surface :

1° Cette congruence est du 1er ordre. Soit M un point quelconque, considérons dans la première gerbe le faisceau d'axe $O_1 M$; aux éléments de ce faisceau correspondent ceux d'un faisceau d'axe $O_2 y$ dont un seul élément passe par M. Ainsi, une seule droite de la congruence passe par M;

2° Cette congruence est de 3me classe et possède une courbe singulière qui est une cubique gauche n'appartenant pas au système (C).

Les deux gerbes tracent, en effet sur un plan quelconque Q, deux systèmes plans rapportés homographiquement l'un à l'autre. Or on sait qu'il existe alors dans le plan Q un triangle $AA'A''$ dont chaque sommet est son propre homologue. Tout plan de l'une des gerbes qui contient A a donc un homologue le contenant aussi; et de même pour A'. Donc le plan O, AA' a pour homologue $O_2 AA'$ et AA' est droite de la congruence. De même $A'A''$ et $A''A$. La congruence ayant 3 droites dans un plan quelconque Q est de 3me classe.

Les deux faisceaux $O_1 A$, $O_2 A$ se correspondent dans les deux gerbes. Or ils engendrent un cône dont toutes les génératrices sont droites de la congruence. De même A' et A'' sont des sommets de cônes de droites de la congruence. Il en résulte que tout plan contient 3 points singuliers et ces points forment une courbe singulière qui est de 3me ordre. Cette courbe est située sur la surface cubique engendrée par les trois gerbes, car aux faisceaux $O_1 A$, $O_2 A$ correspond dans la trosième gerbe un faisceau $O_3 x$ dont un plan passe par A et un seul, ce qui prouve que 3 plans homologues se coupent en A. Il en est de même de A' et A'' et de tous les points de la cubique.

Si l'on remarque que AA' et AA'' sont deux génératrices du cône de sommet A, que le plan Q est quelconque et qu'on peut le supposer pivotant autour de A; on voit que la cubique est toute entière sur le cône et par suite toute entière sur l'un quelconque des cônes de la congruence.

Elle passe par O_1 et O_2, (il en passe de même une par O_2 et O_3, une par O_3 et O_1; mais elle n'est pas la cubique de la série (C) reliant O_1 et O_2 et n'est pas représentée par une droite.

Les 3 points O_1, O_2, O_3 peuvent être quelconques sur la surface : Par suite, 2 points arbitraires de celle-ci sont liés, non seulement par une cubique de la série (C), mais par une de cette seconde série (C').

La cubique singulière (C') de la congruence engendrée par les gerbes G_1 et G_2 est non seulement sur les cônes considérés, mais sur toutes les quadriques Q engendrées par les faisceaux de ces gerbes.

Soient $O_1 x_1$, $O_2 x_2$ deux tels faisceaux, R un plan du premier M, M' les deux points autres que O, où ce plan coupe la cubique singulière de la congruence. Celle-ci a dans le plan R les 3 droites $O_1 M$ $O_2 M'$, MM' et pas d'autre. Donc le plan R' homologue de R le coupe suivant MM' car il ne passe pas par O_1 en général.

Ainsi, Q contient les trois pointes de C' situés dans R.

Le plan R étant quelconque dans le faisceau, la cubique C' est toute entière sur la quadrique Q. On voit, de plus, qu'il n'y a pas d'autres droites dans la congruence que les cordes de la cubique singulière.

La quadrique Q contient aussi une cubique du système (C) et l'ensemble des deux cubiques constitue son intersection avec la surface cubique.

3° P, Q, R, S du 4me degré. — Pour que les formules (1) traduisent une représentation $(1, 1)$ de la surface cubique il faut que les courbes $P = o$, $Q = o$, $R = o$ $S = o$ aient 13 points communs fixes, afin que les deux courbes

$$aP + bQ + cR + dS = o, a'P + b'Q + c'R + d'S = o$$

n'aient plus que 3 points d'intersection variables lesquels représenteront les 3 points d'intersection de la surface avec la droite $ax + by + cz + dt = o$, $a'x + b'y + c'z + d't = o$. Mais il faut aussi que les courbes $aP + bQ + cR + dS = o$ soient du genre 1 afin de pouvoir représenter les sections planes de la surface, qui sont des cubiques générales.

Par suite, $P = o$, $Q = o$, $R = o$, $S = o$ doivent avoir en commun 2 points doubles. Ces points doivent d'ailleurs être comptés, en tant que points d'intersection, chacun pour 4 points simples, de sorte que les courbes doivent avoir encore $13 - 8 = 5$ points simples communs.

Exemple. — La démonstration donnée d'abord du premier théorème de ce chapitre, donne un exemple de ce mode de représentation. Soient, en effet d, d' les deux droites du **Db** sur lesquelles s'appuie la droite mobile. Les 5 sécantes complètes c_1, c_2, c_3, c_4, c_5 du **Db** sont représentées par 5 points C_1, C_2, C_3, C_4, C_5 ou, si l'on veut, chacune l'est par 2 droites; ainsi c_1 le serait par les deux droites intersection du plan représentatif avec les plans (D_1, d_2) et (D_2, d_1), D_1 et D_2 étant les intersections de c_1 avec d_1 et d_2. Ces deux droites ne représentent en réalité, chacune qu'un seul point de c_1 et le reste de la droite c_1 est représenté par le pied C_1 sur le plan représentatif.

Les 10 droites sécantes simples du **Db**, s_1, s_2,... s_{10} sont représentées par des droites. Soit s_1 une sécante à d et non à d', m le point (s_1, d), i l'intersection de d' avec le plan (s_1, d).

La droite s_1 est représentée par l'intersection du plan (s_1, d) avec le plan représentatif M [à laquelle on peut joindre l'intersection du plan (m, d') avec M, droite qui ne représente qu'un seul point de s_1, savoir m].

Les 10 droites n_1,... n_{10} non sécantes au **Db** sont représentées par 10 coniques, savoir les intersections avec M des 10 quadriques que chacune détermine avec d et d'.

Les 2 droites du **Db** d et d' le sont chacune par un faisceau de droites, car chaque point de l'une est représenté par une droite entière. Le faisceau qui représente d a pour centre le point $D' = (d', M)$ et celui qui représente d' pour centre $D = (d, M)$.

Les 10 droites n sont les sécantes triples du **Qtp**, formé par les droites c; les 10 coniques qui les représentent passent donc chacune par 3 points C et toutes passent par D et D'.

Une conique E de la surface coupant d et d' est représentée par une conique (à laquelle on peut joindre 2 droites) passant par D et D' et par 2 points C, car, des 5 droites c, 3 sont sécantes à la droite l située dans le plan de la conique E, puisque le **Tp** (d, d', l) a 3 sécantes complètes; par suite, 2 de ces 5 droites ne coupant pas l, rencontrent E.

Il n'y a pas de conique coupant d en 2 points et non sécante à d', car d' ne coupant pas d, doit rencontrer toute conique de la surface située avec d dans un même plan.

Une conique coupant d en A et B et d' en I est représentée par une droite (à laquelle on peut ajouter cette même droite représentant I et deux autres représentant A et B).

Une conique F coupant d et non d' est représentée par une cubique ayant D pour point double et passant par 4 des points C.

Une conique G ne coupant ni d ni d' est représentée par une biquadratique ayant 2 points doubles en D et D', savoir par l'intersection avec le plan M de la surface réglée ayant pour directrice G, d et d', surface du 4me degré ayant d et d' pour droites doubles.

Cette biquadratique passe en outre par les 5 points C, on voit d'abord que la droite de la surface située dans le plan de G est l'une des 5 droites c car d et d' ne coupant pas G coupent cette droite.

Si par exemple cette droite est c_1, le point C_1, non seulement appartient à la biquadratique mais en est un point double. Les 4 autres points C en sont points simples.

Nous connaissons donc, de la biquadratique 3 points doubles D, D et C_1 et 4 points simples C_2, C_3, C_4, C_5 ce qui équivaut à 13 points.

Les courbes représentant les coniques G dont les plans passent par une même droite c_1 forment un faisceau ayant ces points pour base et l'on a ainsi 5 faisceaux analogues de biquadratiques.

Considérons une cubique plane N de la surface; les droites d et d' et toutes les droites de la surface coupent N. La courbe représentative passe donc par D, D', c_1, c_2, c_3, c_4, c_5. Mais les deux premiers en sont des points doubles.

En effet, soient F, F' les deux points (N, d), (N, d') et p un plan passant par d; il coupe N en E et en 2 autres points I, I' et rencontre d' en un point K. Les droites KI, KI' appartiennent à la surface réglée ayant N, d, d' comme directrices. Le point K comme tout point de d' est point double de cette surface. Ainsi d' ainsi que d en sont des droites doubles. Le plan p coupe donc cette surface suivant d, d',

KI, KI' et la surface est de 4me ordre. Son intersection avec le plan M est du même ordre et D et D' en sont des points doubles.

L'ensemble D, D', c_1, c_2, c_3, c_4, c_5 équivaut à 11 conditions ; il est donc comme on pouvait le prévoir, triplement indéterminé.

Si la cubique N est donnée par un plan tangent, elle possède un point double et la courbe représentative en a 3.

Une droite l du plan M est, en général la représentation d'une biquadratique gauche (intersection de la surface et de la quadrique (d, d', l), laquelle intersection contient déjà d et d'). C'est une quartique de Steiner.

Si l passe par un point c, l'élément représenté est une cubique gauche.

Si l passe par 2 points c, c'est une conique.

4° P, Q, R, S du 5me degré. — On voit, de suite que les 4 courbes ne peuvent avoir comme point fixe commun que des points simples, car il en faudrait $25 - 3 = 22$ nombre supérieur à celui des points nécessaires pour déterminer une quintique.

Supposons donc d points doubles et t points triples communs il faut encore, pour que les deux quartiques

$$aP + bQ + cR + dS = o,\ a'P + b'Q + b'R + d'S = o$$

aient 3 points d'intersections variables et 3 seulement, qu'elles aient en commun un nombre de points fixes simples égal à $25 - 4d - 9t - 3$ ou à $22 - 4d - 9t$. Or, chaque point double, en tant que point servant à la détermination, compte pour 3 et chaque point triple pour 6 et comme le degré d'indétermination des courbes planes représentant les sections planes de la surface doit être égal à 3 (degré d'indétermination d'un plan), on doit avoir

$$\frac{5 \times (5+3)}{2} - 3d - 6t - (22 - 4d - 9t) = 3$$

c'est-à-dire $d + 3t = 5$. De là deux hypothèses :

1° $t = 1$ alors $d = 2$ et nombre de points simples $= 5$.
2° $t = 0$ alors $d = 5$ et nombre de points simples $= 2$.

Exemple. — Le premier cas se présente si l'on imagine une droite mobile l s'appuyant sur une conique C de la surface et sur une droite d de la surface, coupant la conique.

D'abord les intersections de l avec la surface et le plan M ont une correspondance (1, 1 ; soit s la droite de la surface située dans le plan C, le Db (d, s) a 5 sécantes complètes, et, par suite les 5 autres sécantes r de d coupent C. Les intersections R de ces 5 dernières droites avec M représentent chacune la droite entière. Donc toute section plane de la surface étant coupée par chaque droite r est représentée par une courbe passant par les 5 points R qui en sont du reste des points simples.

Soient A et B les points (C, M) et I le point (d, M) ; toute courbe représentant une section plane aura A et B pour points doubles et I pour point triple. En effet, soit T le plan d'une section plane (T).

La droite d'intersection des plans T et (A, d) coupe la section (T) en 3 points, dont l'un est (T, A) ; les deux autres m_1 et m_2 sont des points de la courbe, qui sont tous deux représentés par A les points voisins de m_1 et m_2 sur (T) fournissant les deux branches qui passent par A. Ainsi A (et aussi B) est point double.

Considérons le cône de sommet I et de directrice (C). Son intersection avec T est une conique rencontrant (T) en 6 points, dont 3 sont sur (d, T) et (C_1, T). Les 3 autres sont des points de la cubique plane représentés par I et les points voisins de ces trois derniers sur (T) fournissent sur la courbe représentative 3 branches de courbe passant par I.

Enfin, on voit de suite que toute droite passant par I dans le plan M ne coupe qu'en 2 autres points la courbe qui représente une section plane. Cette courbe est donc bien une quintique et toutes les quintiques analogues ont en commun un point triple, 2 points doubles et 5 points simples.

5° P, Q, R, S du 6me degré. — En procédant comme dans le cas précédent, on trouve que le nombre des points simples est $36 - 4\,d - 9\,t - 3$ ou $33 - 4\,d - 9\,t$ et que l'on a la condition
$$d + 3\,t = 9$$

D'où 3 hypothèses (on ne peut avoir $t = 0$)

$t = 3 \quad d = 0$ nombre de points simples 6
$t = 2 \quad d = 3 \quad$ — — — 3
$t = 1 \quad d = 6 \quad$ — — — 0

Exemple. — Le premier des 3 cas se présente lorsqu'une droite mobile l est assujettie à rester constamment corde d'une cubique gauche G de la surface et que l'on fait correspondre le troisième point d'intersection de l et de la surface avec l'intersection de l et du plan M. Les 3 points triples des courbes représentant les sections planes sont les points (G, M) et les 6 points simples sont les 6 points d'intersection de M avec les 6 droites de la surface qui sont corde de la cubique.

CHAPITRE XVII

TRANSFORMATIONS DIVERSES

DES SURFACES CUBIQUES

Comme pour les courbes planes on examinera seulement des tranformations du 1er et du 2me degré.

Parmi les transformations du 1er degré, on verra celles qui se ramènent à un déplacement, translation ou rotation, ce qui conduira à examiner les surfaces à plan ou à centre de symétrie, les surfaces de révolution, les surfaces à axes de symétrie binaire, ternaire, quaternaire.

Parmi celles du 2me degré, on examinera l'inversion, ce qui conduira à étudier les surfaces anallagmatiques.

Les transformations dualistiques feront connaître les surfaces qui peuvent être leur propre polaire réciproque ou surfaces autopolaires.

1° *Transformations ponctuelles du 1er degré*

Parmi les plus simples sont celles qui représentent une translation ou une rotation.

Les surfaces cubiques pouvant coïncider avec elles-mêmes après une translation dans un sens donné sont les cylindres.

Les surfaces pouvant coïncider avec elles-mêmes après rotation autour d'un axe donné, d'un angle quelconque sont les surfaces de révolution. Mais il existe aussi des surfaces pouvant coïncider avec elles-mêmes après une rotation de 180°, de 120°, de 90°, c'est-à-dire des surfaces à axe de symétrie binaire, ternaire, quaternaire.

D'autres restent invariables par la transformation $x = -x'$, $y = -y'$, $z = -z'$ ou par $x = x'$, $y = y'$, $z = -z'$, c'est-à-dire ont un centre de symétrie ou un plan de symétrie.

Certaines surfaces possèdent simultanément plusieurs symétries.

Surfaces a axes de symétrie

On trouve aisément que si l'axe de symétrie est pris pour OZ l'équation se réduit :

I. - Dans le cas de la symétrie binaire à l'une des formes

(1) $Az^3 + 3Bz^2 + 3Cz + D + 3z(mx^2 + 2pxy + qy^2)$
$+ 3(rx^2 + 2sxy + ty^2) = 0$

(2) $ax^3 + 3bx^2y + 3cxy^2 + dy^3 + 3z^2(hx + ky)$
$+ 6z(ux + vy) + 3(fx + gy) = 0$

dont la première peut représenter des surfaces ayant en outre un plan de symétrie passant par OZ, ou deux plans de symétrie et dont la seconde, qui ne peut représenter de telles surfaces, peut en représenter ayant un plan de symétrie perpendiculaire à OZ.

II. — Dans le cas de la symétrie ternaire à :

(3) $Az^3 + 3Bz^2 + 3Cz + D + dy(y^2 - 3x^2) + 3mz(x^2 + y^2)$
$+ 3r(x^2 + y^2) = 0$

cette symétrie entraîne, comme on le voit, l'existence de 3 plans de symétrie passant par OZ, conséquence qui ne se produirait plus pour des surfaces d'ordre supérieur).

Si l'axe de symétrie ternaire est dirigé suivant l'intersection des plans bissecteurs du trièdre $OXYZ$, l'équation a la forme

(4) $A(x^3 + y^3 + z^3) + 3B(x^2y + y^2z + z^2x) + 3C(xy^2 + yz^2 + zx^2)$
$+ 6Dxyz + 3E(x^2 + y^2 + z^2) + 3F(xy + yz + zx)$
$+ 3G(x + y + z) + H = 0$

et représente dans le cas particulier

$$B = C = D = E = F = G = 0$$

des surfaces tétraèdrales de Lamé et dans le cas de
$$A = B = C = E = F = G = 0$$
de surfaces possédant 4 axes de symétrie ternaire et 3 axes de symétrie binaire.

III. — Dans le cas de la symétrie quaternaire à

(5) $\quad Az^3 + 3Bz^2 + 3Cz + D + 3(mz + r)(x^2 + y^2) = 0.$

(surfaces de révolution.)

Surfaces de révolution

Si z_1, z_2, z_3 sont les racines de l'équation

(e) $\quad\quad\quad Az^3 + 3Bz^2 + 3Cz + D = 0$

les 6 droites $z = z_1, y = \pm ix$; $z = z_2, y = \pm ix$; $z = z_3, y = \pm ix$ sont droites de la surface.

Chacune de ces paires peut être soit dans un plan réel, soit dans un plan imaginaire, mais l'une au moins dans un plan réel.

Les surfaces de révolution, comme les surfaces représentées par (1) et (3) peuvent se partager en 4 familles suivant la nature des racines de l'équation (e), dont le premier membre peut avoir l'une des 4 formes

$Az^3, \quad Az^2(z - z_1), \quad Az(z - z_1)(z - z_2), \quad Az[(z - z_1)^2 + K^2]$

(z_1 et z_2 étant supposés réels.)

Quant aux surfaces représentées par l'équation (2), elles pourront aussi être partagées en 4 familles suivant la nature des racines de l'équation

$$ax^3 + 3bx^2y + 3cxy^2 + dy^3 = 0$$

Une surface cubique peut, ou l'a déjà vu, avoir plusieurs axes de symétrie. Par exemple les deux formes

$$Ax^3 + 3Bxy^2 + 3Cxz^2 + 6Dyz + 3Ex = 0$$
$$6Axyz + 3Bx^2 + 3Cy^2 + 3Dz^2 + E = 0$$

représentent des surfaces ayant pour axes de symétrie binaire Ox, Oy et Oz.

La seconde ne peut représenter des surfaces à centre de

symétrie, mais la première représente de telles surfaces si l'on a $D = o$.

De même les formes
$$Az\,(z^2 - 3y^2) + 3B\,(y^2 + z^2) + 3Cx^2 + D = o$$
$$Ax^3 + By\,(y^2 - 3z^2) + 3Cx\,(y^2 + z^2) + 6Dyz = o$$
représentent des surfaces ayant oz pour axe binaire et ox pour axe ternaire.

Surfaces a centre de symétrie

On peut ramener l'équation à la forme
$$Az^3 + 3Cz + ax^3 + 3bx^2y + 3cxy^2 + dy^3$$
$$+ 3z\,(mx^2 + 2pxy + qy^2) + 3z^2\,(hx + ky) = o$$

La nature de l'intersection par le plan $z = o$ tangent au centre de symétrie c'est-à-dire du système de 3 droites
$$ax^3 + 3bx^2y + 3cxy^2 + dy^3 = o$$
peut servir de base à la classification de ces surfaces.

Surfaces a plan de symétrie

Elles sont représentables par l'équation
$$Az^3 + 3Bz^2 + 3Cz + D + (ax^3 + 3cxy^2) + 3z\,(mx^2 + qy^2)$$
$$+ 3hxz^2 + 3\,(rx^2 + ty^2) + 6azx + 3fx = o$$
à 12 paramètres comme la précédente.

Comme application des transformations du 1er degré, on peut obtenir les théorèmes suivants donnés par l'auteur en 1897, *(Bulletin de la Société mathématique de France)*, et qui sont les analogues du théorème de Chasles relatif à la projection conique des cubiques planes.

THÉORÈME. — Une surface cubique peut être transformée homologiquement en une surface possédant un cône asymptote.

THÉORÈME. — Une surface cubique peut être transformée homologiquement en une surface possédant deux sections planes à centre de symétrie, le centre de symétrie étant le même pour les deux sections.

THÉORÈME. — Une surface cubique peut être transformée homologiquement en une surface possédant trois sections parallèles à centre de symétrie, les trois centres étant en ligne droite.

Vraisemblablement ces théorèmes pourraient aussi servir de base à une classification de surfaces cubiques.

2° *Transformations ponctuelles du second degré*

Inversion

L'inversion donne, dans le cas général, des surfaces du 6me ordre possédant 27 cercles dont les séries de propriétés se déduisent aisément de celles des droites de la surface cubique.

Lorsque le pôle d'inversion est sur la surface, il y a abaissement de une unité. Si la surface cubique passe par le cercle de l'infini, l'abaissement est de deux unités. Si les deux conditions sont réunies, il est de trois unités.

Ainsi l'équation de la surface étant

$$(1) \qquad r^2 A + B + C = 0$$

où $r^2 = x^2 + y^2 + z^2$, où A et C sont des fonctions homogènes du 1er degré et B une du 2me degré, la transformée, en prenant l'origine pour pôle, sera du 3me degré.

Si $C = KA$, K étant une constante, cette transformée pourra coïncider avec la surface (1), si l'on choisit K pour puissance d'inversion.

On a ainsi une surface anallagmatique.

THÉORÈME. — Toute surface anallagmatique du 3me ordre est l'enveloppe d'une sphère orthogonale à une sphère fixe et dont le centre décrit un paraboloïde. Le centre d'inversion est sur la surface, celle-ci contient le cercle de l'infini.

Soit S une telle surface cubique, O le centre et R^2 la puissance d'inversion. Le réseau des sphères (ensemble triplement infini) coupant orthogonalement la sphère de centre

O et de rayon R, est à lui-même son transformé, chacune des sphères dont il se compose se transformant en elle-même. L'intersection de l'une d'elles avec S est alors une courbe se transformant en elle-même

La gerbe (G), (*ensemble doublement infini*) de celles de ces sphères qui sont tangentes à S, a pour éléments des sphères non simplement tangentes, mais bitangentes ; car si A est un point de contact de l'une d'elles avec la surface, les deux surfaces devant se rencontrer de la même manière en A', transformé de A, seront tangentes en ce second point A'.

Ainsi, les sphères orthogonales à s et bitangentes à S forment un ensemble non simplement infini, comme cela aurait lieu si S était une surface quelconque, mais une gerbe. Leurs centres ont pour lieu une surface nommée *déférente*.

On a vu plus haut que, si la surface contient le cercle de l'infini et que le pôle soit placé convenablement sur la surface, la transformée pourra coïncider avec la surface primitive.

Réciproquement toute anallagmatique du 3me ordre contient le cercle de l'infini et le pôle est sur la surface. Ce second point est évident car si le pôle était hors de la surface, la transformée ne serait pas du 3me degré.

La surface contient le cercle de l'infini. En effet, soit S_1 une sphère élément de la gerbe G ; la courbe (S, S_1) coupe toute section plane de S_1 (et en particulier le cercle de l'infini).

Donc S est le lieu géométrique d'une courbe gauche qui coupe constamment le cercle de l'infini en des points qui ne peuvent d'ailleurs être fixes. Ce cercle est donc sur la surface.

Il fait alors partie de l'intersection de S avec une sphère quelconque et la courbe gauche, qui complète l'intersection, est une biquadratique coupant d'ailleurs le cercle de l'infini.

La surface déférente ne peut être un plan. Elle ne peut être d'un degré supérieur au 2me. En effet, remarquons d'abord que le centre O de la sphère fixe S est sur le plan radical de 2 quelconques des sphères orthogonales et sur l'axe radical de 3 quelconques. On en déduit, en considérant des positions infiniment voisines de la sphère mobile, que pour avoir les points du lieu fournis par l'une des positions S_1 de cette sphère mobile, il suffit d'abaisser de O, centre de la sphère fixe une perpendiculaire sur le plan tangent à la déférente au point A centre de la sphère S_1. Les deux intersections M et M' avec cette sphère S_1 sont les points cherchés.

Si la déférente a plus d'un plan tangent parallèle à un plan donné, la surface est d'un degré supérieur au 3me. La déférente ne peut donc être d'un degré supérieur au second, ni même être une quadrique à centre. Elle est donc un paraboloïde.

Remarque 1. — Le plan de l'infini, coupant la surface suivant le cercle de l'infini, en contient aussi une droite; soit l cette droite.

Remarque 2 — La surface n'a en général, ni droite double, ni point double. Elle a donc 27 droites; la droite l est donc coupée par 10 d'entre elles formant 5 paires et les 16 autres rencontrent le cercle de l'infini. Toute droite coupant le cercle de l'infini étant transformée, quel que soit d'ailleurs le centre d'inversion en une autre coupant le même cercle, ces 16 droites se transforment les unes en les autres.

THÉORÈME. — Il existe sur la surface, 10 séries de sections circulaires situées sur 5 séries de sphères bitangentes à la surface.

Soit (d, d') l'une des 5 paires de sécantes à l. Menons par d un plan quelconque P; soit a son intersection avec le plan de l'infini et C la conique de la surface qu'il contient. La droite a n'est pas sur la surface, car le plan de l'infini coupe déjà la surface suivant l et le cercle de l'infini. Elle n'a donc que 3 points sur la surface. L'un est (a, l), les deux autres sont sur le cercle de l'infini. Les deux points (a, C) coïncident avec ces derniers; donc C est un cercle

Menons par d' un plan P', soit C' la conique de la surface qu'il contient et m la droite (P, P'); la conique C' est un cercle. Les cercles C et C' sont sur une même sphère. En effet, la droite m ne peut être sur la surface car si d, d', m droites qui forment un trièdre étaient sur la surface, celle-ci aurait un point double. Ainsi, m coupe la surface en 3 points. Or l'un étant (d, d'), les deux autres sont à la fois sur C et C' Soient p et q les points d'intersection de ces cercles; la sphère qui contient C et C' est tangente à la surface en p et q puisqu'en chacun de ces points elle a 2 tangentes communes avec la surface, savoir les tangentes à C et à C_1.

Ainsi, à chaque paire de droite, coupant l, correspond une série de sphères bitangentes à la surface et par suite coupant chacune la surface suivant 3 cercles dont l'un est le cercle de l'infini.

Chacune de ces séries de sphères constitue d'ailleurs un ensemble doublement infini, car chacun des plans du faisceau d'axe d fournit un cercle C qui peut être combiné avec chacun des cercles C' que donnent les plans du faisceau d'axe d'.

THÉORÈME. — Chacune des sphères de l'une quelconque des 5 séries fournissant les sections circulaires est orthogonale à une sphère fixe dont le centre est le centre de la paire de droites sécantes à l qui correspond à cette série de sphères.

Soient P et P' deux plans passant respectivement par d et d', d et d' étant une des paires de sécantes à l.

Traçons une circonférence de centre (d, d') située dans le plan P et orthogonale au cercle C de la surface qui est situé dans le plan P. La sphère s de centre (d, d') et passant par cette circonférence, ayant par suite cette circonférence pour grand cercle, sera non seulement orthogonale à C, mais aussi au cercle C' de la surface situé dans le plan P', car le point (d, d') a même puissance par rapport à ces deux cercles. Elle est donc aussi orthogonale à la sphère passant par C et C'. Imaginons que P' varie, P restant fixe, la sphère s sera orthogonale à toutes les sphères correspondant à ces positions de P', ainsi qu'à tous les cercles C'. Elle le sera donc aussi à toutes les sphères obtenues, en combinant l'un quelconque de ces cercles C' avec l'un quelconque des cercles C. Or, nous obtenons ainsi toutes les sphères de la série doublement infinie qui correspond à la paire $(d\ d')$. Ainsi toutes les sphères de cette série sont orthogonales à s.

A chaque paire de sécantes à l correspond une sphère fixe et la série des sphères qui correspond à cette paire est orthogonale à cette sphère fixe.

Corollaire. — *Chacun des centres des paires de sécantes à la droite de l'infini de la surface est un centre d'anallagmatie.*

Remarque 1. — Soit (d, d') l'une des 5 paires de sécantes à l; prenons le point (d, d') comme centre d'inversion et le carré du rayon de la sphère fixe qui correspond à ce couple comme puissance d'inversion, chacune des droites d et d' se reproduit elle-même ; les 16 sécantes au cercle de l'infini se transforment les unes en les autres Mais les 4 paires de sécantes à l autres que (d, d') se transforment en cercles passant tous par le point (d, d').

Remarque 2. — On démontrerait comme on l'a fait précédemment que. pour l'une quelconque des 5 séries, la déférente est un paraboloïde.

Définition 1. — On nomme *focales* d'une surface les lignes doubles de la surface développable circonscrite à cette développable et au cercle de l'infini.

(Darboux. — *Sur une classe remarquable de courbes et de surfaces algébriques :*)

2° On nomme *focales singulières* une surface qui contient le cercle de l'infini, les lignes doubles de la surface développable circonscrite à cette surface le long de ce cercle. (Laguerre).

On démontre, dans le cas général, comme dans celui des quadratiques que les focales peuvent aussi être définies comme lieu géométrique des centres des sphères de rayon nul, bitangentes à la surface.

De cette proposition résulte immédiatement que la courbe d'intersection de chaque paraboloïde déférent avec la courbe directrice correspondante est une focale. Ainsi, les surfaces du 3me ordre anallagmatiques ont 5 focales qui sont des courbes gauches sphériques du 4me ordre.

THÉORÈME. — **Les focales singulières d'une surface anallagmatique du 3me ordre sont les focales ordinaires d'une déférente quelconque.**
(Laguerre).

On sait que, si d'un point quelconque on mène une droite rencontrant le cercle de l'infini, puis le plan perpendiculaire à cette droite, ce plan contient la droite.

Soit alors m un point de la surface situé sur le cercle de l'infini, O le centre de l'une des sphères directrices, P le paraboloïde déférent qui correspond à cette sphère, M le point de ce paraboloïde qui fournit m. Le plan tangent à P en M est, comme on sait, perpendiculaire à Om. Il passe donc par m.

Mais alors, il contient la droite Mm et, d'après la remarque faite précédemment, il est perpendiculaire à cette droite, laquelle est un rayon de la sphère mobile qui engendre la surface. Ce plan P est donc tangent à la surface en m.

Par suite, la développable, circonscrite au paraboloïde et au cercle de l'infini, est identique à la développable circonscrite à la surface cubique le long de ce cercle, ce qui démontre le théorème.

COROLLAIRE. — *Les 5 paraboloïdes déférents sont homofocaux.*

Car ils ont pour focales les deux mêmes coniques, savoir les coniques constituant les focales singulières de la surface cubique.

THÉORÈME. — **Les 5 sphères directrices sont orthogonales deux à deux.**

Remarquons d'abord que la développable circonscrite à l'un des paraboloïdes déférents P et à la sphère directrice correspondante S, touche S suivant une ligne L qui est sur la surface anallagmatique et le long de laquelle cette surface est normale à S. Soient A, B, C, D, les 4 sommets du tétraèdre autopolaire par rapport à S et à P. Les 4 coniques qui constituent la ligne de striction de la développable sont dans les faces de ce tétraèdre.

Un point quelconque de l'une est l'intersection de deux génératrices de la développable, c'est-à-dire de deux tangentes à S. Il est donc le centre d'une sphère orthogonale à S et tangente à l'anallagmatique aux 2 points de contact de ces tangentes avec S.

Un point quelconque de l'une des 4 coniques est donc sur l'un des 4 paraboloïdes déférents autres que P. Les 4 coniques ne sont pas deux à deux sur une même quadrique ; ainsi, chacune d'elles est sur l'un des 4 paraboloïdes et chacun de ces derniers ne contient qu'une des coniques.

Remarquons en second lieu que si M est le pôle d'un plan m par rapport à une sphère S, toute sphère orthogonale à S dont le centre est sur le plan m est aussi orthogonale à la sphère de centre M orthogonale à S.

Par suite, toute sphère orthogonale à S, dont le centre est, par exemple, sur la conique située dans la face BCD du tétraèdre autopolaire est orthogonale à la sphère de centre A, orthogonale à S. Le pôle A du plan BCD est, du reste, le seul point qui puisse être à la fois centre d'une sphère orthogonale à S et à des sphères dont les centres sont dans le plan BCD et qui sont orthogonales à S.

Donc enfin, la sphère de centre A, orthogonale à S est une sphère directrice. De même les sphères ayant pour centres B, C et D.

Ces 4 sphères sont non seulement orthogonales à S, mais orthogonales entre elles. Cela résulte évidemment de ce que S désigne, dans le raisonnement précédent, l'une quelconque des 5 sphères directrices.

Transformation dualistique

Polaires réciproques

Une transformation dualistique donne, dans le cas général, une surface du 12me ordre et de 3me classe possédant 27 droites telles que tout plan mené par l'une d'elles soit tangent à la surface et qu'en chaque point de cette droite la surface ait deux plans tangents.

Ces 27 droites sont donc droites de points doubles ou droites doubles (les 27 droites de la surface cubique étant axes de faisceaux de plans tangents doubles).

Les groupements Db, Tp, Qdp, etc., sont évidemment les mêmes que pour les surfaces du 3me ordre.

Une surface possédant un cnicnode se transforme en une surface du 10me ordre possédant un plan tangent tout le long d'une conique. Une surface à 2, 3, 4 cnicnodes donne une surface de 8me, 6me, 4me ordre possédant 2, 3, 4 plans analogues.

Dans le cas de 4 cnicnodes, où l'équation de la première surface peut s'écrire :

$$\frac{a}{x} + \frac{b}{y} + \frac{c}{z} + \frac{d}{t} = o$$

celle de la surface transformée peut être mise sous la forme

$$\sqrt{x} + \sqrt{y} + \sqrt{z} + \sqrt{t} = o$$

ou

$$(x^2 + y^2 + z^2 + t^2 - 2yz - 2zx - 2xy - 2xt - 2yt - 2zt)^2 - 64xyzt$$

C'est la quartique de Steiner.

Elle est coupée par tout plan tangent suivant 2 coniques, elle possède 3 droites concourantes, indépendamment des arêtes du tétraèdre transformé du tétraèdre des points doubles de la surface cubique.

Pour sa définition directe, on peut se servir de la correspondance suivante : à chaque quadrique Q d'un réseau de quadriques, considéré dans un espace e, faisons correspondre dans un espace e', le plan polaire d'un point fixe P. Alors, à une biquadratique (Q, Q') de l'espace e correspond une droite (p, p') dans l'espace e'. Au système de 8 points (Q, Q', Q''), le point (p, p', p''). A un point quelconque A, un point A' donné par 3 plans correspondant à 3 quadriques passant par A. (Ce point A' correspond donc à 7 autres points A). Aux cônes du réseau les plans tangents à une certaine surface de 4me classe ; à un plan m une surface qui aura autant de points communs avec une droite d' que le plan en a avec la biquadratique qui correspond à d', c'est-à-dire 4. Cette surface est une quadratique de Steiner.

Une surface possédant un binode B_3 donne une surface du 9me ordre telle qu'il existe un plan tangent en 2 points, la droite qui les joint n'étant pas sur la surface. Celle-ci possède 3 droites passant par chacun d'eux, chacune des droites passant par l'un des points étant dans un même plan avec l'une des droites passant par l'autre. Si la surface a 2 B_3 ou 3 B_3 la transformée est de 6me, de 3me ordre.

On voit par là que c'est seulement parmi les surfaces à 3 binodes B_3 et parmi les surfaces réglées que l'on peut trouver des surfaces autopolaires.

Considérons d'abord une surface à 3 binodes B_3, B_3', B_3''. Les 3 biplans ont, comme on a vu, pour arêtes 3 droites concourantes B_3A, $B_3'A$, $B_3''A$. Or, l'un des binodes se transforme en un plan tangent b, tel que toutes les tangentes qu'il contient passent par 2 points P', P'' transformés des faces du biplan p', p''. Les 3 biplans ont deux à deux une face commune, donc les 3 couples analogues à $(P'P'')$ ont deux à deux un point commun, c'est-à-dire que ces points sont au nombre de 3, transformés des plans B_1AB_2, B_2AB_3, B_3AB_1 et qu'ils sont dans le plan transformé de A.

La nouvelle surface possède donc 3 points par chacun desquels passent une infinité de tangentes situées dans 2 plans, ces 3 couples de plans se réduisent à 3 plans. C'est une surface à 3 binodes B_3 comme la proposée.

Pour que les 2 surfaces puissent coïncider, il faut que le tétraèdre $B_1B_2B_3A$ se transforme en lui-même. Or, prenons-le pour tétraèdre de référence, l'équation de la surface sera de la forme

$$xyz - mt^3 = o$$

Il se transformera en lui-même si la quadrique directrice de la transformation a une équation de la forme

$$px^2 + qy^2 + rz^2 + st^2 = o$$

La transformée est

$$x_1 y_1 z_1 + \frac{r^3}{27\,mpqs}\, t^3 = 0$$

Donc, si la condition $r^3 + 27pqrsm^2 = 0$ est remplie, la surface coïncide avec sa transformée.

Considérons maintenant une surface réglée et supposons-la d'abord à deux directrices rectilignes à distance finie, l'une double, l'autre simple. Ces deux directrices sont interverties par la transformation.

En effet, soit d la directrice double, s la directrice simple, a et b deux génératrices coupant d au même point M et s aux points A et B. Le plan MAB a pour transformé un point par lequel passent les transformées des droites MA, MB et de s, transformées qui forment un trièdre. D'un autre côté, le trièdre (d, a, b) a pour transformé un triangle dont un côté est fixe, savoir le transformé d' de d.

Ainsi, la surface transformée est encore une surface réglée à 2 directrices rectilignes, moins la directrice simple est la transformée de d et la directrice double, celle de s.

Prenons la directrice double pour arête $xy = 0$ du tétraèdre de référence, la directrice simple pour cette arête $zt = 0$ et deux génératrices pour les arêtes opposées $xz = 0$ $yt = 0$, l'équation de la surface a la forme

$$by^2 z + cx^2 t + 2exyz + 2fxyt = 0$$

Soit
$$mx^2 + ny^2 + pz^2 + yt^2 = 0$$

l'équation de la quadrique directrice de la transformation ; l'équation de la surface polaire réciproque est :

$$Cpn^2 y^2 z - bqm^2 x^2 t + 2fpmnxyz - 2cqmnxyt = 0$$

Pour que les deux équations soient identiques, on voit qu'il suffit que les coefficients satisfassent aux conditions

$$\frac{p}{q} = -\frac{e^2}{f^2}, \qquad \frac{m}{n} = \frac{ce}{bf}$$

On traiterait d'une manière analogue les cas où l'une des directrices rectilignes est située à l'infini.

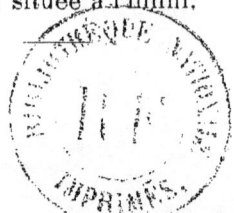

TABLE DES MATIÈRES

Préliminaires   v

PREMIÈRE PARTIE

Géométrie plane.

Chapitre premier. — Géométrie du troisième ordre sur une droite.   1
Polaires d'un point. — Hessienne d'un terne de points. — Involutions cubiques de 1er, de 2me rang. — Points neutres. — Ternes conjugués, harmoniques de 3me ordre. — Points de ramification. — Homographies du 3me ordre et de 1re ou de 2me espèce. — Correspondance. — Rapport anharmonique du 3me ordre. — Exercices.

Chapitre II. — Propriétés générales des cubiques planes. — Modes de génération   21
Théorèmes généraux. — Mode de génération de Chasles. — Mode de génération de Grassmann. — Notes. — Exercices.

Chapitre III. — Pôles et polaires dans les cubiques planes. — Hessienne   37
Les deux courbes polaires d'un point. — Hessienne Steinerienne. — Identité des deux courbes. — Polaire harmonique d'un point d'inflexion. — Points conjugués — Nouvelle définition de la hessienne. — Cayleyenne. — Point complémentaire. — Droite complémentaire d'une tangente à la cayleyenne. — Propriété de la poloconique. — Conique satellite. — Notes. — Cubiques harmoniques. — Equiharmoniques. — Exercices.

Chapitre IV. — Classification des cubiques planes   58
Remarques sur la classification. — Inconvénients de celle de Plücker. Classification basée sur les théorèmes de Newton et de Chasles. — Notes. — Exercices.

CHAPITRE V. — Intersection d'une cubique plane avec une droite, une conique ou une autre cubique. 69
Propriétés des points tangentiels et des droites satellites. — Problèmes de constructions de points d'intersections.

CHAPITRE VI. — Faisceaux, gerbes, réseaux de cubiques planes. 82
Faisceaux en général. — Faisceaux syzygétiques. — Gerbes de cubiques. — Systèmes de cubiques non linéaires. — Formules de M. Maillard. — Exercices.

CHAPITRE VII. — Foyers. — Transformations des cubiques planes. — Courbes anallagmatiques 94
Généralités sur les foyers. — Théorème de Hort-Salmon — Transformation du premier degré. — du deuxième degré — Cubiques anallagmatiques. — Exercices

DEUXIÈME PARTIE

Géométrie dans l'espace.

CHAPITRE VIII. — Considérations sur les éléments imaginaires dans l'espace. — Cubiques gauches. 105
Enoncés de propositions relatives aux éléments imaginaires dans l'espace. — Principales propriétés des cubiques gauches. — Exercices.

CHAPITRE IX. — Les droites de la surface générale du 3me ordre. . . 117
Existence de droites — de 10 sécantes à l'une d'elles, de 27 droites en tout, dont une au moins réelle. — Définitions de divers systèmes de droites : **Db, Tp, Qdp, Qtp, Stp,** *— Systèmes agones. — Polygones fermés complètement gauches Lignes polygonales non fermées. — Systèmes opposés. Exercices.*

CHAPITRE X. — Principaux modes de génération de la surface générale du 3me ordre 146
I. Mode de génération linéaires, — 1° à l'aide de coniques ; 2° à l'aide de cubiques planes. — II. Modes de générations ponctuels : 1° par trois gerbes de plans homographiques deux à deux ; 2°. par trois faisceaux de plans liés par une relation trilinéaire ; 3°. par deux faisceaux et une gerbe ; 4° par un faisceau et deux gerbes.

CHAPITRE XI — Singularité des surfaces du 3me ordre. — Surfaces réglées. — Surface à points coniques. 166
Surfaces réglées ordinaires. — surfaces réglées de Cayley. Surface à points singuliers isolés. — Cas de un, de deux, de trois et de quatre points doubles. — cnicnodes, binodes, unodes, réduction graduelle du nombre des droites.

TABLE DES MATIÈRES. 313

CHAPITRE XII. — Pôles et polaires dans les surfaces de 3me ordre. — Hessienne............................. 188
Ordre et classe du cône circonscrit. — Cas particuliers. - Hessienne, steinerienne, identité de deux surfaces. — Première polaire d'une droite. — Courbes paraboliques. — Propriété de la Hessienne, — Théories de Sylvester. — Détermination d'une cubique par sa hessienne. — Plans polaires des points d'une droite. — Des points d'un plan. — Coniques polaires des points d'une droite. — Troisième définition de la hessienne. — Cas particuliers. — Surfaces réglées — à points doubles isolés. — Dégénérescence de la hessienne. — Exercices.

CHAPITRE XIII. — Eléments d'une classification des surfaces du 3me ordre.................................. 224
Répartition des surfaces générales en 5 familles. — Répartition des surfaces à singularités. — Exercices.

CHAPITRE XIV. — Intersection d'une surface cubique avec un plan, une quadrique ou une seconde surface cubique........ 242
Distribution des droites de la surface relativement à une conique de celle-ci, — à deux, à trois coniques. — Classe de la développable circonscrite à la surface le long d'une cubique plane, d'une conique. — Ordre de la développable ayant pour arête de rebroussement la courbe d'intersection d'une surface cubique et d'une quadrique. — Cas divers. — Cas divers de l'intersection de deux surfaces cubiques. — Exercices.

CHAPITRE XV. — Faisceaux, gerbes, réseaux de surfaces cubiques. 272
Faisceaux linéaires. — Gerbes linéaires. — Exercices.

CHAPITRE XVI. — Représetation sur un plan de la surface cubique générale................................... 280
Représentations des 2me, 3me, 4me, 5me, 6me degré. — Exemples.

CHAPITRE XVII. —Transformations diverses des surfaces cubiques. 299
Transformations ponctuelles du 1er degré. — Transformation du 2me degré.— Inversion. — Surfaces anallagmatiques — Transformations dualistiques. — Surfaces autopolaires.

www.ingramcontent.com/pod-product-compliance
Lightning Source LLC
Chambersburg PA
CBHW070611160426
43194CB00009B/1246